일본군의 패인

일본군의 패인

실패한 군대의 조직론

후지이 히사시 지음/ 최종호 옮김

일러두기

1. 인명과 지명의 표기

(1) 일본

원문의 표기를 존중하면서 처음 등장하는 때에만 괄호에 한자를 병기하였고, 일본식의 간자簡字는 모두 정자正字로 바꾸었다. 발음은 원음에 가깝게 읽는 것을 원칙으로 하여, 어두의 かちた행은 ㅋ, ㅊ, ㅌ로, つ는 츠로 각 옮겼다. 다만 국립국어원의 표기법에 따라 장모음은 표기하지 않았다.

(2) 중국

모두 한국식 한자음으로 표기하였다. 1911년의 신해혁명을 전후로 하여 한국식과 중국식 표기로 준별하는 것이 일반적이지만, 반드시 일률적으로 판단할 부분은 아닐 것이다.

(3) 기타

이외의 인명과 지명은 원문의 일본식 발음에 구애받지 않고 최대한 원음에 가깝게 옮기고, 기본적으로 국립국어원의 표기법에 따랐다. 다만 지명은 버마 Burma를 미얀마Myanmar로 바꾸지 않은 것과 같이 원문의 기재를 존중하였다. 한편 원문에는 기재되어 있지 않은 구미의 인명과 동남아/태평양의 지명은 독자의 편의를 위해 본문에서는 알파벳 표기를 병기하였다.

2. 관청/관직과 부대명칭의 표기

(1) 원어를 한국식 한자 발음으로 표기하되, 필요한 경우 한자 표기를 병기하였다.

(2) 본문의 '장관'이라는 표현은 육군의 장군과 해군의 제독을 포함하는 장성將星급을 지칭하는 '장관將官'을 의미하는 것이다.

3. 문장부호의 사용

원문에서는 강조표시와 발언의 인용 모두 낫표(「」)를 사용하고 있으나, 본문에서는 용어 등을 강조하는 경우 작은 따옴표, 발언이나 내심의 생각 등은 큰 따옴표로 각 구별하였다. 또한 원문에는 강조표시가 없으나, 역자의 판단으로 고유명사 등에 대한 강조가 필요하다고 생각되는 경우에도 작은 따옴표를 사용했다. 한편 각종 서명書名에는 겹낫표(『』)를 사용하였다.

4. 외래어의 사용

원문에서 영어 등 특정한 외래어가 사용된 경우 가급적 그대로 옮기면서 원어의 표기를 병기하였다. All right의 일본식 발음인 '오라이'를 원문의 분위기를 전달하기 위해 그대로 옮긴 것이 한 예이다.

5. 성부省部와 그 장長의 정식 명칭

대일본제국 육해군의 상부구조는 내각에 속하여 군정軍政을 담당하는 육군성陸軍省/해군성海軍省, 천황에 직예直隷하여 군령軍令을 담당하는 참모본부參謀本部/(해군)군령부軍令部로 구성되었다. 이를 합하여 성부省部라고 한다.
육군성과 해군성의 장長이 육군대신/해군대신으로, 육상陸相/해상海相으로 약칭되었다. 직함의 성명省名 뒤에는 성省 자를 붙이지 않는 것이 원칙이므로, '육군성 대신'과 같은 표기는 잘못이다.
육군은 참모본부의 장이 참모총장參謀總長으로, '육군참모본부', '육군참모총장'은 존재하지 않는 조직과 직명이다. 해군은 1933년 10월까지는 '해군군령부'로 그 장이 '해군군령부장海軍軍令部長'이었으나, 이후 육해 대등의 명목으로 '해군'이라는 2글자를 떼어내 '군령부'와 '군령부총장軍令部總長'으로 바뀌었다. 전시에는 참모본부와 군령부가 합쳐져 대본영大本營이 구성되고, 참모본부와 군령부가 각 대본영 육군부/해군부로 되었으나, 실질적인 기능, 조직 상의 통합은 없었다.

서문

일본의 풍토에서 오랜 시간에 걸쳐 형성된 사조思潮에 대해 새삼스럽게 이런 저런 평가를 해 보아도 큰 의미는 없겠지만, 일본인은 정서情緖에 휩쓸리는 경향이 강한 편이다. 물론 그 자체가 미덕인 경우도 많으므로 정면에서 부정할 것은 아니다. 하지만 과도한 정서적 사고는 객관성의 결여로 이어져 악덕惡德이 될 수 밖에 없다. 계량과 계측을 통해 수치로 파악할 수 있는 사상事象까지도 정서에 의해 파악하려 든다면 이는 문제이다.

가장 가혹한 사회현상인 전쟁은 많은 부분이 객관적인 수치로 나타나므로, 정서를 통해 이를 판단하는 것은 불가능하다. 물론 같은 민족끼리의 전쟁에는 주관적인 사고나 시각이 상당 부분 통용될 것이다. 하지만 상대가 이민족이라면 피아의 생각이 크게 다른 경우가 보통이므로, 여기에는 객관성을 지닌 대응이 요구된다. 즉 전쟁의 여러 요소는 수치로 나타나므로 명확하고 객관적으로 판단할 부분이고, 정서라는 주관적 요소가 개입할 여지는 극히 제한적이다.

일본인은 쉽게 정념情念의 세계로 빠져들기 때문인지, 전쟁의 승패조차도 판사처럼 논의를 시작한다. 설령 그것이 소설이라고 해도 '멸망의 미학'을 강조해서는 전쟁이라는 현실 세계의 문제를 정확하게 규명할 수 있을리 없다. 한편 태평양전쟁에 대한 평가에서 쉽게 찾아 볼 수 있는 것처럼 "보급이 없었지만 잘 싸웠다"거나 "패할 것을 알면서도 과감하게 결단하여 행동했다"처럼 자기 만족의 세계로 도피하기도 한다. 이런 아전인수적 태도에 객관적인 수치를 제시하며 반론을 하면, "전쟁에 진 것이 아니다. 물량에 졌을 뿐이다"라며 정신승리로 나아간다. 한편으로 전전戰前의 일본에 비판적인 사람들은 "처음부터 질 것을 뻔히 알면서도 어리석은 짓을 했다"며 남의 일처럼 평론을 일삼는다.

여기서의 가장 큰 문제는 미래를 위해 도움이 될 반성이 나타나지 않는다는 점이다. 패인을 규명하고 결여된 부분을 시정하려는 것은 결코 다시 한 번 큰일을 벌이자는 취지가 아니다. 국가의 총력을 기울이고도 참패하게 된 것은 제국육해군이라는 조직, 나아가 일본 사회가 품고 있던 결함의 투영이었다. 전사戰史에서 이 점을 배워 앞으로는 어떠한 상황에서도 같은 실패를 반복하지 않겠다는 각오를 표명하는 것은 300만 명에 이르는 전몰자에 대한 책무이다.

이러한 관점에서 일본의 전쟁을 고찰하려면 전사는 물론 조직론이나 사회학의 이론까지도 활용할 필요가 있다. 태평양전쟁에 관한 조직론과 전사의 연구를 결합한 저작은 적지 않다. 하지만 제국육해군의 집단으로서의 결함이나, 그 구성원의 문제점까지 지적한 것은 극히 드물다. 전후 70년이 지난 오늘날까지도 태평양전쟁은 여전히 과거의 역사적 사실로 자리 잡지 못했고, 또한 자유로운 논의의 대상도 아닌 것 같다. 하지만 이제는 이 문제를 역사로 인식하여 정확한 평가를 내리는 것이 일본의 건전한 안전보장을 위해 필요하다.

조직론이나 사회학적 용어의 정의는 다양하지만, 여기서는 『新社会学辞典』(有斐閣, 1993)에 의했다. 또한 전사는 防衛研修所 戰史部(編), 『戰史叢書』(朝雲新聞)의 해당 권, 통계수치는 『朝日年鑑』, 外務省(編), 『終戰史錄』(新聞月鑑社, 1952) 등에 의했다.

2012년 7월
후지이 히사시

차례

3장 군집화된 집단의 공포

4장 관리자가 없는 무장집단

5장 독단전행과 하극상

6장 혼란스러운 정군관계

7장 사회에 대한 희박한 책임감

1장
목적의식을 상실한 체질

최초의 전쟁목적은 자존자위

일본은 중일전쟁 해결의 방도를 찾지 못한 채 '자존자위自存自衛'와 '대동아신질서大東亞新秩序의 건설'을 목적으로 내걸고 태평양전쟁에 돌입했다. 1941년 11월 2일 대본영정부연락회의大本營政府連絡會議를 거쳐, 11월 5일 어전회의에서 최종적으로 결정된 '제국국책수행요령帝國國策遂行要領'은 이를 명확하게 나타낸다. 제1항은 '제국은 현하現下의 위국을 타개하고 자존자위를 완수하여, 대동아의 신질서를 건설하기 위해 미영란美英蘭전쟁을 결의하며 좌기左記의 조치를 취한다'이다. 남방공격에 관한 대육명大陸命[1] 제564호에도 이 두 가지 목적이 병기되어 있다.

그런데 해군의 출동 준비를 지시하는 대해령大海令 제1호에는 '자존자위'만이 기재되어 있고, '대동아신질서의 건설'이라는 표현은 없다. 육해군의 공통된 발상은 자존자위라는 목적을 달성하면 대동아신질서는 자연히 건설된다는 것으로, 전자와 후자는 주종主從 관계에 있었다. 그런데 해군은 적의 주력함대를 포착하여 철저하게 격멸하는 것을 중시했고, 일

---

1 메이지 헌법상 육해군의 통수권은 천황에게 있었고(제11조), 군대의 통수를 위해 천황이 발한 명령을 봉칙명령奉勅命令이라고 했다. 특히 천황의 명의로 전시에 발하는 명령으로 대본영 육군부에서 취급하는 것을 대육명(대본영 육군부 명령), 대본영 해군부에서 취급하는 것을 대해령(대본영 해군부 명령)이라고 했다. 대육명·대해령의 구체적인 사항에 대해서는 참모총장·군령부총장에게 지시를 내릴 수 있는 권한이 위임되었고, 이에 따라 발령된 것을 각 대육지大陸指(대본영 육군부 지시), 대해지大海指(대본영 해군부 지시)라고 했다.(역주)

정한 지역을 점령하여 확보한다는 의식은 희박했다. 따라서 해군은 자존 자위만을 내세운 것이다.

자존자위의 의미는 의외로 난해하다. '자존自存'은 『전국책戰國策』, '자위自衛'는 『한서漢書』를 출전으로 한다. 하지만 '자존자위'라는 사자성어는 없다. 여기서 '자존'과 '자위' 중 무엇을 우선할 것인지, 어느 쪽이 목적이고 수단인지의 문제가 발생한다. 하지만 이는 단지 어휘의 중첩을 통해 주장을 강조하려는 표현이다.

국민국가라는 개념이 확립되기 시작한 19세기 초반 이후 국가의 기본이 되는 권리는 '자존'권이었다. 자존권은 자기의 존재를 유지하는 권리와 자기를 완성시키는 권리 두 가지로 구성된다고 보았다. 그런데 20세기에 들어서면서 자기를 완성시키는 권리는 각 국가의 자유영역에 속하는 것으로 인식되었으므로, 국제관계에서 문제가 되는 것은 전자의 '자위'권에 한정된다고 보게 되었다. 이러한 사조의 갈림길에 있었기 때문인지, 일본은 '자존'과 '자위'를 되풀이하여 주장을 보다 선명하게 하려 했던 것으로 보인다. 한편 요즘 자주 등장하는 '안전보장'은 장래 예견되는 위기에 대처하기 위한 것이고, '자위'는 현존現存하는 위기에 대응하는 것으로 구분하여 이해하는 것이 일반적이다.

포인트는 남방자원의 본토수송

그런데 전전戰前 일본의 산업구조에서는 자존자위의 실현이 매우 어려웠다. 중일전쟁 발발 1년 전으로 마지막 평시平時로 기록된 1936년의 통계에 따르면 일본의 석유자급률은 20.3%에 불과했고, 수입량 370만 톤 중 68%를 미국에 의존하고 있었다. 강재鋼材 생산에 불가결한 스크랩 Scrap의 수입량은 130만 톤으로, 그 중 78%가 미국, 12%가 영국(인도,

말레이시아 포함)으로부터의 수입이었다. 스크랩의 수입이 중단되면 강재 400만 톤의 생산은 유지할 수 없게 된다. 이처럼 기본적인 자원을 미국과 영국에 의존하던 일본이 이 두 나라를 상대로 전쟁을 벌인 것이니, 지금 생각해보면 참으로 당치도 않은 일을 저지른 셈이다.

자원이라는 측면에서만 보아도 달성이 불가능할 것으로 보이는 전쟁 목적 '자존자위'의 실현에 도전한 일본의 계획은 다음과 같았다. 인도네시아와 말레이반도를 중심으로 하는 남방자원지대를 무력으로 제압하고, 여기서 산출되는 전략물자 즉 석유, 주석, 보크사이트, 고무 등을 일본으로 수송하여 전력화하면 장기적인 항전태세를 확립할 수 있다. 그러면 중국과의 전쟁도 해결의 실마리가 보이기 시작할 것이고, 유럽전선에서 영국이 패배하면 미국의 계전繼戰 의지도 위축될 것이다. 그렇게 전쟁에 종지부를 찍고, 대동아공영권을 건설한다는 장미빛 꿈이었다.

이러한 구상을 현실화하려면 원활한 자원의 흐름, 즉 자원수송항로의 안전확보가 전제되어야 한다. 기간基幹이 되는 항로는 싱가포르에서 시작하여 대만해협을 지나 모지門司에 이르는 약 3,000해리(1해리=1,852미터)였다. 이 항로가 있는 남중국해와 동중국해는 동쪽을 난사이 제도南西諸島에서 대만까지의 제1열도선과 필리핀 제도, 서쪽과 남쪽은 말레이반도와 대순다 열도가 커버하고 있었다. 이들 지역을 제압하게 되면 항로의 안전을 확보할 수 있을 것으로 보아 개전을 결단한 것이다.

그런데 일본 해군은 적 함대 주력의 포착과 격멸을 중시했고, 선단호위船團護衛에는 별다른 관심이 없었다. 따라서 수송선단의 호위를 위한 하드웨어는 물론 소프트웨어도 거의 없었다. 해상호위전海上護衛戰에 적합한 병丙형, 정丁형 해방함海防艦의 설계를 마친 것이 1943년 7월이었다. 패전까지 두 모델 합계 약 120척이 생산되었는데, 패색이 짙은 상황을 뒤집을 정도는 아니었다. 특히 레이더와 소나Sonar의 개발이 뒤쳐져

적 잠수함을 탐지할 수단이 부족했다. 대잠對潛병기도 함미艦尾에서 투하
되는 폭뢰가 주를 이루었고, 전방투사가 가능한 헷지호그Hedgehog와 같
은 무기는 최후까지 실용화되지 못했다.

미 해군의 어뢰는 기폭장치에 결함이 있었지만, 1943년 9월부터는 성
능이 안정화되었다. 그리고 잠수함에 의한 해상교통파괴전이 본격화되
었다. 이 시기 일본은 남중국해와 동중국해를 중심으로 합계 약 900선
단을 운항했다. 그 중 1/3에는 호위선단이 없었고, 호위함선이 동행하는
경우에도 보통은 1척에 불과했다. 게다가 대부분이 선단조차 이루지 않
은 단독항해로, 해상호위전은 존재하지 않는 것이나 마찬가지였다. 그
결과는 일본이 상실한 선박 2,400척, 802만 총톤 중 잠수함에 의한 피해
는 1,200척, 476만 총톤에 이르렀다.

〈표 1〉 일본의 보유기선 선복의 추이상황 (각 매월 1일 현재, 척수/만 총톤)

	1941년 12월	1942년 12월	1943년 12월	1944년 7월	1945년 6월
A선	511/206.46	349/126.40	379/118.62	289/83.74	107/22.80
B선	700/194.54	640/173.89	611/152.68	478/93.37	304/43.03
C선	1,525/237.40	1,741/310.88	1,634/205.66	1,901/198.39	1,720/173.33
합계	2,736/638.40	2,730/611.17	2,614/474.96	2,668/375.50	2,131/239.58

※1945년 8월 1일, ABC선 구별 없이 1,099척/156.13만 총톤.
※운수성 해운통계.

남방자원의 수송에 투입된 선박의 상황은 다음과 같았다. 개전시인
1941년 12월 현재 일본이 보유한 선박은 2,700척, 638만 총톤이었다(운
수성運輸省 통계. 기선汽船에 한함. 유효용적 100ft³=1총톤總Ton, 〈표 1〉
참조). 이 선복량船腹量(수송력을 발휘하는 선박량)은 영국의 1,790만 총
톤, 미국의 1,140만 총톤에 이은 세계 3위였다. 여기에 세계에서 가장 우

수하다는 외항선원 8만 명이 있었다. 이 상선대商船隊와 선원들이 일본의 자신감의 원천이었다.

개전 전의 평가로는 전시 산업활동을 1941년도 상반기와 같은 수준으로 유지하려면 월 평균 500만 톤의 물류를 확보해야 했다. 그리고 대동아권大東亞圈 내부에서 이 정도 규모의 물류를 위해서는 선복량 300만 총톤이 필요한 것으로 산출되었다. 이 수치를 기초로 보유선박을 육군이 징용徵用하는 A선: 210만 총톤, 해군이 징용하는 B선: 180만 총톤, 민간이 운용하며 주로 남방자원을 수송하는 C선: 200만 총톤으로 구분하여 전쟁을 시작했다. 남방진격작전이 일단락되면 A선을 C선으로 전환하여, 개전 8개월 이후에는 A선: 100만 총톤, C선: 300만 총톤으로 할 예정이었다. 한편 해군이 징용한 B선: 180만 총톤은 전쟁 기간 계속하여 유지하기로 했다.

전쟁이 시작되면 선박의 상실은 피할 수 없다. 해군은 개전 1년차에 80만 총톤, 2년차에 60만 총톤, 3년차에는 70만 총톤을 상실할 것으로 추산했다. 이러한 수치가 산출된 근거는 불분명하지만, 운항하는 선박의 20% 정도를 상실할 것이라는 어림짐작이었던 것 같다. 선단호위와 해상교통파괴전 등에 관심이 없었던 일본해군이 근거가 있는 수치를 산출할 수 있었을 리가 없다. 실제 선박 상실량은 1941년도 4사반기를 포함한 1942년도 120만 총톤, 1943년도 257만 총톤, 1944년도 329만 총톤이었다(〈표 2〉 참조). 이런 정도의 차이라면 추산을 하는 의미가 없다.

개전의 이유가 된 연료사정

태평양을 무대로 하여 '자존자위'라는 전쟁목적 달성을 위한 수단을 진지하게 고려했어야 할 해군이지만, 아무래도 처음부터 그런 발상 자체가 없었던 것 같다. 일본이 미국과 영국을 상대로 전쟁을 결심한 최대의 이유는 석유공급이 중단되는 것에 대한 공포에 있었다. 그런데 연료 수송과 관련된 해군의 자세에는 도대체 이해할 수 없는 부분이 많다. 이는 탱커 Tanker의 배분 문제에서 단적으로 드러난다.

일본은 1909년부터 석유의 비축을 시작했고, 1941년 개전 시 일본 국 내에 확보된 석유는 해군: 550만 톤(650만kl), 육군: 100만 톤, 민간: 60 만 톤이었다. 1941년 봄 이후 연합함대는 대기태세에 있었는데, 매일 1 만 2,000톤의 연료를 소비했다. 1941년 8월 1일 미국이 대일 석유수출 을 전면적으로 금지했으니, 해군은 대기태세를 유지하는 것만으로도 460일 후에는 비축된 석유가 바닥난다는 결론에 이른다. 전투태세로 돌 입하면 상황은 더욱 악화된다. 전함 '야마토大和'의 연료탑재량은 6,300 톤인데, 항행가능시간은 19노트로 400시간, 27노트로는 100시간에 불 과했다. 석유가 유입되지 않는 상황이 1년만 계속되면 전쟁 자체를 시도 할 수 없게 되는 것이다.

여기서 연간 원유 생산량 400만 톤의 남부 수마트라와 180만 톤의 보 르네오가 목표로 떠올랐다. 두 곳을 장악하면 일본의 연료사정은 일거에 호전될 것이다. 개전 1년차에는 파괴된 시설의 복구공사가 필요할 것으 로 보아 약 25만 톤, 2년차에는 170만 톤, 3년차에는 380만 톤의 원유를 본토로 수송할 수 있을 것으로 예상되었다. 여기에 국내에서 산출되는 원유를 더하면 불패不敗의 태세를 구축하여 전쟁목적인 자존자위를 달성 할 수 있는 상태, 즉 승리할 수 있을 것으로 보았다.

핵심이 되는 남방자원의 본토수송항로는 앞에서 설명한 것과 같이 모 지와 싱가포르를 터미널 항만으로 하여, 〈그림 1〉처럼 대만의 고웅高雄 과 마공馬公, 마닐라, 베트남의 생쟈크Saint-Jacques(현재의 붕타우Vung Tau)와 사이공(현재의 호치민), 보르네오의 발릭파판Balikpapan을 연결 하고 있었다. 수마트라산 원유는 싱가포르 바로 남쪽의 브콤Bukom 섬

〈그림 1〉 1942년(쇼와 17년) 말 설정된 환송항로

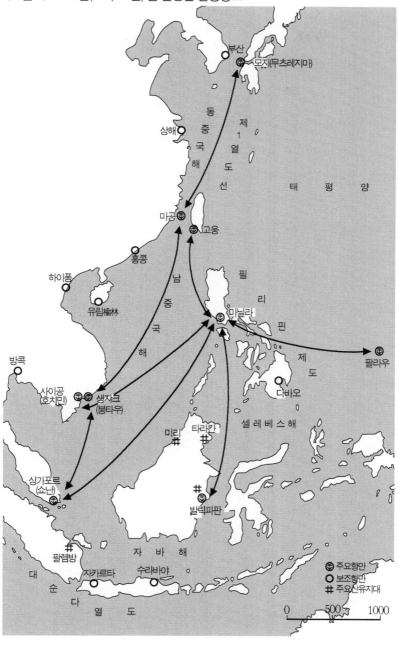

부산
모지(무츠레지마)
상해
동중국해
제1열도선
태평양
마공
고웅
홍콩
하이퐁
유림楡林
남중국해
필리핀
마닐라
팔라우
방콕
제도
다바오
사이공(호치민)
생쟈크(붕타우)
셀레베스해
미리
타라칸
싱가포르(쇼난)
발릭파판
팔렘방
자바해
대순다열도
자카르타
수라바야

주요항만
보조항만
주요산유지대

0   500   1000

에 집적하여 모지 직항로를 통하고, 보르네오산 원유는 마닐라를 경유하거나 미리Miri, 타라칸Tarakan에서 모지로 직항하는 것이 일반적이었다. 연간 10회 왕복을 전제로 1만 총톤의 탱커(재화중량Dead Weight 1만 5,000톤) 25척을 투입하면, 개전 3년차의 계획량인 380만 톤의 석유를 본토로 수송할 수 있다는 계산이 나온다.

태평양전쟁 개전시 일본은 외항용外航用 탱커 49척, 44만 총톤을 보유하고 있었다. 여기서 8만 총톤은 해군의 특무유조함特務油槽艦이었고, 민간이 보유한 36만 총톤을 A선: 6만 총톤, B선: 27만 총톤, C선: 3만 총톤으로 배분했다. 석유를 본토로 수송하는 C선 탱커가 3만 총톤에 불과한 것은 일견 부족해 보이지만, 개전 1년차의 목표 수송량은 25만 톤이었으므로, 이 정도의 선복량으로도 충분히 대처할 수 있을 것으로 예상되었다. 그리고 2년차, 3년차에 육군의 진격작전이 일단락되면 A선 탱커를 C선 탱커로 전환하고, 새로 만들어지는 탱커를 C선 탱커로 배치한다는 것이었다.

'전표선戰標船'으로 약칭되는 '전시표준선戰時標準船'의 건조는 1942년 초순부터 제1차 계획, 1943년 말부터 제2차 계획, 1944년 10월부터 제3차 계획이 시작되었다. 표준선 탱커는 4종류로 1만 총톤의 TL형, 5,200 총톤과 2,900총톤의 TM형이 주력이었다. 연간 TL형 10척, TM형 20척을 건조하여 C선으로 배치한다면, 상실량을 감안하여도 계획대로 석유를 본토로 수송할 수 있다는 계산이었다.

태평양전쟁 중 일본의 조선업계는 330만 총톤의 선박을 건조했다(미국은 전쟁 3년간 4,380만 총톤). 여기서 탱커는 TL형 55척, TM형 63척이었다. 건조량만을 보면 계획 이상의 석유를 본토로 수송할 수 있었겠지만, 탱커가 잇따라 격침되어 석유수송량 실적은 전쟁 1년차 46만 톤, 2년차 98만 톤, 3년차 42만 톤에 그쳤다(상공성商工省 통계). 전쟁 1년차에는 목표량을 상회했지만, 그 후 예정량을 수송할 수 없는 것이 명백하게 된 1943년 말, 일본은 전쟁목적 '자존자위'의 달성이 불가능한 것을 자각하고 화평和平의 길을 모색해야 했을 것이다.

탱커를 둘러싼 이해할 수 없는 해군의 자세

한심하기 짝이 없는 해상호위전과는 별개로, 남방자원의 본토수송과 관련된 해군의 자세는 이해할 수 없는 것이었다. B선 탱커 27만 총톤이 없으면 작전이 불가능하다며 단 척도 내놓으려 하지 않았다. 진주만을 공격한 제1항공함대는 항모 6척, 전함 2척을 기간으로 구성되었는데, 이 작전은 우량優良 탱커 7척을 동원하여 중유重油 10만 톤을 수송했기에 가능한 것이었다. 따라서 해군의 작전에 탱커가 필수적인 것은 이해할 수 있다.

하지만 본토에 에너지가 수송되지 않으면 조선능력이 저하되고, 이는 다시 에너지 공급량을 감소시키는 악순환으로 이어진다. 따라서 어느 지점에서는 이 순환의 고리를 끊어야 한다. 이는 탱커의 60% 이상, 특히 우량 탱커를 독점한 해군만이 할 수 있는 일이었다.

그런데 해군은 가지고 있는 탱커를 내놓기는커녕, 착오로 B선으로 배정된 탱커조차 내놓으려 하지 않았다. 1942년의 조사 결과, 해군이 소요량 수만 톤을 과다 계상하여 탱커를 징용한 사실이 판명되었다. 아마도 포경모선捕鯨母船인 제2토난마루圖南丸와 제3토난마루가 그 대상이었을 것이다. 자매선인 두 선박은 각 1만 9,000총톤으로 일본 최대의 선박이었다. 고래기름 탱크에 원유 1만 5,000톤을 적재할 수 있었으므로, 이를 C선으로 전환했다면 본토로의 석유 수송량은 상당히 증가했을 것이다. 해군은 일단 반환을 약속했지만, 그 시기에 대한 확답을 피하면서 시간을 끌었다. 결국 제3토난마루는 1944년 2월 트럭 섬 공습에서, 제2토난마루는 1944년 8월 주산열도舟山列島 부근에서 모두 B선인 상태 그대로 침몰당했다.

해군은 잉여 부분의 반환은 거부하면서도, 상실한 부분의 보충을 요구했고 결국은 C선에 손을 뻗쳤다. 그리고 다가온 것이 레이테 결전, 즉 1944년 10월 시작된 쇼고捷號 작전이었다. 연합함대의 주력은 남방산유지대에 집결해 있었는데, 레이테 만灣에 돌입하려면 우량 탱커 6척, 6만 총톤이 필요하다며 C선의 할애를 요구했다. 이는 본토로의 석유 수송을 정체시켜 일본의 산업구조에 중대한 영향을 미치게 되므로, 논의는 분규 상태에 있었다. 하지만 결국은 해군의 요구가 통하여 C선이 B선으로 전환되었다. 그런데 제2함대 주력은 레이테 만을 목전에 두고도 돌입하지 않고 반전反轉해 버렸다. 이 반전에 대해서는 제5장에서 상세히 설명하기로 한다. 사정이야 있었겠지만 탱커의 문제만 보아도 납득하기 어려운 부분이 많다.

최후의 국면은 상징적이었다. 1945년 2월 21일 히ㄴ69선단의 탱커 '미츠시마마루光島丸'는 싱가포르를 출항했다. 그리고 3월 27일 손상된 상태로 세토나이카이瀨戶內海의 토쿠야마德山에 도착했고, 전함 '야마토'에 중유 3,000톤을 급유했다. 이 중유가 있어 4월 6일 '야마토'가 오키나와를 향해 출격할 수 있었다. 4월 7일 '야마토'는 미 해군의 공격으로 격침당했다. 국보國寶로 불리던 전함을 침몰시키기 위해 필사적으로 석유를 수송한 결과가 되었으니 아이러니컬하다.

이렇게 석유의 흐름만을 보아도 해군에는 계획성과 대국大局을 보는 시각이 결여되어 있었음을 알 수 있다. 불분명한 목적의식이 목적과 수단의 혼동을 야기했고, 결국 전투 그 자체가 목적이 되고 만 것이 태평양 전쟁 중 해군의 모습이었다. 최신 함정을 집결시켜 세계적으로도 선구적인 항모기동부대를 운용한 제국해군이 명확한 목적의식을 가진 기능집단이 아니었다는 것은 오히려 이상할 지경이다. 하지만 이는 해군만의 문제가 아니었다. 정도의 차이는 있었지만 당시 일본 사회 전체가 이런 상황에 있었다고 할 수 있다.

무너진 절대국방권의 중앙부

1942년 6월 초순 미드웨이Midway 해전에서 패배했고, 1942년 12월 말 과달카날Guadalcanal 섬 철수 결정이 내려졌다. 태평양전쟁의 분수령이 되는 사건이었다. 하지만 이는 사후에 내린 역사적 평가로, 교전 양측이 당시에 그렇게 생각했을 리는 없다. 일본은 이 패배를 교훈으로 작전구상과 전법을 재검토할 필요성은 느꼈지만, 전략방침이나 전쟁목적 자체의 변경까지 고려할 정도의 결정적 사건은 아니라고 보았던 것 같다. 이른바 '제2단작전第二段作戰'[2]과 지나치게 길어진 전선에 일격을 당했다는 정도의 인식이었던 것이다.

1943년 6월 연합군은 솔로몬 제도와 뉴기니의 양 정면에서 반격을 개시했다. 이에 대응하여 1943년 9월 30일 어전회의에서 '금후 취할 전쟁지도의 대강今後執ルベキ戰爭指導ノ大綱'이 결정되었다. 남동정면의 비스마르크 제도 이남과 동부 뉴기니를 포기하고, 적과의 간격을 유지하면서 방어선을 단축하는 것이 요지였다. 그리고 절대국방권絕對國防圈으로 명명된 권역 안에서 장기불패의 태세를 확립하기로 했다. 전쟁목적인 '자존자위'는 유지하면서, 그 달성을 위한 전력발휘의 무대를 옮겨 다시 시작하겠다는 것이었다.

---

2 제2단작전은 일본군이 남방작전(제1단작전)의 후속으로 준비한 공략작전이다. 남방작전에서 획득한 점령지의 방어를 위해 미국과 호주 사이의 연락을 차단하고, 조기 종전의 실현을 위해 하와이를 점령하는 것을 내용으로 했다. 하지만 과달카날 섬의 소모전으로 인해 목적달성이 불가능한 것으로 판명되었고, 1943년 3월 장기지구전 체제의 확립을 목적으로 하는 제3단작전이 발령되었다.(역주)

1943년에는 자재의 재고도 있었고, 본토를 향한 공습이 시작되기 전이었으므로, 연간 112만 총톤의 선박을 건조할 수 있었다. 그런데 운용 중인 선박의 상실량은 257만 총톤에 달했다. 결과적으로 태평양전쟁 전기간에 걸쳐 일본의 신조선복량新造船腹量이 상실량을 웃돈 적은 없었다. 조선능력에 한계가 있으니, 해상호위전을 개선하는 것이 유일한 해결책이다. 하지만 해군에 이를 시도할 하드웨어와 소프트웨어가 없었던 것은 앞에서 설명한 것과 같다. 그렇다면 남방자원을 본토로 수송하는 선복량이 언제 제로Zero가 되는지는 단순한 산수의 문제이다(〈표 2〉 참조).

〈표 2〉 선복의 신조량과 상실량(척수/만 총톤)

	1941년도	1942년도	1943년도	1944년도	1945년도
신조선복량	37/7.42	133/42.45	433/112.42	674/158.38	63/16.32
상실선복량	60/20.49	260/104.07	694/256.80	901/328.51	405/79.84

※ 1941년도는 1941년 12월~1942년 3월, 1945년도는 1945년 7월까지.
※ 상실량은 해난海難 외에 기타 사고를 포함.
※ 운수성 해운통계.

계전繼戰능력을 냉정하게 계산해 보면 이미 1943년의 시점에서 판정결과: 패배, 이유: 선복량, 향후의 선택지: 화평의 모색이 된다. 하지만 후술하는 것과 같이 연합국은 1943년 1월의 카사블랑카회의에서 무조건항복만을 인정하며, 1943년 11월의 카이로 선언에서 일본은 대만과 한반도를 포기하고 본토의 4개 섬만을 영유할 수 있다는 취지를 명확히 했다. 이 두 가지만으로도 일본의 계전의지는 더욱 공고해졌다.

일본은 절대국방권구상에 따라 1944년 2월부터 중부태평양의 방비를 강화하기 시작했다. 사이판에 제31군을 신설하고, 트럭Truk, 북부 마리아나, 남부 마리아나, 오가사와라小笠原, 팔라우Palau의 5개 지구로 나누어, 예하 5개 사단과 6개 독립혼성여단을 각지에 배치했다. 이들 부대의 전개에는 100만 총톤의 선박이 동원되었다.

드넓은 태평양에 전개된 대부분의 부대는 고립무원의 상태에서 옥쇄玉碎라는 최후를 맞이했고, 이러한 절대국방권구상에서의 병력운용은 현재에도 혹평의 대상이 되고 있다. 하지만 이는 결과론적인 비평에 불과하다. '자존자위'라는 전쟁목적을 포기하지 않는 이상, 오가사와라 제도에서 트럭 제도에 이르는 제2열도선의 방비는 당연하기 때문이다.

만약 위의 선이 무너져 미 잠수함이 자유롭게 활동할 수 있게 되면, 일본의 선박은 세토나이카이 밖으로 나올 수 없게 된다. 그렇게 되면 모지에서 츄쿄中京, 칸토關東로의 수송은 효율이 나쁜 철도에 전적으로 의존해야 한다(칸몬關門터널의 개통은 1942년 6월). 또한 홋카이도로부터의 석탄수송에도 중대한 지장이 생긴다. 이는 츄쿄, 칸토에 집중된 항공기 생산 시설의 쇠퇴를 의미하고, 항공열세는 더욱 심각한 상황이 된다.

절대국방권의 사수를 외치며 전력을 다했지만, 중심부가 무참하게 돌파당하고 말았다. 1944년 7월 7일 사이판 옥쇄, 8월 3일 티니안Tinian 옥쇄, 8월 11일 괌 옥쇄라는 비극적인 결말이 이어졌다. 이렇게 일본 전토는 B-29 폭격기의 행동반경에 들어가게 되었다.

하지만 더 큰 문제는 우려했던 대로 미 해군이 마리아나 제도에 잠수함의 전방거점을 설치한 것이었다. 이전까지 하와이를 근거지로 하고 있던 것에 비해 3,200해리나 서쪽으로 진출하게 되었다. 이는 수상항주水上航走를 기준으로 할 때, 왕복 400시간 이상을 절약할 수 있음을 의미한다. 시간과 거리상의 여유가 생긴 미 잠수함부대의 주력은 대만 주변해역에서 철저한 통상파괴작전通商破壞作戰을 개시했다. 사이판 점령 3개월 후인 10월 한 달간, 미 잠수함부대는 일본의 선박 66척, 32만 총톤을 격침시켰다. 이는 미 잠수함에 의한 격침으로는 월간 최고기록이다.

국체호지와 황토보위

사이판 함락의 책임을 지고 토죠 히데키東條英機 내각이 총사직하면서, 1944년 7월 22일 코이소 쿠니아키小磯國昭 내각이 들어섰다. 내각과 군부는 화평공작에 나서지 않기로 합의하여, 전쟁을 계속하는 노선을 걷게 되었다. 8월 5일 기존의 '대본영정부연락회의'가 '최고전쟁지도회의最高戰爭指導會議'로 개편되었다. 8월 19일 열린 이 회의는 어전회의의 형태를 취하여, '금후 채택할 전쟁지도 대강今後採ルベキ戰爭指導大綱'을 결정했다.

이 방침에서는 '적을 격파하여 그 계전기도繼戰企圖를 파쇄破碎'하고 '황토皇土를 호지護持하여 전쟁을 완수'할 것이 강조되었다. 이것이 개전 시에 제시된 전쟁목적 '자존자위'를 달성하기 위한 수단인지, 아니면 그 자체가 전쟁목적이 되었는지는 명확하지 않다. 하지만 어느 쪽이건 미국이 일본의 끈기에 질려 손을 들 때까지 전쟁을 계속하겠다는 것으로, 당시 빈번히 제창되던 '백년전쟁百年戰爭'이라는 슬로건이 이를 잘 나타낸다.

하지만 소모가 극심한 현대전을 언제까지나 계속할 수는 없다. 남방자원을 본토로 수송하여 계전능력을 유지해왔지만, 이를 담당하는 C선은 1944년 7월 현재 198만 총톤까지 감소해 있었다. 300만 총톤의 C선을 확보하지 못하면 1941년 수준의 생산활동을 유지할 수 없다는 계산이 있었으니, 관계 각료가 더 이상 방법이 없다며 비명을 지르는 것도 무리는 아니었다. 앞으로 선박 손해가 극적으로 감소한다는 전망도 없었으니, 이 시점에서 이미 전쟁의 앞날은 절망적이었다.

예비역 육군 대장인 코이소 쿠니아키 수상은 이러한 사정을 숙지하고 있었다. 그 내심은 '어찌되었건 단 한 번만이라도 확실한 승리를 거두고, 이를 토대로 휴전화평을 모색하자'는 것이었다. 결과를 알고 있는 현재의 시각으로 보면 허망한 꿈으로 밖에 생각되지 않지만, 1944년 여름의 시점에서는 다음과 같은 이유로 나름대로의 설득력은 있었다.

연합군이 반격을 개시한 과달카날 전투 이래, 일본군은 시간과 장소 및 기술적인 측면에서 계속하여 기습을 당하기만 했다. 이 때문에 여러 곳에 전력을 분산할 수 밖에 없었고, 중점重點을 형성하지 못하는 결과가 되었다. 라바울Rabaul과 같이 특별히 방비를 강화한 곳은 우회By-pass 당해 유병遊兵이 되었다. 적의 움직임을 파악하지 못하였으므로 연합함대의 주력도 트럭 섬에서 움직일 수 없었다.

하지만 앞으로는 다르다. 솔로몬 제도 등을 포기하여 전선을 축소하면 적의 움직임을 어느 정도 예측할 수 있으므로, 쉽게 기습당하지는 않을 것이다. 앞으로 전장이 될 필리핀 등의 섬은 면적이 넓으므로, 이전까지 소규모 부대만으로 대처할 수 밖에 없었던 것과는 달리, 사단 이상의 전략단위를 운용하는 작전이 가능하다. 그리고 예상되는 전역戰域에는 항만과 항공기지가 정비되어 있으며, 무엇보다 일본 본토와 거리가 가깝다는 커다란 강점이 있다. 이를 충분히 활용하여 내선작전內線作戰을 전개하면 적에게 큰 타격을 가할 수 있고, 이를 계기로 화평의 실마리를 찾을 수도 있다.

1944년 10월에는 위의 구상대로 유리하게 싸울 수 있는 기회가 찾아온 것으로 보였다. 10월 10일부터 미 제38기동부대가 오키나와, 대만, 필리핀에 대규모 공습을 가하여 대만항공전이 시작되었고, 17일에는 상륙선단이 레이테 만Leyte Gulf에 모습을 드러냈다. 이에 일본군은 쇼고捷號작전을 발동하여 "텐노잔天王山[3]은 레이테에 있다"며 결전決戰을 시도했다. 연합군이 남중국해로 진출하면 남방자원의 본토 수송이 끊어지게 되므로, 전쟁목적인 '자존자위' 자체가 성립될 수 없게 된다. 따라서 필리핀 전투는 결전이 될 수 밖에 없었던 것이다.

---

3 텐노잔은 쿄토부京都府 오토쿠니군乙訓郡 오야마자키쵸大山崎町에 있는 높이 270m의 산이다. 1582년 6월 야자자키의 전투에서 하시바 히데요시가 이 산을 먼저 점령하여 아케치 미츠히데를 격파했다. 여기서 텐노잔은 승부를 결정하는 분기점을 의미하는 표현이 되었다. (역주)

레이테에서의 사투가 계속되던 1944년 12월 중순, 연합군은 마닐라 남쪽의 민도로Mindoro 섬에 상륙을 개시했다. 이렇게 되자 대본영은 레이테에서 지상결전을 벌인다는 방침을 포기했다. 다음 연합군의 공격목표는 마닐라 항과 비행장 클라크 필드Clark Field가 있는 루손Luzon 섬이 될 것이 명확했다. 바다와 하늘의 근거지를 상실하면 자원의 수송항로가 완전히 차단되므로, 일본은 계전능력 그 자체를 상실하게 되는 것이다.

그런데 이러한 상황을 피하기 위해 루손 섬에서 결전을 시도하는 것은 어려운 일이었다. 이미 제14방면군의 주력은 레이테 결전에 전력을 추출당한 상태였고, 새로운 부대의 증강도 불가능했다. 결국 산악지대로 들어가 지구전을 펼치는 것 외에는 방법이 없었다. 연합군의 루손 섬 상륙은 1945년 1월 9일이었고, 대본영은 마닐라만 일대의 함락과 이에 따른 남방항로의 차단을 각오했다. 이는 곧 '자존자위'라는 전쟁목적을 포기하는 것이 된다.

적을 지치게 한다는 전략

여기서 새로운 작전방침의 책정이 필요하게 되었다. 그 결론이 1945년 1월 20일 결정된 '제국육해군작전계획대강帝國陸海軍作戰計劃大綱'이었다. 이는 육군과 해군이 최초로 합동하여 작성한 통합적 작전계획이었다. 연합함대의 대부분이 괴멸된 상태에 이르러 통합계획을 만든 것에서, 처음부터 계획성이 결여되어 있었던 것을 알 수 있다. 계획의 기본구상은 본토 밖의 지대에서 지구작전을 펼쳐 적에게 출혈을 강요하여 시간을 벌고, 그 사이에 본토결전을 준비한다는 것이었다.

이 작전계획에 따라 대본영은 1월말부터 2월에 걸쳐 '대본영의 기도企圖는 진공하는 적, 특히 주적인 미군을 격파하여 황토를 중핵으로 하는

국방요역國防要域을 확보하고 적의 전의를 파쇄함에 있다'는 내용의 대
육명을 각 부대에 전달했다. 이 대육명의 취지는 다음과 같다. 먼저 적의
공격을 지체시키면서 출혈을 강요하는 한편, 본토와 연락이 유지되는 한
반도, 만주, 중국 등의 점령지를 연결시켜 전력기반을 유지한다. 그리고
최후에는 본토결전을 전개하여 교전 상대국 사회에 염전분위기를 만연
시켜 화평교섭에 들어간다. 즉 이전까지의 '결전을 통해 단 한 번이라도
보기 좋게 승리한다'는 방침이, '상대방이 지쳐 나가떨어질 때까지 버틴
다'는 방침으로 전환된 것이다.

전세는 더욱 더 불리해져 1945년 3월 초순 마닐라 함락, 3월 18일 버
마의 만달레이Mandalay 함락, 3월 22일 이오지마硫黃島 수비대 옥쇄로
이어졌고, 4월 1일 미군이 오키나와 본도本島에 상륙했다. 이러한 전황에
서 대본영 육군부는 4월 8일 대육명 제1299호를 전달했다. 그 제1항은
'대본영의 기도는 본토에 침입하는 적군을 격파하여 그 야망을 파쇄함에
있다'로 본토결전의 결심이 명확하게 드러났다.

이것이 군사전략의 기본방침이라면, 4월 1일부터 시작된 오키나와에
서의 지상전은 본토결전 준비를 위한 시간 벌기의 성격이 강하게 되고,
따라서 철저한 장기전으로 일관해야 한다. 그런데 4월 8일 대본영과 제
10방면군은 현지의 제32군에 총공격을 명령했다. 적이 요미탄讀谷(北비
행장), 카데나嘉手納(中비행장)의 비행장을 이용하게 되면 항공총공격의
승산이 없어지므로, 이를 저지하기 위해 지상에서 총공격하라는 것이었
다. 미 육군의 전투기부대가 비행장에서 출격하기 시작한 것은 요미탄이
4월 7일, 카데나가 4월 9일부터였다. 그런데 이 총공격은 제32군 측면에
대한 적 상륙의 움직임이 포착되어 중지되었다.

4월 29일 다시 한 번 제32군에 총공격의 엄명嚴命이 내려졌다. 항공작
전인 키쿠스이菊水5호가 진행 중이던 5월 4일, 제32군은 진지를 벗어나

공격에 나섰지만 아무런 성과 없이 큰 손해만을 입고 끝났다. 만약 이 지상공격이 없었다면 제32군의 조직적인 저항은 6월 23일에 끝나는 것이 아니라, 1945년 8월 중순까지 이어졌을 가능성이 크다. 실제로 제24사단 보병 제32연대는 병력이 200명으로까지 감소한 상태에서 8월 15일 이후에도 조직적인 전투를 계속했다. 여기서는 장기전의 가능성에 대한 가정적 논의는 접어두기로 한다.

그런데 5월 4일 총공격에서 입은 피해로 인해 제32군은 슈리首里를 중심으로 한 선에서의 장기지구전이 불가능하게 되었다. 전반적인 방침은 시간 벌기를 위한 장기전이면서도, 현지 부대의 의사에 반하여 총공격을 강요한 것은 완전히 모순된 행동이다. 이는 확고한 목적의식을 갖지 못하고 무정견無定見에 빠진 상황에서, 개별적·구체적 상황에 휘둘려 전투 그 자체만이 목적이 되어버린 전형적인 예이다.

이러한 전략적 실책에도 불구하고, 일선 장병의 분투로 본토결전 준비를 위한 시간은 어느 정도 확보할 수 있었다. 큐슈 정면은 1945년 10월까지, 칸토 정면은 1946년 봄까지 일응의 작전준비가 완성될 것으로 예상되었다. 이 방침은 4월 5일의 대육지 제2433호 별책別冊 '사단전투훈련요강'에서 "병단의 전장은 신성한 황토이다. 침략해오는 이적夷狄은 모조리 섬멸하여 한 명도 살아 돌아가지 못하게 한다"로 나타났는데, 그 기백은 장한 부분이 있다.

이어서 4월 7일의 대육지 제2438호 별책 '케츠고決號작전준비요강'은 작전구분, 작전지역, 작전담당부대를 명시했다. 작전지도의 요지는 "적 격멸을 궁극적인 목적으로 신속하게 전략적 배치를 완성하여, 제국 본토에 대한 미군의 침입을 격퇴하는 것"으로, 해상 및 해안水際에서의 격파를 목표로 했다. 일본측은 미군이 1945년의 태풍 시즌이 지나고 큐슈 남부에 상륙하고, 이어 1946년 봄에 칸토에 상륙하여 본토 침공을 진행할 것으로 예상하고 있었다.

최종국면에서의 전쟁목적

본토결전의 전술, 전법은 명확했다. 전군특공全軍特攻[4], 일억특공一億特攻 외에는 다른 방도가 없으니 명확할 수 밖에 없다. 해상에서의 특공으로 적 상륙부대 제1진의 1/4을 감쇄시키고, 해안에서 다시 1/4을 격파한다. 그렇다면 적의 전력은 당초의 절반 정도인 전멸상황에 놓이므로, 이를 격파할 수 있다는 것이었다. 특공으로 각 1/4씩을 격파할 수 있다는 근거가 어디에 있는지는 차치하더라도, 뒤이어 당도할 제2진, 제3진은 어떻게 할 것인가의 문제가 남는다. 일본군의 전법은 특공이므로 한 번 사용된 전력을 다시 사용할 수 없다. 또한 상륙 제1진이 큰 손해를 입는다고 하여, 적국에서 염전분위기가 널리 퍼져 화평에의 길을 모색할 수 있게 된다는 보증은 어디에도 없다.

육상전투 전법에서는 육탄肉彈에 의한 적 전차의 저지가 강조되었다. 연안에 배치된 부대가 적 전차의 진격을 거부하여 교두보의 확대를 방해하면, 내륙에서 결전병단이 출격하여 적을 밀어낸다는 구상이었다. 연안에 있는 부대와 결전병단은 적이 강력한 공지空地 통합화력을 발휘할 수 없도록 하기 위하여 철저한 근접전을 시도하기로 했다. 피아가 뒤섞인 혼란한 상태를 야기할 수 있다면, 적도 물러설 수 밖에 없다는 것이다. 일본의 입장에서는 그 외에 다른 방법이 없는데, 적이 물러서지 않는 경

---

4 특공特攻은 특별공격特別攻擊의 약칭이다. 이는 폭탄을 탑재한 항공기나 군함에 전투원이 탑승한 채로 적을 향해 돌입하는 형태의 자살공격을 의미한다. '카미카제'로 널리 알려진 해군의 神風特攻隊가 대표적이다. 악화된 전황 속에서 전과를 얻기 위한 고육지책이었으나, 당시에도 "작전에 구사일생九死一生은 있어도, 십사영생十死零生은 없다"며 통수統帥의 외도外道로 보아 비판적인 견해가 많았다.(역주)

우에 대한 대책이 없다면 이는 자포자기가 될 수 밖에 없다.

본토결전의 진행과는 별개로 일본 본토 4개 섬의 연락 확보, 나아가 한반도, 대륙과의 연결은 필수적인 부분이다. 그런데 이 해상연결로 역시 죽어가고 있었다.

오키나와 전투 시작 1개월 전부터 마리아나 제도의 기지에서 발진한 B-29 폭격기는 공중에서 칸몬해협 일대에 감응형感應型 침저기뢰沈底機雷의 부설을 시작했다. 이 같은 공격적 기뢰작전은 오키나와 전투와의 관계에서 일시 중단되었으나, 5월 초순부터 본격적으로 재개되었다. 얼마 지나지 않아 칸몬해협 일대의 항로가 두절되었고, 세토나이카이와 동해日本海는 출입구를 잃은 죽음의 바다가 되어 대륙과의 연결이 끊어졌다.

한반도, 대륙으로부터의 식량 유입이 차단된 일본은 대략 1945년 말부터 1946년 봄에 걸쳐 심각한 기아飢餓에 직면할 것으로 예측되었다. 나아가 인간의 생존에 불가결한 식염食鹽의 입수조차 곤란할 것으로 보였다. 이렇게까지 궁지에 몰려 있었으니 원자폭탄의 투하가 없었더라도, 일본은 대략 1946년에 들어서기 이전에 즈음하여 무조건항복을 수용하게 되었을 가능성이 높다.

최종국면인 1945년 여름의 7월 26일 포츠담 선언의 통고, 8월 6일 히로시마 원자폭탄 투하, 8일 소련의 대일 선전포고, 9일 나가사키 원자폭탄 투하로 이어졌다. 대본영은 원자폭탄에 대처할 방책이 없었으므로, 그저 지켜보는 것 외에는 다른 수가 없었다. 하지만 소련군의 만주침공에는 신속한 대응태세를 보였다. 8월 9일 '관동군은 주작전主作戰을 소련에 대한 작전에 지향하여 황토皇土 조선을 보위하는 작전을 펼친다'는 취지의 대육명 제1374호가 관동군 총사령관에게 전달되었다. 실질적으로 최후의 봉칙명령이 되는 8월 10일의 대육명 제1378호의 전문全文은 다음과 같다.

1. 대본영의 기도는 대미 주작전의 완수를 기함과 동시에 소련의 야망의 파쇄를 위한 새로운 전면적 작전을 개시하여 소련군의 격파를 통해 국체를 호지하고 황토를 보위하는 것에 있음.
2. 관동군 총사령관은 주작전을 대소 작전에 지향하며 공격해오는 적을 적절한 위치에서 격파하여 조선을 보위할 것.
3. 세부적인 상황에 관해서는 참모총장이 지시하도록 함.

1945년 8월 10일

봉칙전선奉勅傳宣[5] 참모총장 우메즈 요시지로梅津美治郎

관동군 총사령관 야마다 오토조山田乙三 도노殿

여기서 분명한 것은 일본의 전쟁목적은 태평양전쟁 개전 시에는 '자존자위'였지만, 최후에는 '국체호지國體護持'와 '황토보위'로 바뀌었고, 황토에는 한반도가 포함되어 있었다는 것이다. 결국 50년 전에 벌어진 청일전쟁과 러일전쟁시의 전쟁목적으로 회귀한 것이니 복잡한 심사에 휩싸이게 된다.

망각한 국가로서의 목표

위와 같은 경위를 보면 태평양전쟁 중의 일본은 당초의 전쟁목적인 '자존자위'를 견지하지 못한 것이 분명하다. 일반적으로 적에 의해 전쟁목적의 변경을 강요당하는 것은 패배를 의미하는 것이고, 그러한 상황에 몰리게 된 이상 조속히 화평을 강구하는 것이 근대 전쟁의 방정식이다. 그런데 남방자원의 수송항로가 기능부전에 빠지고 '자존자위'라는 목적을 달성할 수 없게 된 것이 수치로도 명확하게 된 이후에도, 일본이 전쟁

---

5 칙명을 받들어 전달한다는 의미.(역주)

을 멈출 수 없었던 것은 다음의 두 가지 이유 때문이다.

최초에 정한 전쟁목적을 바꾸게 되는 것은 먼저 전쟁을 시작한 쪽의 숙명이다. 전쟁목적은 상대방의 행동을 예상하고, 이를 토대로 하여 고안된 것이다. 따라서 상대방이 예상과 다른 움직임을 보이면 전쟁목적을 변경하거나 수정을 가할 필요가 생긴다. 전쟁이란 상대방과의 상관관계에 기초한 사회현상이므로 당연한 논리적 귀결이다. 따라서 일본이 전쟁목적을 변경한 것 자체는 특별히 이상한 일이 아니다.

반면 도발을 당한 측은 침공해온 적의 격파가 유일무이한 전쟁목적이 된다. 많은 경우 이 목적의 변경은 패배에 직결되므로, 전쟁의 종결시기까지 일관하게 된다. 적을 국경 밖으로 몰아내는 정도로 만족할 것인지, 아니면 적국의 영토 내로 진입하여 철저하게 격파할 것인지와 같은 정도의 차이는 있지만, 어느 쪽이건 적을 격파한다는 점에는 차이가 없다.

즉 일본이 개전 시에 정한 전쟁목적을 변경한 것 자체는 어쩔 수 없다고 하더라도, 연합군의 반격을 받아 방어로 전환한 시점에서도 전쟁목적을 2번, 3번이나 변경해야 했던 것은 이미 패배를 의미하는 것이다. 그런데 일본이 1943년 중기 이후 공격을 받는 입장으로 바뀌었다는 것을 객관적으로 인식하고 있었는지 여부에 대해서는 의문이 있다.

연합국의 의도와 일본의 목적

1943년 1월 14일부터의 카사블랑카 회담, 1943년 11월 22일부터의 카이로 회담에서 나타난 연합국의 자세는 일본의 의사결정에 큰 영향을 미쳤다.

모로코의 카사블랑카에서 프랭클린 루즈벨트 대통령은 윈스턴 처칠 수상과 회담했다. 회담이 끝난 24일 기자회견 석상에서 루즈벨트는 "독일, 일본 및 이탈리아의 전쟁수행능력을 제거하는 것은 이들 3개국의 무조건항복을 의미한다"고 말했다. 동석했던 처칠 조차도 흠칫했다고 하는 것처럼, 이는 전적으로 루즈벨트의 애드립Ad Lib이었다고 한다.

그런데 이는 루즈벨트의 독창적인 고안은 아니었다. 남북전쟁이 한창이던 1862년 2월, 북군의 율리시스 그랜트 장군은 남군이 수비하고 있던 켄터키 주의 도넬슨 요새Fort Donelson를 공격했다. 이때 "즉시 무조건적으로 항복하는 것 이외에는 허용하지 않겠다"라고 통고한 것이 유래가 되었다. 남북전쟁이라는 내전과 국제분쟁을 동일한 선상에 놓는 것 자체가 난폭한 발상이고, 또한 이는 잔혹한 절멸전쟁絶滅戰爭의 선언이기도 하다. 이렇게 가해수단에 대한 제약이 사라진 상황에서, 도시에 대한 무차별폭격은 물론 히로시마, 나가사키에 원자폭탄 투하로 이어지는 길이 열렸다.

무조건항복의 통고를 받은 쪽에서는 어차피 무조건항복 이외에는 받아들여지지 않는다는 자포자기적 심리상태가 되고, 절망적인 전투를 거듭하게 된다. 만약 이 선언이 없었다면 독일 국방군 내부의 일부 반 히틀러 세력이, 1944년 7월 24일의 히틀러 암살미수사건 이전에 어떤 강력한 조치를 취했을 수도 있다. 물론 역사는 그렇게 진행되지 않았고 전쟁은 장기화되어 무의미한 유혈상황이 계속되었다.

미국, 영국, 중국의 수뇌가 모인 카이로 회담의 결론은 1943년 12월 1일 카이로 선언으로 공표되었다. 이에 의하면 일본은 청일전쟁과 러일전쟁에서 얻은 영역 일체를 중국에 반환하고, 제1차세계대전에서 취득한 태평양의 섬들을 포기하며, 나아가 조선을 독립시켜야 했다. 선언은 '일본국의 무조건항복을 위해 필요한 중대하고 장기적인 행동을 지속한다'로 결론을 맺었다.

일본은 1938년 1월 코노에 후미마로近衛文麿 수상의 제1차 성명에서

"상대하지 않는다"며 가볍게 취급했던 장개석蔣介石 주석이 이 회의에 출석한 것에 상당한 불쾌감을 느꼈다. 또한 한반도를 포기하라는 부분에도 크게 반발했다. 여기서 1943년 12월 8일의 개전기념일에 토죠 히데키 수상은 해외방송을 통해 "전쟁에 지치고 앞날의 불안감이 엄습하여 초조한 상태에 있는 지도자들이 당면한 실패를 호도하기 위해 벌인 모략적인 잠꼬대로 가소롭기 짝이 없다"라며 반박했다.

수상 겸 육상 토죠 히데키가 국내를 대상으로 한 발언이라면 이런 내용도 어쩔 수 없겠지만, 세계를 향한 것이었으니 약간은 다른 표현을 사용할 수도 있었을 것이다. 연합국이 카이로 선언에서 그들이 구상한 '극동신질서極東新秩序'를 제시한 이상, 일본도 건설하려고 하는 '대동아신질서'의 청사진을 보다 선명하게 제창하였어야 했다. 전쟁은 이념의 대결이기도 하기 때문이다.

국제정세를 관찰하고 이에 따른 판단으로 국가의 방향성을 제시하는 것이 외상外相 토고 시게노리東鄕茂德의 역할이었다. 그런데 전후 토고의 회상에 따르면, 카이로 선언에 대한 감상은 '청일 · 러일전쟁까지도 침략전쟁으로 규정하는 연합국의 의도는 무엇인가'였다고 한다. 전혀 긴박감을 느끼지 못하고 있었던 것에 어처구니가 없다. 하지만 조약으로 확정된 영토를 부정하는 카이로 선언을 이상하게 생각한 토고 외상의 수용방식이 당시로서는 상식적이었을지도 모른다.

앞서 본 것과 같이 1944년 7월 취임 당시 코이소 쿠니아키 수상은 화평교섭을 시작하지 않겠다고 밝혔다. 하지만 남방자원의 본토수송이 두절된 상태였으므로, 결국은 화평의 모색을 시작하게 되었다. 그런데 일본과 연합국의 사이를 중재할 만한 유력한 나라가 없었으므로 모든 것을 직접 진행해야 했다. 여기서 소련의 중개를 통한 미국, 영국과의 직접 교섭을 고려하게 되었다. 이에 주소대사관의 강화를 위해 모스크바에 외교관 출신인 전 수상 히로타 코키廣田弘毅를 특파사절로 파견하는 안이 부상했다. 하지만 1944년 9월 중순 소련은 특사 수용을 거부했다.

과거부터 파이프가 있던 중국과의 화평도 모색되어, 1944년 9월 말부터 10월에 걸쳐 우가키 카즈시게宇垣一成 전 육상이 중국으로 건너갔다. 하지만 개인의 힘으로 어떻게 할 수 있는 부분도 아니었고, 모든 방법이 이미 때를 놓친 상황이었다.

한편 중국군 참모총장 하응흠何應欽의 지인인 무빈繆斌이라는 인물을 이용하여 화평공작을 시작하려는 시도도 있었다. 하지만 천황은 수상한 인물을 통한 공작에 불만을 품었고, 이것이 원인이 되어 코이소 내각은 결국 총사직에 이른다.

신념과 슬로건

이런 사이에 전황은 극도로 악화되었고, 마침내 본토결전, 일억총옥쇄一億總玉碎라는 말이 나오기에 이르렀다. 국민의 생명과 재산을 지키는 것이 임무인 군대가 "이렇게 된 이상 우리 모두 함께 죽어버리자"라고 하는 것은 이해하기 어려운 태도이다. 하지만 이는 태평양전쟁을 일으킬 때부터 예상된 당연한 귀결이었다. 이들은 중일전쟁이라는 한정적인 분쟁을 자신들이 원하는 형태로 해결하기 위해, 세계적인 대국을 상대로 새로운 전쟁을 일으킬 수도 있다는 사고방식을 가지고 있었다. 그러니 목적과 수단을 혼동하거나, 수단이 목적이 되었다고 해서 크게 불가사의하게 생각할 일도 아니다.

여기서 일본 민족의 어리석음에 대해 크게 한탄할 수도 있다. 하지만 전쟁과 폭력, 즉 공격과 가해라는 사회현상은 상호간에 유해, 불쾌한 자극을 가하는 것을 본질로 한다. 따라서 목적을 달성하기 위한 수단인 폭력이나 공격 그 자체가 목적이 되는 일도 쉽게 발생한다. 이 부분은 제6장에서 보다 자세하게 설명하기로 한다.

무언가를 이루기 위해 집단적인 죽음을 선택하는 것이 반드시 드문 일은 아니다. 자신의 신념이나 신앙 등을 영원히 남기기 위해 주저 없이 몸을 던지는 일은 세계사의 드라마틱한 장면에서 자주 찾아볼 수 있다. 일본인은 이해하기 어려운 처절했던 유럽의 종교전쟁도 여기에 이유가 있다. 최근 중동 등에서 빈발하는 자폭테러 역시 마찬가지의 이유로 쉽게 근절할 수 없는 것이다.

이것이 개인의 의지에 의한 선택인지, 아니면 집단의지 나아가 군집심리群集心理의 영향인지는 판단이 쉽지 않은 부분이다. 그런데 어느 쪽이건 과거의 일본에 '모두 함께 죽자', '죽는 것 자체에 대의大義가 있다'라는 도그마Dogma(교의敎義)가 존재하고 있었는지는 의문이다. 당시의 일본은 국가신도國家神道의 시대였지만, 신도 그 자체에는 자신의 신앙을 관철하기 위해 죽음을 선택한다는 극단적인 교의는 없었기 때문이다.

이는 태평양전쟁 개전 이래의 슬로건 '팔굉일우八紘一宇', '대동아의 해방'을 위해 일본인 1억이 사멸死滅하겠다는 취지로 읽힐 수도 있다. 하지만 목적이 완성되지 않은 상태에서 주체가 절멸해버리면 아무리 숭고한 이념도 그저 슬로건으로 끝나고 만다. 당시 대부분의 일본인은 아시아권의 다른 민족을 멸시蔑視하고 있었던 것이 사실이다. 따라서 억압받는 아시아인을 위해 자신의 목숨을 버려도 상관없다고 생각한 사람이 있었더라도, 이는 극히 소수의 특이한 사람이었을 것이다.

'일억총옥쇄'를 외치기 전에 생각해야 할 것은 국가라는 사회집단의 존재목적이다. 국가의 성립과 존속에는 3개 요소, 즉 일정한 영토, 일정한 인민 그리고 이를 실효적으로 통치할 수 있는 조직이 필수적이다. 일정한 영토가 '황토', 통치조직이 '국체國體'이므로 이를 지키기 위한 '황토보위'와 '국체호지'가 전쟁목적이 되는 것은 이해할 수 있다. 그렇다면 일정한 인민은 어떻게 유지하려고 했는지 의문이 생긴다. 일억옥쇄의 본토결전과 일정한 인민의 존재 상호간에 어떻게 정합성整合性을 확보하려 하였는지 이해하기 어렵다. '그것들은 그저 경기景氣 부양을 위해 내거는 슬로건과 같은 성격의 것이었다'라는 결론이라면 씁쓸한 느낌을 감출 수가 없다.

교섭의 상식을 모르는 일본인

1945년 4월 5일 소련은 일소중립조약을 연장하지 않겠다고 통고해왔고, 5월 7일 독일군이 무조건 항복했다. 이러한 상황에서도 일본은 소련에 화평 알선의 의뢰와 특사의 수리를 요청했다. 이는 외교에 서툴렀다기보다는, 오히려 불가능한 일의 실현을 기대한 것으로 보는 것이 적당할 것 같다. 특히 코노에 후미마로 전 수상을 특사로 내세운 것은 이해하기 어려운 인선이다. 소련이 특사의 수리를 거부한 7월 15일은 포츠담 회담이 시작된 다음 날이었고, 7월 26일에는 포츠담 선언(미·영·중 3개국 선언)이 발표되었다. 선언은 일본에 전쟁종결의 기회를 부여한다는 것으로 시작되어 군국주의의 배제, 일본점령, 카이로 선언의 이행, 무장해제, 전쟁범죄자의 처벌, 민주주의와 인권의 존중이 열거되어 있었다. 그리고 항복 이외의 선택은 '신속하고 완전한 괴멸이 있을 뿐'이라는 협박적 문구로 끝을 맺고 있었다.

대일본제국으로서는 무엇 하나 쉽게 받아들이기 어려운 조건이었을 것이다. 그렇다고 "일억이 모두 함께 죽어버리자"라는 것은 너무나도 격정적인 반응이다. 정상적인 국가라면 레이테 결전 패배 후의 전쟁목적이 된 '황토보위'와 카이로 선언, 포츠담 선언을 어떻게 매듭지을 것인가를 고려해야 한다. 무조건항복을 한다고 하여 연합국이 마음대로 일본을 처분할 수 있게 되는 것도 아니고, 문명화된 20세기에 패배한 국가의 국민 수천만 명을 말살할 리도 없다. 단순한 슬로건이었을지도 모르지만, 스탈린조차 "히틀러는 떠났지만 독일국민과 독일국은 존속한다"라고 밝히기도 했다.

카이로 선언에는 일본의 영토는 청일전쟁 이전으로 복귀한다는 부분이 있다. 여기서 한반도와 대만은 일본의 황토가 아니라고 보아 깨끗이 포기할 수 있을지의 문제가 생긴다. 물론 일본을 적대시하는 세력이 한반도 남부로 진출하는 것은 불편한 사건이지만, 이것은 이후의 전개에 따라 상황이 달라질수도 있는 부분이다. 중국 대륙에서의 전면적인 철수도 중일전쟁 당시부터 어느 정도 논의가 있었던 사안으로, 절대 양보할 수 없는 정도의 문제도 아니다. 만주국은 형식적이지만 독립국이었으니, 전승국이 회의를 열어 결정하도록 처리를 일임하면 된다.

군국주의의 배제라는 부분은 일본이 입헌군주국이라는 자각이 있었다면 흘려 들을 수 있는 부분이다. 의회민주주의와 기본적 인권의 존중 역시 일본이 이를 부정해온 것이 아니므로 특별히 문제의 소지가 없다. 다만 무장해제와 전쟁범죄자의 처벌은 국가의 주권에 관계되는 심대한 문제이다. 하지만 국가존립의 조건인 영토, 인민, 통치조직이 존속하는 이상, 일본인 모두가 분사憤死해야 할 정도의 일은 아니다.

물론 곧바로 조건 전부를 수락할 것은 아니다. 수동적 입장에 있는 일방 당사자가 이런저런 이유를 들어 체결을 지연시키려 드는 것은 모든 교섭의 상식이다. 시간의 경과가 반드시 이쪽에 유리하게 작용하는 것은 아니지만, 내일 무슨 일이 일어날지는 아무도 모르는 것이다. 대세에 영향은 없었지만 1945년 4월 12일 루즈벨트 사망, 7월 27일 처칠 퇴진이라는 사건이 일어나기도 했다.

포츠담 선언 이후 시간을 확보하기 위한 수단은 얼마든지 있었다. "일본국에 결정의 시기가 도래했다"고는 했지만, 구체적으로 언제까지인지 특정되어 있는 것도 아니었다. 정전에 응하기로 합의하고도 시간이 필요하다고 주장하는 것은 상식에 속한다. 특히 무조건 항복은 당시의 국제통념상 새로운 개념이었으므로, 재차 설명을 요구하는 것도 상대의 약점을 찌르는 교묘한 수법이다. 조금이라도 유리한 조건을 이끌어내겠다는 목적의식이 있었다면 이와 같이 행동했어야 했던 것이다.

그런데 1945년 여름 일본의 정부와 군 모두 이러한 점을 전혀 생각하지 않고 있었다. 포츠담 선언과 소련의 관계라는 이미 명확한 부분에 대해 이리저리 탐색만 하고 있었던 것이다. 그리고 국체와 천황의 지위는 어떻게 될지, 포츠담 선언에 나타난 "Subject to"의 의미가 '예속隷屬된다'와 '제한을 받는다'의 어느 쪽인지 혼자서 고민하며 미로迷路를 헤매고 있었다. 여기까지라면 선언에 대해 생각하고 있는 것이니 그나마 다행이지만, 선언에 대한 일반적인 반응이 "우리를 바보 취급하고 있는가"였으니 아연실색할 지경이다.

7월 31일 스즈키 칸타로鈴木貫太郎 수상의 포츠담 선언에 대한 신문발표는 다음과 같았다. "그 공동성명은 카이로 선언의 반복이다. 정부는 특별히 중대한 의미가 있다고는 생각하지 않는다. 그저 묵살默殺 할 따름이다. 우리는 전쟁완수를 위해 철저히 매진할 것이다". 만약 1945년 7월 말의 시점에서 정부가 포츠담 선언 수락을 전제로 하는 움직임을 보였다면 군의 일부가 쿠데타를 일으켰을 가능성이 높다. 그러니 스즈키 수상의 발언도 어느 정도 이해는 할 수 있지만, '묵살'이라는 강한 표현은 적절치 못한 것이었다.

8월 14일 성단聖斷이라는 형태로 포츠담 선언을 수락하게 된다. 그런데 선언의 수락과 최후의 전쟁목적인 '국체호지'를 어떻게 조화시켜 스스로 납득할 수 있을지는 역시 문제이다. 이에 대한 해답은 8월 18일 히가시쿠니노미야 나루히코東久邇宮稔彦 수상이 기자회견에서 강조한 '국체호지'와 '일억총참회一億總懺悔'에서 찾아 볼 수 있다. 한반도는 황토에 속하지만 이를 포기하여도 일단 황토를 유지하는 것은 가능하다. 그리고 천황의 지위가 안정적으로 유지되는 이상 국체는 지켜진 것이다. '자존자위'나 '대동아신질서의 건설'에서는 크게 후퇴했지만, 일본으로서는 마지막 보루를 어떻게든 지킬 수 있었던 것이다. 하지만 이렇게 끝내기에는 멋쩍으니 "여러분 함께 반성합시다"라고 사족蛇足을 더한 것뿐이다.

국가가 확정해야 하는 이익선

언제나 승리하는 국가라면 핵심적인 이익선을 확정하고, 무슨 일이 있어도 이를 확고하게 지키며, 국가의 생존과 사활적 관계에 있는 지역의 분쟁에는 즉각적으로 개입하여 철저하게 싸운다는 자세를 무너뜨리지 않을 것이다. 반면 국익과 관계가 없거나, 국민에게 전쟁의 목적을 설명할 수 없는 지역의 분쟁에는 개입하지 않을 것이다.

그 좋은 예가 미국이다. 미국은 국제정치의 무대에 등장한 이래, 파나마 운하와 수에즈 운하 그리고 산유지대의 문제에는 조금도 양보하지 않고 전력을 다해왔다. 다소 상황이 다른 제2차 세계대전에서도 1942년 11월 북아프리카에 상륙하여 먼저 수에즈 운하의 안전을 확보했다. 하지만 1950년 6월부터의 한국전쟁, 1964년 8월부터의 베트남전쟁은 모두 운하나 석유와는 관계가 없는 지역의 일이기 때문인지 전력을 다하지 않았다.

역시 언제나 승리했던 영국은 보다 철저했다. 전력을 다해 지키는 곳은 영불해협과 그 대안對岸인 네덜란드, 벨기에의 항만지대이다. 제1차

세계대전이 발발한 후인 1914년 8월 3일, 독일은 벨기에의 중립을 침범했다. 그러자 대륙세력의 균형자, 조정자의 역할을 자임해온 영국은 당일 밤 독일에 최후통첩을 보내고 참전했다.

1944년 8월 세느강을 건넌 연합군의 향후 작전구상을 둘러싸고 말 미국과 영국 간에 견해의 대립이 발생했다. 미국은 영불해협에서 스위스 국경에 이르는 넓은 정면을 제압하는 광역전략을 주장했다. 반면 영국은 영불해협 부근에 전력을 집중시키고, 루르Ruhr 지방을 포위하여 엘베강 하구를 노리는 전략을 제안했다.

결국은 보다 많은 전력을 동원한 미국의 주장대로 전략이 결정되었지만, 영국은 매 국면마다 자국의 전략에 기초한 작전을 시도했다. 1944년 9월 네덜란드의 아른헴Arnhem을 목표로 진격하다가 실패한 마켓가든Market Garden 작전은 그 좋은 예이다. 여기에는 영국 제21군집단軍集團 총사령관 버나드 몽고메리 원수의 특이한 캐릭터Character도 어느 정도 영향을 미쳤지만, 근본적 원인은 영국의 전통적인 전략인 '저지대Low Countries(네덜란드, 벨기에)의 제압'에 있었다고 보는 것이 옳을 것이다.

이와 같이 사력을 다해 지켜야 하는 지역과 라인Line을 특정하는 것은 승리를 부르고 패배를 회피하는 방법이다. 일본이 해양국가로 존속하면서 대륙과의 해상연락로를 유지하려면, 대한해협과 칸몬해협의 안전 확보가 기본적 전제가 된다. 그리고 이를 위해서는 부산을 중심으로 한 항만지대, 나아가 북위 37도선 이남의 한반도 지역을 장악하는 것이 필요하다. 1890년 11월 제1통상회의通常會議에서 야마가타 아리토모山顯有朋 수상은 시정연설로 "일본의 이익선의 초점은 그야말로 한반도에 있다"라고 명확하게 밝혔다.

러일전쟁의 승리에 따라, 1910년 8월 조선병탄이라는 극단적인 형태로 한반도를 확보하게 되었다. 이것으로 일본의 방위선은 압록강에서 두만

강에 이르는 약 1,000km의 정면이 되었고, 그 후 만주사변으로 흑룡강黑
龍江을 주정면으로 하는 소만국경 약 4,000km로까지 확대되었다. 이러한
성공체험은 사활적 의미를 가지는 한국해협의 중요성을 잊게 만들었다.

츠시마對馬, 이키壹岐, 시모노세키下關 그리고 부산과 진해만의 요새는
우선적으로 정비되었다. 하지만 지상의 요새는 잠수함의 잠항 통과를 저
지할 수 없고, 공중에서 투하되는 침저기뢰에도 대응할 수 없다. 해협의
해상호위를 임무로 하는 제7함대가 편성된 것은 1945년 4월의 일이었
다. 한편 대한해협의 동서수도와 이키수도로 진입하는 잠수함을 저지할
목적으로 기뢰를 부설하는 작업은 1945년 6월에 이르러서야 완성되었
다. 어느 쪽이나 한심하다는 생각밖에는 들지 않는다.

해협 방위나 남방자원의 수송항로 호위를 소홀하게 취급했던 점을 보
면, 일본은 국가로서의 목적 그 자체를 망각하고 있었다고 밖에는 생각
할 수 없다. 여기서부터는 군사적인 문제를 넘어 사회학적 고찰이 필요
할 것 같다.

미성숙한 일본 사회

대일본제국이 전쟁을 통해 달성하려고 했던 목적과는 무관하게, 전쟁
을 치르고 있다는 감정과 기분은 국민들 사이에 공유되고 있었을 것이
다. 그렇지 않다면 전쟁을 계속할 수 없기 때문이다. 1931년의 만주사변
이래 일본 전역에는 하루도 전사자가 없는 날이 없었다. 하지만 당국이
우려한 염전기운이나 반군사조의 확대는 전혀 표면화 되지 않았다.

얼마나 진심으로 실현을 희망했는지와는 별개로, '팔굉일우'나 '대동아
의 해방'이라는 슬로건은 양심과 신앙의 공유라고 할 수 있다. 또한 '응
징지나膺懲支那', '귀축미영鬼畜美英'이라는 표어도 감정이나 기분의 공유

이고, 마을에 모시는 신鎭守을 참배하고 출정하는 것 역시 관습과 전통의 공유이다. 즉 사회와 집단이 공유하고 있는 부분이 있었으므로, 15년간이나 전쟁을 계속 할 수 있었던 것이다.

독일의 사회학자 페르디난트 퇴니에스Ferdinand Tönnies는 감정이나 기분, 나아가 신앙에서 전통에 이르는 '생生(인간이 본래 갖추고 있는 것)'에 기초를 둔 '본질의지(Gemein)'의 공유에 의해 성립되는 집단을 '공동사회(Gemeinschaft)'로 정의했다. 역사의 진전에 따라 '생'에 대응되는 '사고'에 의해 기초된 의욕, 즉 '선택의지(Gesell)'가 발생하고, 이에 의해 조직된 사회를 '이익사회(Gesellschaft)'라고 했다. 가족이나 촌락 등의 '지역자치제'는 공동사회의 전형이다. 반면 프랑스 혁명 등으로 출현한 '국민국가'는 이익사회의 대표적인 예이다. 이와 같은 논의가 전개된 퇴니에스의 저작 『게마인샤프트와 게젤샤프트Gemeinschaft und Gesellschaft』는 1887년 출간되었고, 일본어 번역본인 『공동사회와 이익사회共同社會と利益社會』(岩波書店)는 1927년 간행되었으니, 이 이론은 꽤 오래 전부터 일본에도 알려져 있었다.

이익사회를 형성하는 '선택의지'는 '이익의 상보성相補性', '제어와 규제의 필요성', '개념과 지식의 객관성'이라는 3가지 요소로 구성된다. 원래 이익의 추구는 배타적인 것이지만, 여기에 협동적인 요소가 추가되어 전체가 재구성된 것이 '이익의 상보성'이다. 한편 조직의 유지와 관리를 위해 필요한 시스템이 '제어와 규제의 필요성'이다. 마지막으로 일부의 자의恣意나 독선이 아닌, 조직의 구성원 누구나가 납득할 수 있는 것이 '개념과 지식의 객관성'이다.

전전의 일본사회와 현대사회 모두 부富의 편재는 존재하지만, 자본주의 체제가 유지되고 있으니 '이익의 상보성'은 확보되고 있다. 또한 상당히 엄격한 법치국가이므로 '제어와 규제'도 구비되어 있다. 그런데 '개념과 지식의 객관성'이 확립되어 있는지에는 의문이 있다.

일본은 일신교—神敎가 개개인의 내면을 지배하는 사회가 아니므로, 객관성은 그다지 강조되지 않는다. 또한 자아를 표면에 강하게 드러내는 것을 꺼리는 사조로 인해 자신의 의견을 주장하는 일도 드물다. 나아가 주어를 생략하여도 의미가 쉽게 통하는 언어구조상 자기를 논리적으로 설명할 필요도 크게 느끼지 못한다. 즉 객관성이 결여되어 있어도 "알아줄 것이다", "대략 알듯하다"로 어떻게든 문제가 해결되는 것이다. 여기서 "아니, 나는 모르겠는데"라고 목소리를 높이게 되면 과거에는 마을에서 집단적인 따돌림의 대상이 되었고, 전쟁 중에는 비국민非國民으로 매도 당했다.

이렇게 보면 일본에는 공동사회에서 이익사회로 나아가는 3가지 요소 중 '개념과 지식의 객관성'이 결여되어 있었던 것을 알 수 있다. 그렇다면 전전의 일본사회는 '인간이 본래 가지고 있는 본질의지에 의해 결합된 유기적 결합체'였고, '목적달성을 위해 작위적으로 형성된 집단'은 아니었던 것이다. 즉 서구적 관점에서 볼 때 전전의 일본에는 '이익사회'로서의 '국민국가'가 확립되어 있지 않았다는 결론에 이르게 된다.

물론 전전의 일본이 그저 후진적이고 불합리한 사회였다는 것은 아니다. 폐쇄적인 환경에서 한정된 자원을 나눠 질박하게 살아가기에는, 가족적 색채가 농후한 공동사회의 형태가 분란을 피하기에 용이한 구조이기 때문이다. 하지만 세계를 무대로 활동하는 국가라면 달성하려는 목적을 객관적으로 명시하기 어려운 공동사회적 체제로는 대응이 어렵다.

그 좋은 예가 1932년 2월부터 만주사변의 조사를 위해 일본, 만주를 방문했던 리튼 조사단Lytton Commission에 대한 일본의 대응이다. 조사단의 앞에서 아라키 사다오荒木貞夫 육상 등이 열변을 토했지만, 여기에는 객관성이 부족할뿐 아니라 공통된 관념이 없었으므로, 만주사변에 대한 일본의 입장이나 희망을 상대방에게 전달하는 것이 어려웠다. '왕도낙토王道樂土'를 'King's road의 Happy land'로 번역해서는 의미를 알 수 있을 리가 없다. 오족협화五族協和의 '족族'도 인종(race)인지 민족(people)인지가 불명확하다. 결국 일본은 침략국으로 간주되어 국제적으로 고립되기에 이르렀고, 중국과의 분쟁에서도 화평을 중개하겠다고 나서는 유력한 국가가 없었다.

기능집단으로 나아가지 못했던 일본군

일본이라는 사회의 문제점은 제국육해군의 문제 그 자체였다. 군대는 혈연이나 지연으로 맺어진 공동사회 내에서 특정한 목적을 가지고 무장한 '집단'을 기원으로 한다. 목적이 애매한 공동사회의 어느 한 부분이 전투라는 분야로 특화된 것이 군대인 것이다. 사회가 공동사회에서 이익사회로 진화함에 따라, 군대 역시 보다 명확한 목적을 가지는 집단으로 이행하게 되었다.

집단(Group)이라는 개념은 범위가 넓어 여러 가지로 분류된다. 문화에 유사성이나 공통된 이익을 연결고리로 하여 발생한 집단을 '기초집단'이라고 한다. 기초집단이 명확한 목적을 추구하게 되면 '기능집단'이 되는데, 군대는 '기능집단'의 시조始祖에 해당한다. 또한 특정한 공동목표의 달성을 위해 명령·관리의 주체가 존재하는 집단을 '조직집단'이라고 한다. 이를 집단 구성원의 활동을 조정하고 제어하는 시스템을 갖추고 있는 것이라고 설명하면, 군대는 '조직집단'의 전형이 된다.

사회가 공동사회에서 이익사회로 진화하는 것처럼, 집단도 기능집단, 조직집단으로 변화한다. 그리고 이에 수반하여 사회성이 중요한 요소가 되는 '사회집단'이라는 개념이 나타난다. '사회집단'의 정의도 조금씩 차이가 있기는 하지만, 대체로 다음의 5가지 항목이 필수적이다. 다소 난해한 정의인데 군대를 예로 들어 설명한다.

[계속적인 상호작용] 군대의 구성원 사이에 영속적인 네트워크가 필요하다. 인사이동이 있을 때마다 상호 관계를 재구축하여야 한다면 군대의 조직은 유지될 수 없다.

[공동의 집단목표의 설정과 협동] 어떤 고지를 탈취하라는 목표를 명시하고, 이를 달성하기 위해 부대 상호간에 협력하며, 경우에 따라 다른 부대의 지원을 받는다.

[규범의 제정에 의한 구성원규제] 항상 무장하고 있는 집단이므로 엄격한 통제가 필요하고, 이를 위해 군형법을 제정하고 군법회의를 설치하여 운영한다.

[지위와 역할의 배분] 각 구성원은 계급과 직무를 부여 받아 명령과 복종의 관계에 놓인다. 단순한 사교클럽이나 동호회는 군대라고 할 수 없다.

[일체적인 '우리'라는 감정에 기초한 구성원연대] '우리 군', '우리 부대' 등 자주 사용되는 프레이즈Phrase가 상징하는 것과 같이, 개인이 아닌 집단이라는 일체감을 양성釀成하는 것이다.

위의 5가지 항목은 유럽의 풍토에서 나타난 것이다. 하지만 일본에서도 헤이안平安시대에 무장집단과 무사계급이 나타난 이래, 무의식적이지만 위의 5가지 항목이 구체화되기 시작했다. 그렇지 않다면 승리를 추구하는 전투집단이 성립될 수 없기 때문이다. 이는 에도江戸시대에 들어서면서 형해화形骸化되기 시작했지만, 사조思潮로는 여전히 남아 있었다. 이러한 사상적 기반을 바탕으로 하여 막말幕末 서구문화의 유입에 대응할 수 있었던 것이다. 그리고 청일전쟁, 러일전쟁의 승리를 통해 제국육해군은 조직집단으로서 확립되었음을 증명했다.

물론 여기에는 문제도 있었다. 먼저 위의 '사회집단'의 정의 2번 항목, [공동의 집단목표의 설정과 협동]이 결여된 부분이 적지 않았다. 이는 앞에서 살펴본 전쟁목적이 미주迷走하게 되는 주된 요인이었다. 하지만 이는 군 뿐만 아니라 국가 그 자체가 내포하고 있었던 문제의 투영이었다. 대일본제국이라는 국가는 여전히 적지 않은 공동사회적 요소를 내포하고 있었기 때문인지, 집단의 목적을 객관적으로 명확히 제시하지 못했다. 군 역시도 방향성을 상실하고, 결국은 '싸우는 것 그 자체가 싸우는 목적'이 되어 버린 것이다.

또한 5번 항목, [일체적인 '우리'라는 감정에 기초한 구성원연대]에도 문제가 있었다. '우리'라는 의식이 강했기 때문인지 아니면 민족성에 기인한 것인지 단정하기 어려운 부분은 있지만, '육군의 초슈長州, 해군의 사츠마薩摩'와 같은 번벌藩閥이 번성하여 국군 전체로서의 연대의식을 저해한 것은 사실이었다. 번벌이 해소되자, 이번에는 육군과 해군이 자신들만의 주장을 고집하며 대립관계에 빠졌다. 육군과 해군의 관계는 또 다른 관점에서 살펴볼 주제이므로 제2장에서 다루기로 한다.

의사擬似가족적 색채의 제국육해군

이상에서 본 것처럼 무장집단으로서 제국육해군에는 여러 가지 결함이 있었다. 그리고 이는 곧 대일본제국의 결함 그 자체이기도 했다. 국군이 국가를 리드Lead하는 시기가 있을 수는 있지만, 이는 영속적일 수 없다. 즉 국가보다 선진적이고 혁신적인 체질을 가진 국군은 존재할 수 없는 것이다. 설령 존재한다고 하더라도 이는 불안정한 정치적 상황을 야기하게 된다. 국군은 국가의 모습을 비추는 거울이라는 관점에서 메이지 유신 전후를 관찰해 본다.

에도 시대의 막번幕藩 체제는 번주藩主를 가장家長으로 의제하고, 이를 중심으로 감정과 전통의 공유를 통해 결합된 공동사회, 기초집단의 한 형태였다. 적어도 번사藩士로서 무장집단을 구성하고 있던 사족士族들의 의식은 그러했을 것이다. 메이지 유신을 통해 이 구조를 전국 규모로 확대하였고, 여기에 사민평등四民平等이라는 요소를 더하여 가장으로 의제된 것이 천황이었다. 이는 '일억적자一億赤子'라는 말에서 잘 드러난다. 한편 여기서 간성干城(국가를 지키는 무사나 군인)이나 번병藩屛(왕가를 지키는 제후)이라는 의식이 야기하는 문제점이 나타나게 되는데, 이 부분은 제6장에서 살펴보기로 한다.

국가가 이러한 발상으로 구축되었으므로, 국군 역시 의사擬似가족적인 성격이 기조가 되는 것은 필연적이다. 즉 공동사회에 존재하는 기초집단의 성향이 농후하게 되고, 이로 인해 사고思考 자체가 후퇴하게 된다. 따라서 개념 등의 객관성을 확보할 필요성을 느끼지 못하고, 나아가 사고를 규정하는 언어 역시 호령號令 이외의 것은 모두 잊어버리게 된다. 여기에 존재하는 것은 오직 습관이나 전통의 공유 그리고 매일같이 반복되는 목적 없는 행위이다. 집단에서 한발 떨어진 입장의 사람에게 일본의 군대는 시끄럽고 의미를 알 수 없는 고성만이 오고 가는 집단으로 비쳤을 것이다.

이러한 요소는 제국육해군을 비판하는 좋은 재료가 될 것이다. 하지만 공동사회와 이익사회 중 어느 쪽이 더 우수한지 단정할 수 없는 것처럼, 기초집단과 기능집단의 우열을 판단하는 것 역시 어려운 문제이다. 불가사의한 감정의 동물인 인간의 문제이므로 어느 쪽이 좋은지 명쾌한 답이 존재하지 않고, 서로 상반되는 요소가 혼재되어 있는 것도 이해할 수 있는 일이다. 오히려 어떠한 하나의 집단 안에 기초집단과 기능집단의 특징이 병존하는 것이 자연스럽다.

오늘날에도 의사가족적 속성이나 기초집단적 색채가 짙은 군대는 드물지 않다. 오히려 이를 자랑할만한 전통이며, 보전해야 할 특성으로 어필Appeal하는 경우도 있다. 그 대표적인 예가 미 해병대이다. 곤란하고 복잡한 수륙양용작전의 수행을 위해, 철저한 계산을 통해 조직되어 다이내믹하게 운용되는 U.S Marine Corps는 미국적 합리주의의 상징이다.

하지만 이는 미 해병대의 한 면으로, 한편에서는 매우 비합리적이고 관념적이며 믿을 수 없을 정도로 감상적인 측면이 있다. 미 해병대에서는 항상 일체감과 형제애(Brotherhood)가 강조된다. 계급을 뛰어넘어 서로를 형제(Bro)로 부르는 것과 같이 일가의식이 정착되도록 노력하고 있는 것이다. Bro는 절대 내버려두지 않고, 유체遺體라도 Bro이므로 확실히 수용하여 후송하는 것이 해병대의 긍지이며 사기의 근원이라고 믿고 있다. 승리하는 무장집단은 냉혹한 계산만으로 만들어 지는 것이 아니라는 점을 미 해병대는 웅변적으로 증명하고 있다.

2장
잃어버린 전투집단의 기본

부상병을 버리는 군대

제1장에서 본 것처럼 일본 육해군이 본질의지를 주된 유대관계로 하는 공동사회의 무장집단이었다면, 미 해병대와 같이 일가의식을 가지고 단결하였을 것이다. 즉 모든 구성원이 상호간에 무조건적으로 신뢰하는 육친과 같은 관계라는 의식을 가지고, 어떠한 상황에서도 전우를 버리지 않는 것을 가장 중요한 덕목으로 하는 군대였어야 하는 것이다.

하지만 태평양전쟁사를 살펴보면 유감스럽게도 오히려 정반대의 사례를 쉽게 찾을 수 있다. 선전건투善戰健鬪하고 있는 전우에게 도움을 주지 않고 방치하거나, 부상병을 내버려두고 후퇴하는 일이 벌어졌던 것이다. 전투집단의 속성상 있을 수 없는 일이다. 이는 제국육해군이 일본인의 마음 속에 남긴 최대의 상흔傷痕이다. 도움을 받지 못하고 전사한 사람들도 모두 '치도리가후치 전몰자묘원千鳥ヶ淵戰没者墓苑'이나 '야스쿠니 신사靖國神社'에서 모셔지고 있다는 변명은 그저 허망한 이야기에 불과하다. 쉽게 이해하기 어려울 정도의 반군사조反軍思潮가 여전히 굳건한 것은, 이러한 상처가 아직 치유되지 않고 있다는 증거이다.

패전 후 군인에 대한 비난은 상당했고, 특히 육군의 장군들에 대한 평가는 매우 좋지 않았다. 여기서 드물게 호평을 받은 사람이 미야자키 시게사부로宮崎繁三郎 중장이다. 그는 중국 관계의 정보계통에서 근무하며 경력을 쌓았다. 하얼빈 특무기관特務機關에 근무했고, 참모본부 제5과(지나과支那課)의 암호반장暗號班長을 역임했으나 크게 눈에 띄는 커리어는 아니다. 1933년의 열하熱河 작전에서는 혼성 제14여단의 대대장, 1939년의 노몬한 사건에서는 증원된 보병 제16연대장, 1942년부터는 화중華中을 무대로 작전에 나선 보병 제26여단장으로 활약했다. 이같은 이력으로 육군 내에서 실전경험이 풍부한 사람으로 알려져 있었지만, 이것이 그에 대한 좋은 평가에 직접으로 영향을 미친 것은 아니다.

1944년 3월 임팔Imphal 작전이 시작되었다. 미야자키 소장은 제31사단 보병단장步兵團長[1]으로 임팔 동쪽의 코히마Kohima에 돌입했다. 제4장에서 설명하겠지만 제31사단의 주력이 독단으로 퇴각한 후에도, 미야자키 소장은 1개 대대를 지휘하여 코히마를 사수했다. 이후 전군에 정식으로 후퇴명령이 하달되자, 사단의 후위를 맡아 고난의 퇴각을 경험하게 되었다. 임팔 작전 후에는 버마(현재의 미얀마)의 제54사단장에 임명되어, 이번에는 버마방면군의 총후위總後衛를 지휘했다.

비참한 버마 전선에서 두 번이나 후위를 담당하며 성공적으로 임무를 수행하였으니, 미야자키 중장을 명장으로 높게 평가하는 것도 당연하다. 하지만 정작 그의 이름을 드높인 것은 작전지휘능력보다도 전우의 도리를 실천한 통솔에 있었다. 압도적으로 강력한 적의 추격을 받으면서도 유체의 매장, 부상병의 후송을 철저히 실행했다. 상황에 따라서는 직접 들것을 메기도 했다고 한다. 지휘관이 이러한 자세로 일관하였으므로 그

---

1 창설 초기의 일본육군은 사단제를 도입하면서 사단 예하에 2개 여단 그리고 여단에 다시 2개 연대를 두는 이른바 '4단위 사단'의 편제를 취하였다. 그런데 1936년 이후 여단을 폐지하고 사단 예하에 바로 3개 연대를 두는 '3단위 사단'으로 개편되면서, 소장 계급의 여단장 직위 2개가 사라지게 되었다. 이를 대신하여 중장 계급인 사단장 아래 소장 계급의 보병단장 포스트가 신설되었다. (역주)

가 지휘한 부대는 단결을 유지하면서, 후위의 어려운 임무를 완수할 수 있었던 것이다.

당시의 상황에서 부상병의 후송이 얼마나 곤란한 일이었는지는 거의 언급된 일이 없다. 절망적일 정도로 빈약한 수송능력으로 별다른 방법이 없었다고 할 수도 있다. 하지만 일본군에도 부상자의 후송과 치료, 나아가 의료용품을 보급하는 등의 시스템은 확립되어 있었다. 태평양전쟁 중에는 대본영 직할의 육군병원, 각 군의 병참병원, 사단의 야전병원, 연대 등의 환자 요양소나 전선의 응급처치소包帶所 등이 있었고, 환자수송대와 위생대가 이를 그물망처럼 연결하고 있었다. 그런데 많은 사람들이 이러한 시스템이 제대로 가동되지 못했던 원인을 수송력의 결여에서 찾고 있다. 하지만 능력이 있었다고 하더라도 애초부터 환자의 수송, 치료를 진지하게 고려하지 않았다면 별 의미가 없는 것이다.

환자수송의 최초 단계, 즉 제1선에서 응급처치소, 환자집합소까지의 환자수송은 전투 중인 부대에서 직접 담당한다. 인적 손해가 가장 적은 고정진지의 방어에서도 보통 3~5%의 전상자가 발생했다. 경험칙상 부상자의 절반 정도는 스스로 움직이거나 또는 1명 정도의 부축을 받아 응급처치소까지 이동할 수 있었지만, 나머지 절반은 들것에 눕혀 옮겨야 했다.

들것은 앞 뒤로 2명이 운반하는 형태를 상상하는 것이 보통이다. 하지만 전장에서는 4명 운반이 기본이고, 지형이 험한 곳에서는 6명의 인원이 필요하다. 또한 부상자와 들것을 드는 병사의 무기와 장비는 다른 병사가 운반하여야 한다. 그렇다면 부상자 1명의 후송에는 10명 정도의 손이 필요하고, 일시적이지만 제1선 소총소대의 1/3이 전선을 떠나야 되는 것이다. 환자를 후송하겠다는 확고한 의지가 없다면, 눈앞의 전황에 정신이 쏠려 부상자의 취급에는 소홀하게 될 수 밖에 없다.

임팔 작전과 버마 전선의 말기에는 군과 사단이 후송능력을 상실하여 처음부터 끝까지 각 부대가 직접 들것으로 옮길 수 밖에 없었고, 그나마 부상병을 수용할 장소조차 불분명했다. 하지만 이 절망적인 상황에서도 미야자키 중장은 부상병을 버리지 않았다. 그의 이름이 여전히 전해지는 이유는 여타의 많은 전선에서 부상병이 유기되었던 기억 때문이기도 할 것이다.

태평양전쟁의 명장으로 이마무라 히토시今村均 대장을 꼽는 것에 별다른 이견은 없을 것이다. 그는 제8방면군 사령관으로 라바울에서 패전을 맞이했다. 제16군 사령관으로 재직하던 시절 인도네시아에서 온건하고 합리적인 군정을 펼친 것으로 높은 평가를 받았다. 1943년 9월 절대국방권이 설정되면서 이마무라 대장이 지휘하는 제8방면군은 절대국방권 밖에 놓여졌다. 지원을 기대할 수 없는 절망적인 상황에서도 승조필근承詔必謹의 자세로 이를 감수하고 직무에 전념했던 것은 군인의 표상이라고 할 수 있다. 전후에 열린 전범재판에서도 의연한 자세로 일관하였다. 그후 형이 확정되자 환경이 열악한 현지에서 옛 부하들과 함께 복역할 것을 신청하여 적국으로부터도 존경을 받았다.

그런데 이러한 군인도 막다른 지경에 이르러서는 조직의 체질이 드러나 믿을 수 없는 명령을 내렸다. 1945년 2월 제8방면군사령부는 부겐빌Bougainville 섬에서 사투를 벌이고 있던 예하의 제17군에 다음과 같은 명령을 하달하였다. "부상자는 위생병이 제1선으로 진출하여 치료한다. 부상당한 전우의 간호는 금지하며, 부상자의 전선 후퇴는 군율로 처벌한다". 부겐빌 섬에 위생병이나 의료용품이 전무한 상황을 알면서도 이러한 명령을 내렸으니 경악할 만한 일이다.

한편 본토에서 결전을 벌이는 경우 부상자를 그대로 방치한다는 것이 전군의 방침이었다. 이는 '1억총옥쇄'라는 취지에서 보면 당연한 것이기는 했다. 1945년 4월 20일의 '국토결전교령國土決戰敎令'은 "결전 중 발생한 부상병은 후송하지 않는다. 부상자에 대한 전우의 도리는 신속하게 적을 격퇴하는 것에 있음을 명심하여 적 격멸에 매진한다. 전우의 간호, 부축 등은 금지한다. 전투 중 위생병은 제1선으로 진출하여 치료에 임한다"라고 했다. 아무리 단말마斷末魔라고 하여도, 전투력을 잃은 군인을 거추장스러운 물건으로 취급했으니 믿을 수 없는 일이다.

부상으로 괴로워하는 전우에게 손을 내미는 인간으로서 당연한 측은지정을 정면에서 부정하는 포고를 전군에 하달한 근대의 군대가 있다는 이야기는 듣지 못했다. 이러한 명령을 내리고도 어떻게 전군의 단결을 유지할 수 있었는지 의문이 생긴다. 그런데 이전까지의 작전은 모두 외국에서 벌이는 외정外征이었다. 부대의 단결이 무너지거나, 부대에서 낙오되어 혼자가 되면 살아 돌아올 수 없다는 것을 누구나 알고 있었다. 그러니 아무리 부당한 명령이라도 조용히 따를 수 밖에 없었다. 하지만 이번에는 지리와 환경이 익숙한 일본 국내에서의 작전이다. 어차피 버려질 것이 확실하다면 각자가 마음대로 행동할 가능성이 높아진다. 그렇지만 본토결전의 계획을 입안한 대본영의 참모들은 이를 고려할 여유조차 없었을 것이다.

사기의 근원이 무엇인지 알고 있었던 소련군과 미 해병대

사상적으로는 일본군과 대척점에 있으면서도, 의외로 공통점이 많았던 것이 소련군이다. 특히 전투를 제일로 생각하고, 극단적으로 효율을 추구한 점 등이 상당히 유사하다. 하지만 여타의 나라들과 마찬가지로 소련군은 부상병의 후송에 전력을 다했다. 그것이 사기의 근원이라는 것을 알고 있었기 때문이다. 여자중학생들까지 종군간호부로 동원했고, 포화 속에서 그녀들이 부상병을 구출했다. 참으로 영웅적인 행위였고, 이를 본 전군의 사기가 고양되었다.

의료환경 자체는 처참한 상황이 지속되었지만, 소련군도 여기에 관심이 없었던 것은 아니었다. 일본군과 마찬가지로 결정적으로 빈약한 수송능력이 원인이었다. 그런데 소련에 대한 미국과 영국의 원조가 본격화되어 수송능력이 강화되면서, 소련군의 위생능력은 비약적으로 향상되었다. 1944년 6월 소련군은 백러시아 정면에서 250만 명에 이르는 대군을 동원하여 독일의 중앙집단군과 격돌했다. 이때 소련군은 29만 4,000개의 침상을 준비하고 공격을 개시했다. 참고로 1943년 초순 일본군의 각종 위생기관의 환자진료능력은 모두 12만 3,000명이었다.

부상병을 확실히 후송하여 치료하고, 전우를 버리지 않는다는 원칙을 완전히 실천한 것은 미군이었다. "충분한 물자가 있었기 때문에 가능했다"는 것은 지나치게 피상적인 결론이다. 구급차가 있어도 도로가 확보되어 있지 않으면 아무런 의미도 없다. 미군에는 어떠한 상황에서도 구급차가 최우선이고, 설령 장군이 타고 있는 지프라도 길을 양보하여야 한다는 철칙이 있다.

한국전쟁이 한창이던 1951년 1월 초순, 전쟁에 개입한 중공군의 대공세에 대처하지 못했던 연합군은 서울을 포기하고 한강 이남으로 후퇴했다. 이때 한강에 걸려있는 다리는 중부교重浮橋 2개 밖에 없었다. 여기에 군 이외에도 100만 명에 이르는 피난민이 몰려들어 크게 혼잡한 상황이었다. 그런데 어느 순간 모든 차량이 갓길로 이동했고 길이 열렸다. 그리고 사이렌을 울리는 구급차의 Convoy(자동차의 행렬)가 이 길을 통하여 다리를 건너 한강 이남으로 달렸다. 전군이 주시하는 가운데 부상병 최우선의 모범을 보인 것이다.

미군에서도 특히 해병대는 부상병의 수용과 후송에 철저했다. 제1장에서 설명한 것처럼 공동사회의 성격이 강하게 남아있는 집단의 특성이 잘 나타난 것이다. 해병대는 한 가족이고, 가족은 서로를 저버리지 않으며, 또한 절대 버림받지 않는다는 확신은 모든 해병대원의 사기의 근원이었다.

역시 한국전쟁 중이던 1950년 11월 말의 일이다. 미 제1해병사단은 동해안의 흥남에서 산악지대의 험한 길을 지나, 장진호에서 북서쪽으로 전진하여 압록강변의 만포진으로 향했다. 흥남에서 100km 떨어진 하갈리에 이르자, 제1해병사단은 즉시 토목공사용의 중장비를 갖춘 공병중대를 보냈다. 그리고 쌍발수송기의 이착륙이 가능한 활주로의 조성을 시작했다. 이렇게 신속한 행동에는 제1해병사단을 예하에 둔 제10군단도 놀랐다고 한다. 1차선의 산길만으로는 보급이 불안하므로, 공중보급을 가능하게 하려는 것이었다.

한편 11월말 한만국경을 넘어 전쟁에 개입한 중공군의 공세가 시작되었고, 제1해병사단은 하갈리에서 북쪽으로 22km 떨어진 유담리에서 저지당했다. 이곳 정면뿐 아니라 연합군은 모든 전선에서 위기에 처했고, 11월 29일 전군이 후퇴하게 되었다. 제1해병사단은 12월 1일 완성된 하갈리의 활주로를 완전 가동하여, 6일간에 걸쳐 부상병 4,500명을 항공기로 후송했다. 이때 해병대는 전사자의 유체遺體도 공수하여 후방으로 보냈다. 공수능력의 부족을 우려한 제10군단사령부에서는 유체 후송의 중지를 지시했다. 하지만 해병대는 이를 무시하고 유체의 후송을 계속했다. "전사하여 유체가 되어도 Bro는 Bro다. 적의 손에 넘겨줄 수는 없다"는 것이다.

이렇게 하여 몸이 가벼워진 제1해병사단은 포위된 상태인 흥남을 향해 후퇴했다. 도중의 전투에서 발생한 전사자와 부상병의 후송을 위해 각 차량은 충분한 여유를 확보할 필요가 있었다. 따라서 걸을 수 있는 사람은 모두 도보로 이동했고, 이는 연대장이나 대대장도 예외는 아니었다. 이처럼 험난한 10일간의 행군 끝에 제1해병사단은 중국군의 포위망에서 탈출할 수 있었다. 한때 해병대 전멸의 오보가 전해지기도 했지만, 영하 30℃를 넘나드는 극한의 퇴각로를 지나면서도 건제建制를 유지하면서 해안에 당도했다. "Bro를 버리지 않는다, 해병대는 한 가족이다"라는 의식이 기적을 현실로 바꾼 것이다.

대군을 버린 절대국방권

옆에서 괴로워하는 전우에게 구원의 손길을 내밀어서는 안 된다고 명령하는 군대이니 당연한 것이겠지만, 태평양전쟁 중의 일본군은 고립된 상황에서 선전하고 있는 아군에게 증원군을 보내거나 구출하려고 하지 않았다. 1942년 7월의 과달카날 전투까지는 육해군이 협조하여 증원부대를 보냈다. 하지만 패배에 따른 두려움과 제공권 상실에 의한 무력감으로 인해 과달카날 전투 이후로는 완전히 퇴영적退嬰的(소극적)인 자세가 되어 건투하고 있는 전우의 옥쇄를 수수방관하기만 했다. 그뿐만이 아니라 전투가 개시되기 이전부터 아군을 버리는 일마저 있었으니 할 말을 잊을 지경이다. 그 대표적인 예가 제1장에서 소개한 1943년 9월 말 결정된 절대국방권 구상이다.

진공작전 중에는 연합함대의 남쪽 거점인 트럭 섬의 전위前衛로서 라바울이 중시되었다. 남방자원지대의 제압이 끝나자, 라바울을 거점으로 삼아 뉴기니에서 뉴칼레도니아까지 전과를 확장하려는 큰 꿈에 부풀게 되었다. 이것이 이른바 '제2단작전'이다. 그런데 예상보다 1년이나 먼저 연합군의 반격이 시작되어 과달카날 섬을 상실했고, 뉴기니에서도 방어로 전환하게 되었다. 여기서 병력을 절약하기 위해 라바울을 포함한 솔로몬 제도와 동부 뉴기니를 포기하여 방위선을 단축한다는 것이 절대국방권구상의 개략적인 내용이었다.

적이 진출해오는 방면에 전력을 집중시키기 위해 방위선을 후퇴시키는 것은 납득할 수 있다. 그렇다면 포기하는 지역에 이미 전개되어 있는 육해군 합계 30만 명은 어떻게 할 것인가의 문제가 남는다. 1943년 말 현재 육해군 병력은 합계 337만 명이었다. 그 중 남방에 전개되어 있는 육해군이 92만 명이었으니, 30만 명이란 꽤 큰 존재였다. 이 병력을 새로운 전략구상에서 어떻게 운용할 것인지는 문제이다.

그런데 이를 일거에 철수시켜 전력의 공백지대를 만드는 것은 합리적인 전략이 아니다. 또한 병력과 자재를 철수시킬 수단의 확보와 같은 문제도 있었다. 이 상황에서 현지의 제8방면군이 '자전자활自戰自活'하며, 연합군의 공격을 지체시킬 것이 기대되었다. 남방에 있는 육상병력의 1/3, 그것도 쿠마모토의 제6사단, 히메지의 제17사단, 조선 용산의 제20사단과 같은 현역병을 주체로 하는 정예사단을 버리면서, 방위선을 1,500km 단축하려고 한 것이다. 병력 절약을 위해 방위선을 단축하는 것임에도, 방위선 단축으로 인해 병력을 포기하게 되는 결과가 되니 아무래도 머리를 갸우뚱하게 된다.

30만 명을 철수시킬 능력 자체가 없었다면, 이러한 결정에도 어느 정도 납득할 수 있을지 모른다. 하지만 1943년 9월 말 일본에는 적어도 병력만은 철수시킬 능력이 있었다. 선복량도 아직 500만 총톤을 유지하고 있었고, 연합함대도 건재한 상태였다. 무엇보다도 트럭 섬의 기지기능이 완전히 작동하고 있었다. 트럭 섬의 기지기능 상실은 1944년 2월 17일 트럭 섬 대공습의 결과로, 그 이전까지는 공중 엄호를 제공할 수 있었다.

열대지대의 해상수송에서 병력 1명당 선복량은 5총톤이 기준이었다. 하지만 단거리의 압축적인 수송이라면 5,000총톤의 수송선에 개인장비만을 갖춘 병력 2,000명을 수송할 수 있었다. 배수량 2,000톤의 구축함으로 700명을 수송한 예도 있다. 전함 '야마토'는 보병연대 1개를 장비, 탄약과 함께 옮길 수 있었다. 1940년 5월 영국군이 5일 동안 30만 명을 덩케르크Dunkirk에서 철수시켰던 사례를 생각해보아도, 중장비나 자재를 포기하면 제8방면군의 병력을 절대국방권 안으로 이동시키는 것은 가능했을 것이다. 그리고 이 병력을 트럭 섬, 팔라우 제도, 마리아나 제도 등에 새롭게 배치했다면, 1944년 이후 전국의 추이도 어느 정도 다른 형태로 진행되었을 가능성이 높다.

패전, 전멸이 확정적이라고 여겨진 남동방면에서는 예상을 넘은 13만 명이 살아서 귀환했다. 여기에는 "잘 된 일이다, 고생이 많았다"는 정도의 감상밖에 없었다. '절대국방권구상'에서 버려진 것에 대한 객관적이고 합리적인 설명이 있었는지, "어쩔 수 없으니 알아서 살아 남아라"라는 지시에 납득할 수 있었는지, 납득할 수 없는데도 많은 전우가 장대한 무대에서 죽어가는 것을 지켜보고만 있었던 것은 아닌지에 대한 심각한 반성은 어디에도 없었다. 다만 이마무라 히토시 대장은 덕장德將이었다라는 칭송만이 오늘날까지 이어지고 있을 뿐이다.

끔찍한 2개의 전례

이렇게 섬을 둘러싼 공방전이 시작되었다. 정말 아무것도 없는 상황이었다면 전력이나 수송수단, 공중엄호가 없다는 변명에도 어느 정도 납득할 수 있다. 하지만 능력이 있을 때조차 증원에 주저하는 모습을 보였고, 결국은 고도孤島에 고립된 아군이 죽어가는 모습을 지켜보고만 있었으니 이는 한심함의 극치이다. 당초에는 "역상륙逆上陸하여 적을 쓸어버리겠다"고 호기롭게 외쳤지만, 잠시 후에는 "여러 가지 계산을 해보니……"라고 말을 흐렸고, 결국 증원은 중지되고 철수도 불가능한 상황이 되었다. 대

본영 육군부가 있는 이치가야다이市ヶ谷台에서 부대가 전멸한 섬이 있는 방향으로 눈물을 흘리면서 경례를 하고, 마음 속으로 사죄한다고 하여 끝나는 문제가 아니다. 하지 않을 것이면 애초부터 큰 소리를 치지 말아야 한다. 실제 사례로 애투Attu와 사이판Saipan 두 곳을 살펴본다.

'절대국방권'이 설정되기 전이던 1943년 5월 12일, 미군이 알류샨 Aleutian 열도의 애투 섬에 상륙을 개시했다. 이곳을 관할하는 북부군北部軍은 이에 대응하여 치시마千島 열도의 호로무시로幌筵 섬과 홋카이도의 오타루小樽에서 보병대대 6개와 산포병山砲兵대대 2개를 애투 섬으로 보내기로 했다. 이에 24일까지 수송선에 탑재를 마치고 출항을 기다리고 있었다. 연합함대도 트럭 섬에서 본토로 급히 귀환하여 22일에는 전함 '무사시武藏', '콩고金剛', '하루나榛名'가 토쿄만에 집결했다.

이렇게 준비를 갖추고도 대본영은 5월 19일 역상륙 중지를 결정했다. 제공권을 확보하지 못한 상황에서 수송선단의 호위에 대한 확신이 없고, 본토에서는 연합함대의 출격에 필요한 중유 15만 톤을 확보하기 어렵다는 것이 작전중지의 이유였다. 여기에 증원부대의 역상륙까지 애투 섬의 수비대가 버틸 수 없을 것이라는 말도 있었으니, 참으로 박정薄情하다. 애투 섬이 키스카Kiska 섬보다 미국 본토에 가까운 것으로 오해하는 경우가 많지만, 애투 섬의 동쪽에 키스카 섬이 있다. 미군이 애투 섬을 점령하여 항공기지 정비를 마친 후인 7월 29일, 키스카 섬을 수비하고 있던 육해군 합계 5,000명의 철수가 무사히 끝났다. 그렇다면 애투 섬에의 역상륙도 가능했던 것으로 생각하는 것이 오히려 자연스럽다.

애투 섬 수비대 2,600명은 고립무원의 상태에서 5월 29일, "영혼과 함께 돌격한다"는 전보를 보내고 전멸했다. 대본영으로서도 부끄러움을 느꼈는지, 이 애투 섬 수비대의 전멸을 '옥쇄'라고 발표했다. 이는 『북제서北齊書』의 '大丈夫 寧可玉碎 何能瓦全'(대장부가 차라리 옥쇄할지언정 어찌 하찮은 기와가 되어 헛되이 명을 부지하랴)를 출전으로 하는 것인데, '옥을 부순다'가 아니라 '대의에 따라 깨끗하게 죽는다'는 의미이다. 이는 미사여구를 동원하여 커다란 실태失態를 호도한 것으로 비판 받아 마땅하다. 여기서 더 큰 문제는 이후 옥쇄가 극단적으로 미화되어 수비대가 전멸하게 된 상황과 원인에 대한 책임소재 등의 추궁이 사라지게 되었다는 것이다.

제1장에서 살펴본 것처럼 사이판 섬의 공방전은 중요성이라는 측면에서 북해北海의 고도孤島와는 비교도 되지 않는 충격을 안겼다. 1944년 6월 15일 미군은 사이판 섬의 서쪽 해안 7km 정면에 해병연대 4개를 나란히 배치하여 적전상륙敵前上陸을 감행했다. 상륙 첫날 포병대대 4개를 포함한 해병대 2개 사단의 주력이 양륙揚陸을 완료했고, 밤이 되자 교두보는 정면 8km, 종심縱深 2km까지 확대되었다. 각종 상륙용 함정을 동원한 양륙속도는 일본측의 예상을 초월하는 것으로, 모든 계산이 틀어져 버리고 말았다. 이러한 기술적 기습이 역상륙을 단념하게 한 첫 번째 이유였다.

"적, 사이판 상륙"이라는 급보를 받은 대본영은 즉시 반격에 필요한 병력과 자재의 계산을 시작했다. 그리고 당일 기관총대대 5개, 속사포대대 5개, 박격(포)대대 2개를 포함한 혼성연대 4개의 역상륙을 결정했다. 역상륙부대의 지휘관으로는 관동군에 있던 쵸 이사무長勇 소장이 내정되어 즉시 토쿄로 소환되었다. 쵸 소장은 사쿠라카이櫻會(국가주의를 신봉하는 군내부의 모임)의 맹자猛者로 유명했던 사람이다. 적이 상륙한 다음날 수상, 육상 및 참모총장을 겸임하고 있던 토죠 히데키 대장이 참내參內하여 작전계획을 상주上奏하면서, "맹세컨대 적을 섬멸해 보이겠습니다"라고 말했다. 이렇게 하여 육해군 합동의 Y작전이 시작되었다.

구체적인 작전계획은 다음과 같았다. 오미나大湊에 있던 제5함대(중순양함 2척, 경순양함 2척, 구축함 5척)를 요코스카로 회항시켜, 고속수송함 1척, SB정(950총톤) 3척과 합세하게 한다. 모지에서 토쿄만으로 급히 이동시킨 보병 제145연대와 토쿄, 오사카, 히메지姬路에서 끌어 모은 속사포대대 5개를 승선시켜 이를 제1진으로 한다. 토쿄만 출발은 6월 27일, 2,500km를 항해하여 먼저 함정이 주축이 된 제1진이 돌입하고, 3일 후 수송선단이 타나팍Tanapag 항구에 진입하여 제2진부대와 자재를 상륙시킨다.

그런데 적 상륙부대의 규모와 교두보의 상황이 판명되자 계획이 커지기 시작했다. 6월 20일 대본영 육군부는 관동군 총사령관에게 대육명 제1035호를 보냈다. 사이판 역상륙 부대로 삼기 위해 제9사단, 제68여단, 제38사단의 일부, 전차연대 2개 등의 대부대를 조선의 부산에 집중시켰다. 해군도 이에 호응하여 전함 '야마시로山城'를 투입하여 해상포대로 사용하겠다고 하는 등 일은 점점 커져 갔다.

강화된 역상륙 계획에 의하면 7월 7일부터 전투기 300기를 투입하여 사이판 일대의 항공우세를 확보하고, 8일 함정부대가 돌입하며, 9일 합계 8만 총톤의 수송선단이 타나팍에 입항하기로 되었다. 이 시기 일본군은 여전히 괌 섬과 티니안 섬을 확보하고 있었으므로 이 계획의 실현도 가능할 것으로 보였지만, 곧 냉엄한 현실과 직면하게 된다. 미 해병대가 상륙한 해안에서 타나팍 항구까지의 거리는 7km에 불과했다. 미 해병대 교두보의 확대속도를 감안하면, 수송선단이 도착하는 7월 9일까지 현지의 제43사단이 항만을 확보하고 있으리라는 보증은 어디에도 없다. 아무리 전함 '야마시로'의 14인치 주포 12문이 불을 뿜는다고 하여도, 역상륙 성공의 가능성은 극히 희박했다.

6월 19일부터 21일까지 이틀에 걸쳐 마리아나 해전이 발발했다. 이 전투에서 연합함대는 항공모함 '타이호大鳳', '쇼카쿠翔鶴', '히요飛鷹' 3척과 항공모함 탑재기 390기를 상실했다. 이렇게 해상전력의 중핵인 항모 기동부대가 사라졌다. 이 상황에서 1주일 이상 사이판 섬 주변 해역의 항공우세를 유지하는 것은 불가능하다. 육군의 항공기 100기를 투입하자는 제안도 있었지만, 원래 육군기의 해상작전은 어려운 일이다. 결국 항공 엄호를 확보할 수 없게 되었으므로 역상륙 작전은 단념할 수 밖에 없었다.

더 이상 방법이 없어진 6월 24일, 토죠 히데키 대장과 시마다 시게타로嶋田繁太郎 대장은 참모총장과 군령부총장軍令部總長의 입장에서 배알하여, 사이판 역상륙 작전의 중지를 상주했다. 이를 들은 쇼와 천황은 즉시 재가하지 않고, 원수회의元帥會議를 소집했다. 천황은 일본신민이 살고 있는 일본영토인 사이판 탈환에 집념을 보였다. 하지만 원수들이 모였다고 하여 묘안이 있을 리가 없고, "특수병기라도 없는가"라는 말이나 있을 뿐 아무런 처방전도 나오지 못했다. 처음에는 호언장담하던 사이판 역상륙 작전이었지만, 이렇게 '태산명동서일필泰山鳴動鼠一匹' 격으로 중지되고 말았다.

사이판에서 싸우고 있던 제43사단의 응원을 위해 티니안 섬에서 1개 중대, 괌 섬에서 1개 대대를 보내려 했지만, 그마저도 모조리 실패했다. 트럭 섬의 제52사단과 해군특별육전대를 보내려는 시도는 준비단계에서 중지되었다. 이렇게 사이판 섬의 수비대는 7월 7일 고립무원의 상태에서 옥쇄했다. 이어서 8월 3일 티니안 섬, 8월 10일 괌 섬에서 역시 각 고립무원의 상태인 수비대가 옥쇄했다. 이렇게 제31군은 전멸당했고, 절대국방권의 측면에 큰 구멍이 생겼다.

애투 섬에서 시작된 옥쇄는 비악Biak 섬의 보병 제222연대, 펠렐리우Peleliu 섬의 보병 제2연대, 이오지마硫黃島의 제109사단 그리고 마지막으로 오키나와의 제32군으로 이어졌다. 이들이 펼친 선전건투, 견인지구堅忍持久는 일본민족이 세계에 자랑할만한 전력戰歷이다. 하지만 육군이 비악 섬과 펠렐리우 섬에 자력으로 각 1개 대대를 증원했던 것 외에는 모두 아무런 도움도 받지 못했다. 전쟁에 패배한 입장에서는 이 점을 심각하게 반성해야 한다.

이 같은 일본의 옥쇄 사례를 보면, 영국의 해군 제독 앤드류 커닝햄 Andrew Cunningham의 말이 떠 오른다. 1941년 5월 영국군은 크레타 섬에서 철수하게 되었다. 참모들은 독일 공군이 압도적인 항공 우세를 확보하고 있는 상황에서 철수작전을 강행하다 보면, 영국 지중해함대는 전멸할 것이라고 의기소침해 있었다. 여기서 커닝햄 사령관은 다음과 같이 말했다.

"해군이 1척의 군함을 건조하는 데에는 3년이 걸린다. 하지만 새로운 전통을 쌓으려면 300년이 필요하다. 그러니 철수작전에 나서야 한다". 군함보다 훨씬 중요한 것이 아군의 죽음을 지켜보고만 있지는 않는다는 전통이라는 것을 부하들에게 설파한 것이다. 그리고 각 함정에 "우리 육군이 독일군에게 쓰러지게 해서는 안 된다"라는 신호를 보내고, 전 함정에서 환호성을 지르며 크레타 섬으로 향했다. 일련의 크레타 섬 철수작전에서 영국 해군 지중해함대는 경순양함 3척, 구축함 6척을 상실했지만, 육군 1만 8,000명을 구출하는 데 성공했다.

구체화된 육해군통합

고립된 상황에서도 선전분투하고 있는 아군을 수수방관하는 것은 있을 수 없는 일이다. 그런데 이런 일이 벌어진 것은 일본의 장군, 제독들에게 커닝햄 제독에서 보이는 '통합'의 마인드가 결여되어 있었기 때문이다. 육군과 해군을 하나의 지휘체계로 묶는 '통합'이 없이는 태평양에서 싸울 수 없다는 것은 누가 보아도 명확하다. 이를 위해서는 먼저 근본적인 부분에서부터 의지의 통일이 필요하다. 그리고 이 역할을 담당하여야 하는 것이 대본영이다. 그런데 1937년 11월 20일 설치된 대본영은 육군부와 해군부로 나뉘어 있었고, 육해군의 통합작전을 입안하는 최상위 스태프Staff기구로서의 역할을 담당하는 것은 아니었다.

1945년 1월 20일 결정된 '제국육해군작전계획대강'은 처음으로 만들어진 진정한 의미의 통합작전계획이었다. 당시 해군은 대부분의 수상함 전력을 상실한 상태로 잔존 함정은 전함 '야마토' 등 수 척에 불과했다. 이렇게 취약한 상태에 놓인 해군이 어쩔 수 없이 통합작전계획의 책정에 동의했던 것이 진상이다. 이전까지 대본영은 육군부와 해군부가 서로의 의견과 결정을 전달하는 장소로만 기능해왔고, 때에 따라서는 오히려 격렬한 논쟁을 주고 받는 항쟁의 무대가 되기도 했다. 그렇게는 실제 작전을 수행할 수 없으니 육군과 해군 사이에 애매모호한 내용의 중앙협정을 맺고, 세부적인 부분은 현지협정이라는 형태로 일선의 육해군 부대에 떠넘겨 버렸다.

대국을 파악할 수 있는 대본영에서조차 의견이 정리되지 않고 있는 상황이었다. 그러니 일선에서 눈앞의 적과 대치하며 시야가 좁아져 있는 군인들이 서로 협조하여 작전을 진행할 것을 기대하는 것은 무리한 이야기이다. 다만 상황에 여유가 있던 태평양전쟁 초반기에는 어느 정도 육해군의 협조(협동)가 확보되었다. 이는 전선의 고급지휘관들 사이에 '화和'가 있었기 때문이다. 즉 조직으로서의 합동이 아닌 개인간의 관계에 의존했던 것이다.

남방공격작전에 참가한 지휘관들은 다음과 같다. 육군에서는 말레이반도의 제25군 사령관 야마시타 토모유키山下奉文 중장, 필리핀의 제14군 사령관 혼마 마사하루本間雅晴 중장, 인도네시아의 제16군 사령관 이마무라 히토시 중장이었다. 그리고 해군에서는 제2함대 사령장관司令長官 콘도 노부타케近藤信竹 중장, 남견함대南遣艦隊 사령장관 오자와 지사부로小澤治三郎 중장, 제11항공함대航空艦隊 사령장관 츠카하라 니시弖塚

原二四三 중장이었다. 모두 태평양전쟁 중의 일본군을 대표하는 장수들이다. 이들은 상부상조의 정신을 바탕으로 분쟁이나 불화를 피해 육해군 사이에 실효적인 현지협정을 맺었다. 물론 이것도 나름대로 의미는 있겠지만, 집단과 집단 간의 조직적인 융화를 결여한 것으로, 사람의 교체에 따라 상황이 바뀔 수 있는 위태로운 관계였다.

작전이 순조롭게 진전되고 있는 동안에는 육해군의 대립도 표면화되지 않았다. 문제가 생긴 경우에도 적당히 타협하거나 "결과가 좋으니 만사 오라이All right"라는 식으로 해결되었다. 그런데 전황이 악화되면서 대립이 표면화 되었고, 상호간의 책임공방이 결국은 불화나 반목으로 발전하게 되었다. 이는 1942년 7월부터 시작된 과달카날 전투에서부터 현저하게 드러나기 시작했다.

육군은 해군이 통지나 연락도 없이 과달카날에 항공기지를 설치한 탓에 적을 불러들여 소모전에 말려들었다는 입장이었다. 반면 해군은 기세 좋게 나선 육군이 미군의 비행장 하나 빼앗지 못하고 물러선 것은 한심하다고 했다. 그런데도 해군은 구축함의 생명이라고 할 수 있는 어뢰를 기지에 내려놓고 물자를 실어나르며, 과달카날 섬의 육군에 대한 보급에 최선을 다했다. 즉 이때까지 육해군의 관계는 반목이라고 할 수준까지 악화된 것은 아니었다.

육해군 상호 불신의 이유

1943년 9월 절대국방권이 설정되면서 육군과 해군의 작전구상의 차이가 선명하게 드러났고, 타협점을 찾을 수 없는 상황에 이르렀다. 육군은 절대국방권의 동쪽 정면을 제2열도선에서 시작하여 트럭 섬을 중심으로 하는 캐롤라인Caroline 제도에서 끝나는 선으로 정했다. 반면 해군의 구상은 이른바 전반전초선全般前哨線을 마셜Marshall 제도에서 길버트 Gilbert 제도까지 펼쳐 조기경계 태세를 확보하여 해상 결전을 시도하겠다는 것이었다. 결국 해군에 끌려가는 형태로 육군도 이들 섬에 부대를 배치하게 되었고, 해군은 적이 마셜 제도에 진출해온 시점을 전기戰機로 파악했다.

길버트 제도의 타라와Tarawa와 마킨Makin의 해군 수비대는 1943년 11월 25일 옥쇄했다. 이 전투에서 해군은 잠수함 9척을 투입한 것이 고작이었고, 그나마 6척은 귀환하지 못했다. 이어서 1944년 2월 4일 마셜 제도의 콰잘레인Kwajalein 환초環礁를 잃었다. 연합군이 마셜 제도를 공격해 왔지만, 트럭 섬에 집결하고 있던 연합함대의 주력은 움직이지 않았다. 연합함대가 미동조차 없었던 것은 이해할 수 없는 일이다.

1944년 1월 10일 미군의 정찰기가 트럭 섬에 나타났다. 정박한 상태에서 기습당할 것을 염려한 연합함대는 기함 '무사시'를 일본 본토로, 제2함대 주력은 팔라우로 피난시켰다. 2월 17일과 18일 이틀에 걸쳐 마크 미처Marc Mitscher 소장이 지휘하는 제58기동부대의 함재기가 트럭 섬을 공습했다. 공습기간 동안 일본 해군의 항공기 탑승원들은 비행장이 없는 섬으로 외박을 나가 있었다. 가동중인 기체 80기가 있었지만, 초계기를 띄우지도 않았고, 요격을 위해 발진한 기체도 없었다. 그저 한심하다고 밖에 할 수 없다.

함정부대의 주력이 사전에 대피하였으므로, 미군 기동부대는 허탕을 치고 말았다. 하지만 정박하고 있던 선박의 침몰과 기지기능의 상실은 향후의 전국戰局을 결정짓는 중요한 사건이었다. 섬에 남아있던 경순양함 3척과 구축함 4척이 격침당했고, 공습이 계속된 이틀간 20만 총톤의 선박을 상실했다. 여기에 트럭 섬으로 향하던 육군의 수송선단도 적에게 포착되어 2척이 침몰하면서 탑승하고 있던 병사 1,000명이 수장되고 말았으니, 해군의 행동에 육군이 불신감을 품는 것도 무리는 아니었다.

미군이 섬을 점령한 후 항공기지를 건설하면, 과달카날의 경우와 같이 무슨 수를 써도 승리의 가망이 없다는 것이 태평양의 전투에서 얻은 교훈이었다. 어떻게 해서라도 항공기지의 건설을 저지해야 하므로, 육군과 해군은 비행장이 있거나 비행장을 건설할 수 있는 지역에는 1곳당 1개 사단 상당의 전력을 배치하기로 합의했다. 그런데 수송, 보급, 엄호의 문제에 이르자 선박 분배를 둘러싼 분쟁이 시작되었다. 해군 사관들은 '우리는 해운업자가 아니라, 적 함대 주력과 싸우는 전사'라는 생각을 가지고 있었다. 따라서 선단호위나 보급에는 별 다른 관심이 없었다. 이를 본 육군은 '자기들 마음대로 전선을 확대해놓고는 나몰라라 하니 괘씸하다'며 불쾌한 심정을 감추지 않았다.

실제 전투에서는 다음과 같은 일이 일어났다. 섬에 상륙한 미군은 믿을 수 없이 빠른 속도로 비행장 건설과 정비를 마쳤다. 사이판에서는 상륙 5일만에 육상기陸上機를 배치하여 출격시켰다. 섬 어디서든지 손이 닿을 정도로 좁은 이오지마에서조차 치열한 지상전이 한창이던 상륙 7일째부터 육상기의 발착이 시작되었다. 그리고 전투가 여전히 계속 중이던 상륙 2주 후에는 손상된 B-29기가 긴급 착륙했다. 한편 오키나와에서는 상륙 3일째부터 관측기가 지상작전에 참가했고, 7일째에는 육군의 항공기가 진출했으며, 그 다음날부터 수송기에 의한 환자 후송이 시작되었다.

이러한 템포를 무너뜨리지 못하는 한 일본군에는 승산이 없었는데, 별다른 대책이 없는 것이 현실이었다. 섬에서 기존의 비행장이나 비행장 건설에 적당한 지점은 보통 해안가에 있었는데, 이는 미 해군 전함의 함포 사정 거리 안에 있었다. 따라서 섬의 일본군 수비대는 비행장 건설공사를 저지하기 위한 공격이 불가능했다. 그 사이 적의 육상기가 섬의 활주로에서 발진과 착륙을 시작하면, 해군은 접근이 어렵다며 손을 들었고, 수비대가 죽어가는 것을 바라보고 있을 수 밖에 없었다. 이러한 행태가 반복되면서 육군과 해군의 관계는 감정적인 문제로까지 발전하게 되었다.

통합의 마인드가 나타나지 못한 이유

동서고금을 막론하고 정도의 차이는 있지만 육군과 해군 간에는 긴장감이 흐르는 것이 보통으로, 태평양전쟁 중의 일본군만이 특이했던 것은 아니다. 평시에는 군사력 건설을 위한 예산의 분배를 두고 경쟁하며, 전시에는 용병사상의 차이에서 기인하는 의견의 대립이 발생한다. 대륙국가라면 '육주해종陸主海從'이라는 명확한 원칙이 있으니 양자의 극단적인 대립은 발생하지 않을 것이다. 하지만 바다와 육지의 갈림길에 서 있는 국가는 영국과 같이 양군의 관계가 명확히 정리되어 있지 않은 이상, 지리멸렬한 상황에 빠질 수밖에 없다는 것을 태평양전쟁에서 일본군은 증명했다.

단순하게 말하면 해군은 화포의 성능이 안정된 16세기 이후 육군의 포병, 특히 사정거리가 긴 대포를 장비한 중포병重砲兵이 특화된 집단으로 볼 수 있을 것이다. 항공기의 시대가 도래했어도 그 특질에는 큰 변화가 없다. 직선적으로 움직이는 평탄한 해상에서 화력을 보다 정확하고 멀리까지 투사하는 것이 해군의 본질이다. 육군에서도 화력의 투사가 강조되기는 하지만, 포병만으로는 성립되는 조직은 아니다.

보다 근본적인 차이점은 해군이 적의 격멸을 목표로 하는 공격지상주의에 지배되는 반면, 육군에는 공격 외에도 일정한 지역 방어와 확보까지도 요구된다는 것이다. 여기서 보급을 받는 방법에 차이가 발생한다. 함정이나 항공기는 탄약, 연료, 식량 등이 바닥나면 보통은 기지로 돌아와 보급을 받고 다시 출격하게 된다.

하지만 일정한 지역의 확보를 임무로 하는 육군에서는 전투부대가 전력의 근원지로 돌아와 보급을 받는 것은 생각할 수 없다. 따라서 전선과 후방은 하나의 선으로 연결되어야 한다. 일본 해군이 태평양전쟁의 전쟁목적인 '자존자위'의 달성에 불가결한 해상호위전에 관심이 없었던 이유가 여기에 있다. 그리고 이에 대한 육군의 강한 불만이 양자의 대립을 격화시켰다.

메이지 유신 이후 상당 기간 '육군의 초슈, 해군의 사츠마'로 불리는 시대가 지속된 것처럼, 혈연과 지연을 기반으로 형성된 번벌藩閥을 배경으로 한 육해군 대립의 구도가 성립되었다. 하지만 양측의 지도자들 사이에는 긴밀한 인간관계가 구축되어 있었으므로, 큰 차질 없이 청일전쟁, 러일전쟁을 치를 수 있었다. 두 전쟁 모두 먼저 황해의 제해권을 장악한 상태에서 해군의 엄호 아래 육상전력을 대륙으로 투사할 수 있었던 것이 승리의 비결이었다. 이는 해양국가의 대선배인 영국의 전략을 충실히 실천한 것이었다.

그런데 육해군 공동의 적인 러시아의 소멸은 양자의 관계를 미묘하게 했다. 극동정면에서 러시아의 해상전력이 사라지자 육군은 해군의 엄호 없이도 대륙으로 전력을 투사할 수 있게 되었고, 한반도를 장악하여 대륙 진출을 위한 거점을 확보했다. 한편 해군은 남쪽으로 눈을 돌리면서 미국을 가상적으로 삼았다. 88함대, 나아가 888함대(함령艦齡 8년 미만의 전함 8척, 함령 8척 이상의 전함 8척, 순양전함 8척)라는 꿈 같은 이야기를 실현에 옮기려는 정도로까지 발전했다. 막대한 함선 건조비용으로 인해 평시의 해군 예산은 정부 총예산의 30~40%를 차지했다. 반면 육군 예산은 15% 정도에 불과했으니, 이것이 육군의 신경을 자극했을 것임은 어렵지 않게 상상할 수 있다. 또한 양 조직이 인적으로도 고정되면서, 상호간의 인간관계가 희박하게 된 것도 통합 마인드의 육성을 방해했다.

〈표 3〉 태평양전쟁 개전시의 사단배치

동부군 [토쿄] = 제52사단(카나자와金澤)
중부군 [오사카] = 제53사단(쿄토), 제54사단(히메지姫路)
서부군 [후쿠오카]
북부군 [삿포로] = 제7사단(아사히카와旭川)
조선군 [경성] = 제19사단(나남), 제20사단(경성)
대만군 [대북台北]
관동군 [신경新京] 　직할 = 제10사단(히메지), 제28사단(하얼빈), 제29사단(요양遼陽) 　제3군[목단강牧丹江] = 제9사단(카나자와), 제12사단(쿠루메久留米) 　제4군[북안北安] = 제1사단(토쿄), 제14사단(우츠노미야宇都宮), 제57사단(히로사키弘前) 　제5군[동안東安] = 제11사단(젠츠지善通寺), 제24사단(아사히카와) 　제6군[하이라얼] = 제23사단(쿠마모토) 　제20군[계녕鷄寧] = 제8사단(히로사키), 제25사단(오사카) 　관동방위군關東防衛軍[신경]
지나파견군[남경] 　북지나파견군[북경] 　　직할 = 제27사단(천진), 제35사단(아사히카와), 제110사단(히메지) 　　제1군[태원] = 제36사단(히로사키), 제37사단(쿠루메), 제41사단(우츠노미야) 　　제12군[제남] = 제17사단(히메지), 제32사단(토쿄) 　　주몽군駐蒙軍[장가구張家口] = 제26사단(나고야) 　제11군[한구] = 제3사단(나고야), 제6사단(쿠마모토), 제13사단(센다이), 제34사단 　　　　　(오사카), 제35사단(아사히카와), 제40사단(젠츠지) 　제13군[상해] = 제15사단(토요하시豊橋), 제22사단(우츠노미야), 제116사단(쿄토) 　제23군[광동] = 제38사단(나고야), 제51사단(우츠노미야), 제104사단(오사카)
남방군[사이공] 　직할 = 제21사단(히로사키, 카나자와, 젠츠지) 　제14군[고웅高雄] = 제16사단(쿄토), 제48사단(대만) 　제15군[사이공] = 제33사단(우츠노미야), 제55사단(젠츠지) 　제16군[토쿄] = 제2사단(센다이) 　제25군[삼아三亞] = 근위사단(토쿄), 제5사단(히로시마), 제18사단(쿠루메), 제56 　　　　　사단(쿠루메)
대본영직할[상해] = 제4사단(오사카)

[　] 사령부소재지, (　) 사단편성지.

태평양전쟁이 발발하자 해군전력의 대부분은 남쪽으로 향했다. 이는 전쟁 전의 계획과 전쟁목적이라는 측면에서 당연했다. 반면 육군의 상황은 크게 달랐다. 1941년 12월 당시 육군은 본토에 4개 사단, 조선에 2개 사단, 만주에 13개 사단, 중국에 22개 사단을 배치하고 있었고, 남방으로 향한 것은 10개 사단으로 전체의 2할 정도에 불과했다(〈표 3〉 참조). 이렇게 보면 육군이 진심으로 대동아신질서의 건설을 생각하고 있었는지에 의문이 생긴다. 서태평양 전역의 장악을 계획한 해군으로서는 육군의 진의를 파악하는 것에 어려움을 느끼는 것도 당연했다.

　육해군이 진정한 협조나 통합으로 발전하지 못한 이유는 무엇인가? 마루야마 마사오丸山眞男는 일본군의 병리적 현상으로 "직무에 대한 긍지가 횡적인 방향의 사회적 분업의식보다도, 오히려 종적인 방향의 궁극적 위치로의 직속성의 의식에 기초하고 있었"으며, 또한 "각자가 자족적·폐쇄적 세계에 스스로를 가두려 했다"고도 한다[『현대정치의 사상과 행동 現代政治の思想と行動』(未來社, 1956)]. 이를 곧 바로 일본 육해군의 통합을 가로막은 이유로 드는 것은 비약인지도 모르지만, 어느 한 원인으로 파악하는 것은 가능할 것이다.

상반된 의식의 존재와 발현

　부상병을 내팽개치거나 고립된 아군의 죽음을 수수방관하면서도 일본군은 잘도 전쟁을 치러냈구나 싶기도 하다. 제1장에서 목적의식이라는 측면에서의 고찰을 통해 전전의 일본은 공동사회적 색채가 짙었고, 일본군은 기초집단의 성격이 강했다는 점을 확인했다. 그렇다면 의사擬似가족적 요소인 무조건의 신뢰감이나 전우애 등으로 전우를 버리는 등의 일은 없었어야 한다. 그런데 지금까지 살펴 본 것처럼 궁지에 몰리면 그러한 미덕을 던져버리고, 이상할 정도로까지 냉혹하게 변하는 것이 동족인 일본인이라고는 생각되지 않을 정도이다.

조국이나 조상을 비판하는 것은 괴로운 일이지만, 태평양전쟁 패배의 원인을 고찰하려면 이 문제를 피해갈 수 없다. 일본민족은 평야가 적은 토지에서 생활하면서 생산량이 한정된 곡물을 서로 나누며 살아 왔기 때문에 상부상조의 정신도 왕성했지만, 어딘가 교활하며 타산적이고 냉혹한 일면도 함께 지니고 있다. '대를 위해 소를 희생한다'는 말이 이러한 분위기를 잘 나타낸다. 살기 위해 어쩔 수 없다는 자각이라도 있다면 다행이지만, 이를 당연한 것으로 여기는 것이 일본인이라는 민족의 속성이다.

물론 이 같은 성향이 일본에 국한된 것만은 아니다. 원래 인간은 가족 구성원 상호간을 잇는 무조건의 신뢰감을 사회전반으로 확산시켜, 우애 넘치는 사회를 창조하려는 아름다운 희망을 품고 있다. 반면 생존을 위해서라면 어떤 수단도 허용된다는 냉혹한 심리도 가슴속 어딘가에 숨기고 있다. 이를 상황에 따라 적절하게 구별하여 적용하는 것이 생각하는 동물인 인간이다. 인간은 조건 없이 다른 인간을 소중하게 대해야 한다는 윤리코드와 집단의 생존을 위해서는 인간을 기계의 부품처럼 취급할 수도 있다는 논리코드가 인간의 마음 속에 병존하고 있다고 표현할 수 있을 것이다.

인간의 본성 자체가 그러하니 비판은 별 다른 의미가 없다고 할 수도 있다. 하지만 작은 상황의 변화에도 민감하게 반응하면서, 이 상반되는 의식을 재빠르게 구별하여 사용하는 습성이 일본인에게는 현저하다. 따라서 냉혹하다거나 교활하다고 자아비판을 하게 되는 것도 당연하다. 게다가 일본에서는 이 양극의 격차가 크며, 전환이 빠른 리더를 높게 평가하는 경향이 있고, 특히 군대에서는 그것이 두드러진다.

가족관계에서 보이는 우애와 사람을 기계의 부품으로 취급하는 냉혹함을 상황이나 경우에 따라 자의적으로 구별하여 사용하면, 후자와 같이 취급받는 쪽에서도 언제까지나 참고 있지는 않는다. 이를 어쩔 수 없는 것이라고 납득하게 만드는 것이 유교문화의 '상의하달上意下達의 예속적 인간관계'였다. 신분서열을 확립시켜 아래 사람은 입을 다물고 따르기만 하면 된다는 것이다. '상의上意'가 잘못된 경우의 해결책을 생각하지 않아도 되는 사회라면 이런 식으로라도 움직일 수는 있을 것이다.

이입문화와 국수주의의 혼합

구미열강에 의한 개국은 일본을 이입문화移入文化의 국가로 만들었다. 군대는 이입문화 그 자체인 집단으로 전통적인 유교문화적 질서에 더하여, 서구문화에 의한 예속관계의 강화를 도모했다. 특히 독일식 병제兵制를 도입한 육군은 칸트 철학의 신봉을 통해 군대조직의 진수眞髓를 손에 넣을 수 있다고 생각했던 것 같다. 임마누엘 칸트가 말한 유명한 문구인 "의무는 인간감정의 억압을 요구한다"의 원용이다.

칸트의 말은 경건한 크리스천이 아닌 이상 정확하게 이해하기 어렵지만, 잠언箴言의 마력魔力으로 듣기만 해도 무언가 알게 된 것 같은 기분이된다. 이를 군사에 적용하면 지원과 징병을 불문하고, 군대의 일원이 된 이상 무조건적인 책임을 져야 하는 의무가 발생한다는 단체성의 강조로 이어진다. 이것이 종래의 유교문화적 상의하달과 연결되어 양자가 상호보완적으로 육군 통솔의 원리원칙이 되었다. 그런데 상이한 종교적, 문화적 배경을 가진 관념을 번역을 통해 융합시키는 것은 논리적인 혼란을 야기할 수 밖에 없다. 일본의 군대가 투철한 철학과 이에 기초한 신념을 확립할 수 없었던 이유가 여기에 있다.

이입문화에 의한 구화주의歐化主義에 대한 반동으로 일본의 독자적인 문화로 돌아가자는 복고주의가 나타났고, 이 역시 혼란을 야기했다. 제1차세계대전의 전승국인 일본은 순채권국純債權國이 되었고, 나아가 세계 제3위의 해군국海軍國으로서의 위치를 다졌다. 세계 열강의 반열에 들자 무장집단 존립의 이론적 기반을 중국사상이나 서구문화에서만 찾는 것은 부끄럽다는 생각을 하게 되었다. 그런데 연표를 유심히 살펴보면 구미 열강의 군대도 단지 300여 년 남짓의 역사를 가진 것에 불과하다는 것을 알 수 있다. 여기서 일본군의 역사는 그저 하루 이틀에 걸쳐 만들어진 것은 아니라고 가슴을 펴게 되었다.

일본군의 기원을 찾다 보면 먼저 진무동정神武東征이 떠오른다. 그로부터 2,600년(진무神武천황이 즉위한 BC 660년이 황기원년皇紀元年, 1940년은 황기 2600년)간 막부가 출현하는 등 여러 우여곡절이 있었지만, 민족 고유의 무장집단은 아키츠시마秋津島(일본열도)의 안전을 지켜왔다. 13세기 원나라 군의 일본 침공 격퇴, 즉 분에이 · 코안의역文永 · 弘安の役(1274년, 1281년)이 그 대표적인 예이다. 태평양전쟁의 말기에 상정된 본토결전에서 특공을 카미카제神風, 적이 상륙하는 해변은 타타라하마多多良浜(하카타 만博多灣에 접한 원나라 군과의 전장)로 표현한 것은 이를 배경으로 한 것이다.

이러한 역사 인식의 타당성은 차치하더라도, 하여간 연면히 이어진 경위가 있으니 타국의 군대와는 격이 다르다는 생각을 하게 되었다. 여기서 차별화를 도모하여 일본의 무장집단은 국민의 군대인 '국군國軍'이 아니라, 2,600년간 이어져 온 천황의 군대인 '황군皇軍'으로 불러야 한다는 의견이 나왔다. 타이쇼大正기의 군축으로 군인들 사이에 확산된 상실감으로부터 사기를 회복시키기 위해서라도 황군이라는 슬로건이 필요했다. 다만 종래와 같이 '국군'이라고 부르는 것이 타당하다는 유력한 의견도 있었으므로, 패전하는 그 날까지 호칭의 통일을 이루지는 못했다.

조직을 바라보는 미크로한 시각

이와 같은 매크로Macro한 시각은 전전의 일본에서 천황기관설天皇機關說과 국체명징國體明徵(천황이 통치의 주체라는 견해) 등과 관련하여 활발하게 논의되었지만, 관념론의 범위를 벗어나지는 못했다. 그런데 조직은 어떠한 단위를 기초로 하여 성립되는가와 같은 미크로Micro한 영역의 고찰은 드물었다.

군대의 생명은 명령에 따라 움직이는 것에 있다. 따라서 군대의 조직은 필연적으로 피라미드형의 구조가 된다. 이 피라미드는 감정의 동물인 사람이 모여 먼저 작은 각뿔角錐을 형성한 후, 이것이 연접하여 수평방향으로 확대되고, 나아가 수직방향으로 쌓아 올려진다. 단 하나의 각뿔, 그것도 가장 밑에 있는 것을 뽑아내는 것만으로 전체가 무너지기도 한다. '권력에 대한 일격', 즉 쿠데타를 꾀하는 자가 완전히 사라지지 않는 이유가 여기에 있다.

여기서 거대한 피라미드를 구성하는 최소단위의 각뿔은 몇 명으로 형성되는지에 대한 의문이 생긴다. 일본인은 이렇게 미크로한 이야기에는 서투른 편으로, 생각을 명확하게 표현하지 않는 경향이 있다. 이러한 사조를 엿볼 수 있는 것이 1952년 7월 제정된 '파괴활동방지법破壞活動防止法'이다. 이 법에는 파괴적 단체에 대한 정의는 있지만, 몇 명이 모여야 단체가 성립되는지에 대한 규정은 없다. 또한 각 지방자치단체가 정하는 '행진 및 집단시위운동에 관한 조례'에도 인수人數에 대한 규정은 없다. 인수를 불분명하게 하여 단속에 유연성을 확보하려는 목적이 있을지는 모르지만, 금지규정으로서의 명확성을 결여하고 있다는 점은 분명하다.

이와 같이 조직과 집단 구성과 본질에 어두운 일본인은 해외에서 계엄령이나 비상사태선언에 접하게 되면 당황하게 된다. 특히 집회금지령의 경우 몇 명이 모이면 집회가 되는지를 알지 못하는 것이 그 예이다. 국제적인 관습상 3명 이상이 모이면 집회 또는 집단으로 간주되어 상황에 따라서는 치안당국으로부터 총격을 당할 가능성도 있다. 미국 각 주의 법률에 의하면 흉기 소지가 확인된 12명 이상, 흉기 소지여부가 불명확한 30명 이상이 모여 불온한 움직임을 보이면 폭도(Mob)로 간주되어 강제력의 행사대상이 된다. 여기의 12, 30명이라는 숫자는 최소단위인 3명에서 도출된 것이다.

폭도는 집단에 이르지 못한 무리라는 인식이 있지만, 자세히 살펴보면 여기에도 충분한 조직성이 있음을 알 수 있다. 어떠한 목적을 가지고 선동하는 자, 이를 적극적으로 지지하는 자, 수동적인 방관자라는 3부류의 사람이 모여 있는 것이다. 환언하면 목적을 명시하고 집단을 이끄는 자, 그 지시를 적극적으로 수행하는 자 그리고 이를 추종하는 부화뇌동하는 분자로 분류할 수 있다. 따라서 최소한 3명이 없으면 폭도라는 집단도 구성할 수 없게 된다는 논리이다. 이렇게 집단의 구성원을 3종류로 구분하는 것은 보편적인 이론으로, 사회 일반에 널리 적용할 수 있다.

3명을 최소단위로 하는 무장집단

이처럼 3명을 조직의 기본으로 하는 발상은 수렵의 경험에서 나타난 것이다. 대상물의 수색에서 추적, 격투 그리고 운반에 이르는 어느 과정이나 최소한 3명의 손이 필요하다. 5명, 10명이 되면 대응에는 편리하지만 통제가 어려워지고, 소요되는 에너지와 얻게 되는 결과물의 균형을 유지할 수 없게 된다. 수렵과 행동원리가 유사한 저격은 현대에도 조장(Leader), 관측수(Spotter), 사수射手(Sniper)의 3명이 한 팀을 이루는 것이 기본이다. 저격반 이외에도 군대에서는 3명을 최소단위로 한다.

군사의 분야에서 새로운 시대를 열었고, 오늘까지도 그 영향이 남아있는 알렉산더 대왕의 마케도니아군 주력은 5m가 넘는 장창(Sarissa)을 주된 장비로 하는 중장보병이었다. 장창을 양 손으로 잡아 몸의 오른 쪽에 두고, 머리에서부터 내린 방패는 좌측에 있다. 이 방진의 구성원들은 창을 빼어 들고 빈틈없는 자세를 취한채 전진하는데, 각자의 방어는 주로 우측에 있는 병사의 방패에 의존하게 된다. 그러면 우측 끝, 이른바 1번 병사는 무방비 상태가 된다. 이 때문에 가장 앞쪽의 1번에는 특히 용감하고 전투에 뛰어난 병사를 배치했다. 여기서 '최우익最右翼'이라는 말이 생겨났고, 가장 앞줄의 오른쪽 끝이 '명예로운 용사가 서는 위치'가 되어 현재에 이어지고 있다.

이 마케도니아군 방진의 최소단위는 8명·4줄의 스티코스Stíchos(στίχος)로, 이것이 8개가 모여 구성된 16명·16줄의 신타그마Sýntagma(σύνταγμα)를 전투단위로 했다. 신타그마 8개가 택시즈Taxis(τάξις), 즉 전술단위가 되었고, 이것이 다시 8개 모인 팔랑크스Phálanx(φάλαγξ)를 작전단위로 했다. 집합과 분산에 용이하도록 2의 거듭제곱으로 구성되었지만, 스티코스를 보면 3명이 기초가 된 것을 알 수 있다. 즉 병사들이 무의식적으로 우측에 있는 방패의 뒤로 숨으려고 하기 때문에 방진의 전면부가 우상右上부로 사선이 되는 경향이 있고, 여기에 방진의 약점이 있었다. 그래서 좌측 끝의 8번을 향도병嚮導兵(Pace Checker)으로 삼아 열의 양쪽 끝에서 전진속도를 규제했다. 즉 3명으로 된 2개의 조를 2명이 통제하고 있는 형태인 것이다.

제2차세계대전 후기부터 한국전쟁에 이르기까지 미 육군의 보병부대는 급속한 자동차화를 통해 새로운 시대의 막을 열었다. 최소단위인 소총분대는 분대장, 2번부터 10번까지의 소총수, 자동화기(BAR)수, 부분대장의 12명으로 편성되는 것이 기본이었다. 전투시의 분대는 '분대장, 소총수 2명'의 지휘조, '부분대장, BAR수, 소총수'의 BAR조 그리고 소총수 3명의 소총조 2개로 구분되었다. 즉 3인 1조가 기본이었다. 그리고 이 소총분대에 1/4톤(Jeep, 조종수 제외 정원 3명)과 3/4톤(Weapon Carrier, 정원 9명)이 각 1대씩 배치되어 자동차화되었다. 한편 소총중대에는 지휘반指揮班이 있어 반장, 부반장, 소총수 6명의 합계 8명으로 스티코스의 한 줄과 같은 수였다(〈표 4〉 참조).

〈표 4〉 한국전쟁 후 미 육군 보병중대 편성

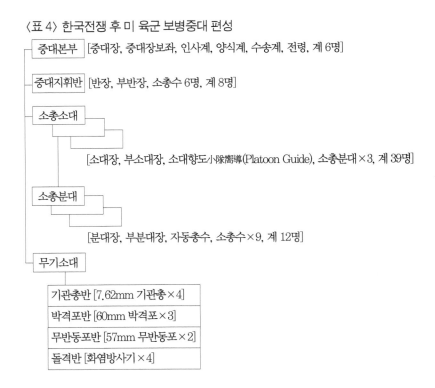

중대본부 [중대장, 중대장보좌, 인사계, 양식계, 수송계, 전령, 계 6명]

중대지휘반 [반장, 부반장, 소총수 6명, 계 8명]

소총소대

[소대장, 부소대장, 소대향도小隊嚮導(Platoon Guide), 소총분대×3, 계 39명]

소총분대

[분대장, 부분대장, 자동총수, 소총수×9, 계 12명]

무기소대

기관총반 [7.62mm 기관총×4]
박격포반 [60mm 박격포×3]
무반동포반 [57mm 무반동포×2]
돌격반 [화염방사기×4]

시대의 추이에 따라 기본단위의 구성원수는 지속적으로 감소하여 현재 기계화보병전투차를 장비한 미 육군 소총분대의 하차전투요원은 7명이다. 하지만 과거로부터의 전통에 따라 3명으로 구성된 2개조를 분대장이 지휘하는 형태이다.

지상전의 강자로 역시 새로운 시대를 열었던 소련군에서는 1939년 1월 말부터 시작된 핀란드와의 전쟁 중에 8명으로 구성된 습격분대가 등장했다. 전차에 올라탈 수 있는 인원을 계산하여 나온 것이지만, 역시 3명의 조 2개를 분대장과 부분대장이 통제하는 형태로 위 원칙에 따른 것이다. NATO군과 대치하던 냉전 당시, 소련 지상군의 중핵을 담당하던 BMP 전투차에 탑승하는 저격분대의 하차전투요원은 8명으로, 과거 저격분대의 편제를 답습하고 있었다.

이렇게 '전투 집단은 3명부터'는 유사이래의 철칙이다. 가장 최소규모 단위인 이 집단의 결속이 무너지면 분대, 소대, 중대로 연쇄반응적인 조직 붕괴가 이어진다. 물론 예비대를 투입하는 등으로 어느 지점에서 붕괴를 막는 방법도 있지만, 3명의 단결을 확보하는 것이 조직을 유지하는 가장 좋은 방법이다. 그런데도 일본군은 부상당한 전우의 간호를 금지하는 등 3명의 결속을 허무는 행동을 했다. 이는 군대를 이끌던 장교, 사관이 '전투 집단은 3명부터'라는 관념을 이해하지 못했기 때문이다.

소부대의 지휘를 체험하지 못한 장교

육사 16기생을 경계로 앞 기수와 뒤 기수가 "어딘가 다르다"라는 말이 있다. 1903년 11월 육사를 졸업한 사관후보생 15기생까지는 어떠한 형태로든 청일·러일전쟁을 체험했다. 1904년 10월 졸업한 16기생은 극히 일부가 러일전쟁의 말기 카라후토樺太나 조선 동북부에 출정했지만, 대부분이 실전을 체험하지 못했다. 이렇게 전쟁 그 자체에 대한 감각의 차이로 인해 16기생 이후의 군인들이 두려움을 모른 채 전쟁으로 달려갔다는 견해는 설득력이 있다.

그런데 보다 중요한 것은 16기생부터 중일전쟁 발발 직전인 1937년 6

월 졸업한 49기생까지는 대부분이 소대장을 경험하지 못했다는 사실이다. 다수를 점하는 보병과步兵科의 평시 편제에는 분대, 소대가 없었고, 전시에만 편성되었다. 태평양전쟁의 개전 당시 최고참 사단장은 육사 19기 이시쿠로 테이조石黑貞藏 중장, 패전시의 최신참 사단장은 31기 쿠메 세이이치久米精一 소장이었다. 한편 전쟁 중 최신참 연대장은 38기의 오카무라 마사유키岡村誠之 대좌였다. 즉 태평양전쟁의 고급지휘관 대부분이 30명 정도의 소부대를 움직여본 경험이 없었던 것이다.

'군의 정간楨幹', '실포實包'로 불린 육사 출신 소위, 중위의 일상적 임무는 다음과 같았다. 특별히 선발된 소위는 연대기수旗手가 되어 연대부관副官의 밑에서 각종 잡무에 시달렸다. 그 외에는 중대부中隊付로서 주로 신병교육을 담당했다. 고참 중위가 되면 중대장 대리를 맡거나, 소위 임관 후 8년차에 대위로 진급하면서 중대장이 되어 부하를 거느리게 되었다. 이것이 평시의 모습이었다.

그 사이 연구와 수련의 기회도 주어졌지만, 대부분의 시간은 육군대학교(육대陸大) 진학을 위한 수험 준비로 보냈다. 그리고 흔히들 '장교의 3가지 기술'이라고 한 전술, 검술劍術, 마술馬術의 습득도 상당한 비중을 차지했다. 전술이라고 하여도 실제로 부대를 움직이며 연습할 기회는 극히 제한적이었고, 대부분이 책상에서의 학습이었다. 또한 검술, 마술은 개인단위의 영역으로, 조직을 체험하고 집단을 움직이는 종류의 연습은 아니다.

물론 교관의 직무를 수행하며 집단의 통제와 부하의 통솔을 경험할 기회는 있었다. 하지만 당시 병영의 실태를 보면 이는 생각처럼 쉬운 문제가 아니었다. 징병으로 모인 병졸들은 내무반內務班에서 생활하고, 반장은 오장伍長이었다. 하사관은 별도의 방에서 기거하므로, 내무반의 실질적인 우두머리는 오장근무상등병伍長勤務上等兵(1940년부터 병장兵長으로 호칭)이 된다. 소위, 중위는 몇 개의 내무반이 모인 교련반敎練班의 교관이 되었고, 병졸들과 밀접한 관계를 유지하며 조직의 기본을 체험할 기회는 제한적이었다. 또한 실무에 정통한 하사관이 조교로서 교육을 지도하였으므로 병졸 집단의 실태를 이해하는 것도 어려웠다.

이러한 일상에서 하급장교가 병졸을 장악하여 리더쉽을 발휘할 수 있는 경우는 극히 제한적이었다. 일과가 끝나면 주번사관으로 내무반을 돌며 점호로 인원수를 확인하는 정도가 고작이었다. 매일 매일이 동일한 일과의 반복으로 목적의식이 결여된 조직은 행성과 같이 자전운동을 할 뿐이었다. 그러므로 본인에게 상당한 정도의 자각이 없는 이상, 자전하는 조직에 매몰되어 장교에게 필요한 통솔력을 연마할 기회가 없었다. 3명으로 구성된 조직이 어떻게 확대되는지를 실감하지 못하였으니, 오랜 기간 시정이 요구되었던 사적제재私的制裁는 해결의 실마리조차 보이지 않았다.

이러한 결함은 육대에 진학하여 엘리트 코스를 밟은 사람들에게 특히 현저하게 나타났다. 중위, 대위 시절 3년이나 부대를 떠나 육대에 재학 중이었으므로, 군대조직의 기본을 체험할 기회를 갖지 못했다. 육대를 졸업하고 대위로 진급하면 반드시 중대장 보직을 거쳐야 했지만, 이는 진급을 위한 일시적인 근무였다. 특히 육대 은사恩賜의 엘리트는 곧 해외로 파견되었으니 더욱 그러했다.

극히 이례적인 사례이지만, 태평양전쟁 개전 시의 육군성 군무국장軍務局長 무토 아키라武藤章 중장은 근위사단장에 임명될 때까지 부대장 직을 맡아 본 경험이 없었다. 무토 중장이 그렇다는 것은 아니지만, 부대의 저변을 모르는 사람이 고급지휘관이나 참모가 되었으니, '대를 위해 소를 희생한다'는 것처럼 부대의 기반을 무너뜨리는 냉혹한 일을 아무렇지도 않게 할 수 있었던 것이다.

여담으로 현재의 육상자위대의 제도를 소개한다. 현행 제도에서 방위대학교나 일반대학 출신자는 간부후보생학교를 졸업하면, 전원이 보통과普

通科연대(보병연대)에 배속된다. 보통과 대원으로서 기초적인 교육훈련을 받고, 그 후 각 직종(병과)으로 나뉜다. 이 시책에는 육상자위대의 간부(장교)가 될 사람은 당연히 전사戰士여야 한다는 것과 함께, 가장 기본적이고 규모도 큰 보통과연대에서 부대의 조직을 체험하게 하려는 의도도 있다.

육상자위대에서 대부분의 3위(소위)는 소대장을 경험한다. 자위대는 유사시에 즉시 대응할 수 있는 태세를 취하고 있다. 따라서 소대를 항상 유지하고 있고, 3위도 지휘 계선에 위치하고 있다. 여기에는 비록 전문적인 기능은 부족하더라도, 책임을 부여하여 리더쉽을 함양시킨다는 목적이 포함되어 있다. 육상자위대에서 가능한 것을 구 육군에서는 할 수 없었던 이유는, 육군이 유사시에 즉시 대응할 수 있는 태세가 아니라 동원을 통해 전력을 확보하는 체제였기 때문이다.

육사에서 양성되는 장교의 수가 전군의 규모와 균형이 맞지 않았던 것도 문제였다. 1936년 6월 졸업한 48기생은 모두 388명으로, 그 중 보병과는 216명이었다. 여기에 소위후보자(하사관 중에서 선발되어 육사에서 1년간 교육을 받음) 16기생 276명을 더해도, 보병과의 신입 소위는 연간 500명에도 미치지 못했다. 이것으로는 육군의 17개 사단에 소총소대를 상시적으로 유지하면서, 소위 계급의 소대장을 두는 것은 불가능하다. 이것이 소부대의 지휘관을 경험하지 못한 채 진급하여, 조직의 최소 단위의 중요성을 인식하지 못하게 한 원인이 되었다.

전시의 소대장 등 소부대 지휘관 충당은 타이쇼까지는 1년 지원병, 쇼와 이후로는 갑종간부후보생이나 예비사관학교를 졸업한 예비 소위를 소집하는 구조였다. 이들 대부분은 좋은 평가를 받았지만, 일부는 장교로서의 자질에 문제가 있었다. 이것이 소부대의 통제를 문란하게 하여, 다음 장에서 설명하는 것과 같은 불상사를 야기하는 원인이 되기도 했다.

3장
군집화된 집단의 공포

언제라도 일어날 수 있었던 참극

구조적 결함을 내포하고 있는 군대조직이 군기가 문란하게 되는 등의 사건을 계기로 폭도로 돌변하여 누구도 예상할 수 없었던 사태를 야기하는 것은 역사적으로 반드시 드문 일이 아니다. 일본인에게 이제는 기억에도 새로운 이른바 '남경사건南京事件'은 그 전형적인 예다. 남경은 '폭학暴虐의 도시'라고 할 수 있는 곳으로, 근대에 이르러서도 몇 번이나 거대한 유혈사태가 일어났던 곳이다. 먼저 1853년 3월 '태평천국의 난'이 진압되면서 중국 역사상으로도 최대규모의 살육, 이른바 '도성屠城'이 벌어졌다. 그리고 1927년 3월 장개석이 이끄는 북벌군北伐軍이 남경에 입성하면서 군대가 군집화하여 각국의 재외공관을 습격했고, 이에 영국과 미국의 군함이 포격을 가하는 상황에 이르렀다.

다음이 1937년 12월부터 1938년 1월에 걸쳐 벌어진 문제의 '남경사건'이다. 최근에는 어느 정도 수그러진 느낌이지만, 일본에서는 오랜 기간에 걸쳐 이 '남경사건'을 둘러싼 많은 논의가 계속되었다. 1985년 개관開館한 남경의 기념관(侵華日軍南京大屠殺死遭同胞紀念館) 입구에는 '조난자遭難者 30만 명'이라고 크게 적혀 있다. 이에 대해서는 중국식의 '백발삼천장白髮三千丈'(한시漢詩에서 크게 과장하는 표현의 일례)의 전형적인 예로, 이를 그대로 일본의 역사교과서에 기재하는 것은 자학사관自虐史觀의 극치에 해당된다며 크게 반발하는 사람들이 적지 않았다. 반면 피해자 측이 그렇게 주장하고 있는 이상, 결정적인 반증이 없는 한 그대로 인정하고 사죄하여야 한다는 의견도 유력했다.

직접적인 가해자로 지목된 것이 구 육군의 장교들이다. 이들의 모임인 공익재단법인 '카이코샤偕行社'가 군인들의 명예회복을 위해 남경공략전의 생존자들로부터 증언을 모으기 시작한 것이 1983년경이었다. 당연히 일본군의 장병은 약탈, 방화, 무차별살해를 자행하는 무법자 집단이 아니며, 집단적인 부녀자 폭행 등은 결코 있을 수 없다는 증언을 얻기 위한 것이었다. 그런데 이러한 의도와는 정반대로, 규모는 차치하더라도 약탈, 폭행, 학살 등의 불상사가 존재했다는 증언이 속출했다.

카이코샤는 기관지인 정기간행물 『카이코偕行』를 통해 남경사건의 조사를 시작한다고 공표한 이상, 어떠한 형태로든 결론을 내지 않을 수 없었다. 결국 불법행위의 존재를 인정하고, 그 희생자의 수를 3,000명에서 6,000명, 또는 13,000명 정도로 추산했다. 일본군에 의한 불상사의 존재를 당사자인 구 군인이 인정하고 사죄하는 결과에 이른 것이다.

그런데 이후에도 논쟁은 끊이지 않았고, 일본에서 논의의 중심이 된 것은 희생자의 숫자였다. 당시 남경이 어떠한 상황에 있었는지, 그러한 상황에서 일본과 중국의 군이 어떻게 행동했는지의 문제는 거의 관심의 대상이 되지 못했다. 피해자가 30만 명이라면 대학살이라거나, 3,000명이라면 어떻다는 등 산정방법에 따른 피해자의 수에 관한 부분만이 다뤄진 것이다. 이와 함께 당사자인 군인들이 사실을 인정했음에도 불구하고, 일본무죄론이나 남경사건환상론幻像論이 여전히 기세를 떨쳤다. 일본인이 그런 짓을 할 리가 없다고 주장하는 마음이야 이해하지 못할 것도 아니다. 하지만 국내에서 개인이 주체인 원죄冤罪사건의 진상규명도 거의 불가능한 것이 현실이다. 그러니 수십 년 전에 국외에서 발생한 사건이고, 나아가 국가의 체면과 직접적으로 관계된 일이라면 일본의 무죄를 증명하는 것이 가능할 리가 없는 것이다.

역사를 관찰해보면 전쟁에는 항상 약탈, 폭행, 방화, 살육이 수반되었다. 30년 전쟁 중이던 1631년 5월 중부 독일의 엘베Elbe 강변의 마그데부르크Magdeburg에서 일어난 참극은 여전히 유럽인의 뇌리에 깊게 남아 있다. 이곳을 점령한 구교도舊敎徒 세력의 군은 철저한 약탈은 물론, 수백 명의 부녀자만을 위안부로 남기고 나머지 시민 3만 명을 학살했다. 이는 국제법이나 인도人道라는 관념이 없었던 17세기에 일어난 일이라거나, 종교적인 대립이 배경이 되었기 때문이라고 하여 끝나는 문제가 아니다. 이런 류의 사건은 오늘날에도 끊이지 않고 있는 것이 현실이다.

제2차 세계대전 말기 소련군이 동부독일이나 만주에서 저지른 일들은 현재에도 생생하게 전해지고 있다. 만주에서의 잔학한 행위는 접어두더라도, 독일에서의 사건들은 원시적인 복수심에 불이 붙어 벌어졌다는 측면이 있다. 폴란드와 소련에서 나치스 독일의 무장친위대는 물론 정규군까지도 계획적이고 조직적으로 벌인 민족절멸작전의 냉혹함을 생각하면, 상대방인 소련도 용서할 수 없다는 마음을 가지게 되는 것이 당연한 귀결이다. 소련 당국도 이러한 복수심이 왕성한 전의戰意의 근원이 된다고 본 것임에 틀림이 없다.

그렇지만 소련 당국의 캠페인Campaign은 무시무시한 것이었다. 선동가로 유명한 일리야 에렌부르크Ilya Ehrenburg는 독일인을 죽이라고 외쳤다. 나아가 "힘으로 게르만 여자들의 인종적 자부심을 무너뜨리고, 그녀들을 제군의 전리품으로 빼앗은 후 죽여라"라는 팸플릿까지도 배포했으니, 이는 어떻게 보아도 지나친 것이다.

1944년 10월 소련군은 독일 국경을 넘어 동프로이센에 진입하였고, 최악의 참극을 벌였다. 궤도를 일탈한 장병들의 행위는 소련군의 군사행동을 저해하는 지경에 이르렀고, 오데르Oder 강에 도달한 1945년 2월 초순에는 복수심에 제동을 거는 캠페인이 시작되었다. 소련군의 기관지인 『붉은 별Krasnaya Zvezda』은 "눈에는 눈, 이에는 이라는 말도 있지만 이를 글자 그대로 해석해서는 안 된다. … 병사들은 군율의 파괴가 전승자인 적군赤軍의 약화로 연결되는 것을 이해하고 있다. 우리들의 복수는 맹목적인 것이 아니다. 우리의 분노는 불합리한 것이 아니다"라는 글을 게재했다.

소련군 지휘부조차 우려했던 장병들의 개인적 폭력행위, 일반시민에 대한 무차별적인 공격은 군대로서의 기능과 능력을 저하시킨다. 약탈에 광분한 순간 작전능력은 제로zero가 되기 때문이다. 유쾌범愉快犯적인 방화는 숙영지를 스스로 파괴하는 것이다. 부녀자 강간으로 인해 발생하는 성병의 만연은 집단생활을 하는 군대에는 중대한 위협이다. 군대가 일시적으로라도 폭도나 군집으로 변하는 것은 절대로 있어서는 안 되는 일이다.

당연한 이치이지만 철저한 훈련을 거쳐 견고하게 단결된 부대는 군기가 엄정하고, 쉽게 약탈이나 일삼는 폭도로 변하지 않는다. 소련군의 공격 제1파를 담당하였고 급양상태도 양호했던 친위부대는 손목시계 등 기념품을 받아내기는 했지만, 집단적인 폭력행위는 드물었다는 것이 피해자들의 증언이다. 이 정예부대의 장교가 주민에게 한 말이 걸작이다. "이후에 도착하는 놈들을 주의하시오. 놈들은 거친 돼지요". 그 후 도착한 것은 국가계획위원회가 조직한 중요자재의 접수를 담당하는 부대였다. 이들의 조직적이고 철저한 약탈에는 소련군 당국조차 불쾌감을 나타냈고, 충돌하는 경우도 종종 있었다고 한다.

남경공략전의 배경

이렇게 보면 확언은 어렵지만 일본군이 점령한 남경에서는 군기의 붕괴로 인해 상당한 규모의 불상사가 발생한 것은 아닌가라고 생각하는 것

도 자연스러운 일이다. 온후한 농경민족인 일본인이 잔혹한 행위를 했을 리는 없다고 생각하는 사람도 많을 것이다. 하지만 1615년 '오사카 여름의 진大坂夏の陣', 1868년 8월 '보신戊辰전쟁' 중의 아이즈會津에서 같은 일본 민족을 상대로 처참한 살육을 벌인 예가 있다.

중일전쟁의 초반에 파견된 부대는 훈련이 부족했고, 특히 단결에 문제가 있었다. 1937년 8월 상순 상해의 정세가 긴박해지자, 8월 16일 나고야의 제3사단과 젠츠지의 제11사단에 동원이 하령되었다. 시급을 다투고 있는 상황이었으므로 제3사단의 1진이 나고야의 아츠다熱田에서 전함 '무츠陸奧', 제11사단의 1진이 토쿠시마德島의 코마츠시마小松島에서 전함 '나가토長門'에 승선한 것이 각 8월 20일이었고, 즉시 상해로 급행했다.

통상적으로 상설사단도 동원이 완결되고 1~12주 정도는 야영을 하면서 훈련을 거쳐 부대의 단결을 확보한 후 전지로 파견된다. 하지만 당시에는 그럴 시간적 여유가 없었으므로, 동원과 동시에 파견하는 변칙적인 형태가 되었다. 게다가 8월 23일 개시된 상해 상륙은 적전상륙으로 서전부터 큰 손해를 입었으므로, 부대의 단결이나 사기에 관심을 기울일 여유조차 없었다.

일본은 소련과의 전쟁에 대비해야 하는 상황에서 상설사단[1] 모두를 중국 전선에 투입할 수는 없었다. 따라서 이른바 '2배동원'[2]으로 편성한 특설사단特設師團도 상해에 투입했다(〈표 5〉 참조). 토쿄의 제101사단과 제13사단이다. 이 두 사단 모두 이미 현역복무를 마친 예비역을 소집하여

---

1 1937년 7월 7일 현재 제국육군의 상설사단은 17개로, 배치상황은 본토: 10개(근위, 3, 5, 6, 9, 10, 11, 12, 14, 16) 만주: 5개(1, 2, 4, 7, 8) 조선: 2개(19, 20)였다.(역주)

2 전시편제가 된 상설사단이 전선으로 출정한 후, 현역의 장병과 소집된 예비역·후비역을 모아 새롭게 구성된 부대가 특설사단이다. 즉 평시의 상설사단 1개가 전시에는 상설사단과 특설사단으로 2개의 사단이 되므로, 이를 2배동원이라고 했다.(역주)

모은 응소병應召兵으로만 구성되어 있었고, 대부분의 각급 지휘관 역시 예비역이었다. 이런 부대일수록 사전에 보다 충분한 훈련을 통해 단결을 확보할 필요가 있다. 하지만 당시의 긴박한 정세에서는 그럴 여유도 없이 상해전선으로 바로 투입할 수 밖에 없었고, 9월 하순까지 승선을 완료해야 하는 분주하고 어수선한 상황에 놓였다.

〈표 5〉중지나방면군 전투서열 (1937년 12월 현재)

중지나방면군(사령관: 마츠이 이와네 대장, 참모장: 츠쿠다 오사무 소장)
제3비행단(치가 츄지 소장)
상해파견군(사령관: 아사카노미야 야스히코 중장, 참모장: 이누마 마모루 소장) 　제16사단(나카지마 케사고 중장) [쿄토] 　제9사단(요시즈미 료스케 중장) [카나자와] 　제13사단(오기스 릿페이 중장) [센다이] 　제3사단(후지타 스스무 중장) [나고야] 　제11사단(야마무로 소부 중장) [젠츠지] 　제101사단(이토 마사요시 중장) [토쿄] 　야전중포병 제5여단(우치야마 에이타로 소장)
제10군(사령관: 야나가와 헤이스케 중장, 참모장: 타나베 모리타케 소장) 　제6사단(타니 히사오 중장) [쿠마모토] 　제18사단(우시지마 사다오 중장) [쿠루메] 　제114사단(스에마츠 시게하루 중장) [우츠노미야] 　보병 제9여단(쿠니자키 노보루 소장) [히로시마] 　야전중포병 제6여단(이시다 타츠미치 소장)

[ ]는 편성지.

쿠마모토의 제6사단, 쿄토의 제16사단은 상설사단이었지만 운용상의 문제가 있었다. 먼저 1937년 7월 27일 제6사단, 8월에 들어 제16사단에 각 동원이 하령되었다. 이 두 사단은 화북전선에 투입되어 제1군 예하에서 작전 중이었다. 그런데 상해전선의 상황이 악화되면서 상해방면으로 전용轉用되었다. 모두 응급동원應急動員으로 파견되었기 때문에 치중병연대 등 후방제대가 불충분했고, 이 역시 부대의 단결에 불안을 남기는 원인이 되었다. 여기에 화북에서 화중으로 여러번 이동하게 된 부분에 불만을 품고 있던 점에도 문제의 소지가 있었다.

이런 상태의 부대가 크리크Creek(소운하小運河)와 시가지가 어지럽게 교차하고 있는 상해전선에 투입되었고, 작은 단위의 부대로 분리되어 고전에 빠졌다. 부대원의 희생이 누적되면 당연히 강한 적의와 복수심이 생겨난다. 뒤이은 남경으로의 진격도 큰 문제였다. 급히 파병되면서 군의 병참부대가 불충분했기 때문에 만족스런 보급이 불가능했다. 살아남기 위해서는 식량을 현지조달, 징발하는 수 밖에 없었다. 이는 결국 약탈을 의미했으므로 필연적으로 자존심의 저하, 군기의 이완을 야기했다. 나아가 더 큰 문제는 장병들이 적지敵地의 일반민중과 직접 접촉하는 과정에서 상호간에 해결하기 어려운 적의가 생겼다는 점이었다.

만족스러운 보급도 받지 못하는 어려움 속에서 300km에 이르는 거리를 행군하여 간신히 남경에 도착했다. 적의 수도를 점령하면 전쟁은 끝난다고 보는 것이 상식이다. 응소병들은 이것으로 복원復員, 즉 귀향이라고 생각했다. 여기서 군기의 붕괴가 시작되었다. 또한 일부 중국군 병사들은 편의便衣(사복)로 갈아입고 적대행위를 계속했으므로, 불신감에 기인한 적대감은 더욱 더 활활 타올랐다. 한편 고급사령부에 의한 통제가 불충분한 상황에서, 성벽으로 둘러싸인 남경시내로 전군이 쇄도했기 때문에 장병의 밀도가 높아졌고, 그것도 일반시민과 혼재된 공간이 생겨났다. 이것으로 군대의 군집화를 위한 여러 조건이 모두 구비되었다.

후발적으로라도 보급상황이 개선되어 '먹고 입을 것이 풍족하여 예절을 알 정도의 환경'[3]이 정비되었더라면 오랫동안 비난 받을 만한 일이 벌어지지 않았을지도 모른다. 그런데 허겁지겁 달려가기에만 바빴으니, 남경

---

3 관자管子에 나오는 관중管仲의 말인 衣食足則知禮節.(역주)

에 들이닥친 중지나방면군 예하의 9개 사단에 물자를 보급할 만한 여력이 없었다. 양자강의 수운을 이용한 보급은 중국군이 부설한 기뢰에 대한 소해掃海와 수송용 선박의 준비가 없었으므로 불가능한 상황이었다.

적의 수도에 입성했음에도 축배의 술은커녕 눈깔사탕 하나 보급받지 못한 상황에서 고난의 길을 걸어온 장병들이 어떤 기분이었을지는 생각해 볼 필요가 있다. '용케 승리를 거두었는데도 아무것도 나눠주지 않는다, 그렇다면 이 남경에 있는 모든 것이 우리들의 것이다'라고 생각하게 되는 것도 결코 불가사의한 일은 아니다. 결국 전체 집단의 분위기가 집단 내에서 가장 비열하고 폭력적인 자의 수준으로 추락해버렸다. 나아가 내부에서 상호 모방의 과격화가 시작되어 수습할 수 없는 나락에 빠지게 되었다.

사람의 마음 속에 병존하는 우애와 폭력

온후하고 교육 정도가 높은 일본인은 군집화의 진행에도 불구하고 야성의 본능에 따른 광란적인 행동으로 나아갈 리가 없다고 주장하는 사람이 있는데, 같은 일본인으로서는 그렇게 생각하고 싶기도 하다. 하지만 괴테Goethe조차도 동포에 대해 이렇게 탄식하고 있다. "나는 자주 독일인이 개인으로서는 그토록 존경할 가치가 있지만, 전체로서는 몹시도 비열한 것을 생각하면서, 깊은 슬픔에 빠진다"[『괴테 대화록』(白水社, 1966/1970)]. 부분적 개인을 들어 전체 집단을 일반화할 수는 없다. 집단, 군집이 가지는 마력을 직시하고, 이에 지배당하지 않도록 항상 대책을 생각하여야 하는 이유가 여기에 있다.

여전히 남경대학살 따위는 있을 리 없다고 하며, 일본군의 장병이 웃는 모습으로 중국인 어린아이들에게 사탕을 나눠주는 모습을 촬영한 사진을 내미는 사람도 있다. 이는 단지 일본측의 프로파간다가 아니라, 실제로 있었던 일일지도 모른다. 하지만 그런 사실까지도 일본군의 군집화를 증명하는 정황증거로 사용될 가능성이 있음을 고려하여야 한다. 그 사탕은 이웃마을에서 일가를 학살하고 손에 넣은 것일 수도 있는데, 그런 사례가 의외로 많다.

이처럼 시혜행위와 잔학행위가 매우 자연스럽게 병존하는 것은, 상식적인 우애와 격정에 따라 움직이는 폭력이 사람의 마음 속에서 서로 싸우고 있기 때문이다. 이를 제멋대로, 또는 주위의 분위기에 따라 구분하여 사용하는 것이 군집화된 집단 속 개인의 특질이다. 평화로운 일상생활을 보내는 현대인의 시각으로는 이해하기 어렵겠지만, 전쟁이나 폭력 그리고 공격과 가해라는 사회현상의 본질은 목적과 수단의 구별을 불가능하게 한다는 점을 고려할 필요가 있다. 폭력을 휘두르는 현상의 근저에는 상호간에 유해, 불쾌한 자극을 가하는 행위가 있고, 이는 그 자체로 용이하게 수단에서 목적으로 전화轉化될 수 있으므로 제어나 통제가 매우 어렵다.

독일의 동물학자 콘라드 로렌츠Konrad Lorenz가 제창한 동물행동학에 의하면, 사람에게는 다른 동물과 달리 공격성을 억제하는 생물학적 기제가 존재하지 않는다고 한다. 목적이 무엇인지 알 수 없는 범죄가 자주 발생하지만, 이는 가해행위 자체가 목적이므로 그 전말을 파악하기가 어렵다. 본래 전쟁이란 '명확한 목적의식이 기초가 된 냉정하고 이성적인 가해행위'여야 한다. 하지만 이를 실행하는 조직에 어떤 문제가 있으면 갑자기 가해행위로 발전하고, 수습할 수 없는 상황에까지 이른 사례를 세계사에서 쉽게 찾아 볼 수 있다. 앞에서 본 마그데부르크 사건은 그 전형적인 예이다.

즉 인간은 어떠한 계기가 있으면 원시적인 본능이 발현되어 폭주하게 되는 동물이라는 기본적인 인식이 필요하다. 그리고 인간의 집단은 그 개개의 본능을 넘어선 무언가에 의해 전체가 지배당하고, 터무니 없는 사태로 나아갈 가능성이 항상 존재한다. 무기를 가진 무장집단의 군집화에 특별한 주의가 요구되는 이유가 여기에 있다.

파리 코뮌

군집과 군집화의 원인에 대한 학문적 연구는 1871년 3월부터 5월까지 지속된 '파리 코뮌Paris Commune'에 대한 분석에서 본격적으로 시작되었다. 코뮌이라는 정체를 알 수 없는 괴물에 대한 공포감이 그 연구를 진행시켰을 것이다. 그 성과가 1895년 출간된 귀스타브 르봉Gustave Le Bon의 『군집심리群集心理』로 커다란 반향을 불러 일으켰다.

인간이 모이게 되면 그 개개인의 심리와는 차원이 다른 무언가가 전체의 분위기를 지배하게 되는데 이것이 군집심리이다. 대부분의 경우 구성원 개개의 심리나 행동양식 중 가장 저열하고 흉폭한 것에 전체가 경도되고, 그 정도는 악화일로를 걷게 된다. 선량하고 순종적인 개개인이 집단에서는 괴물로 변하는 원인은 이 군집심리가 야기하는 것이라고 밖에는 설명할 방법이 없다.

흉폭한 야수가 무리를 지어도 위험의 정도는 한 마리, 한 마리의 총화總和로 그 성질 자체가 완전히 달라지는 것은 아니다. 반면 사람이라는 동물은 개개인의 성격의 총화가 곧 집단의 성격을 규정하는 것이 아니다. 즉 사람에게 공격을 억제하는 생물학적 기능이 없는 것처럼 군집심리 역시 인간 특유의 것이다. 어쩌면 사회적 동물인 사람의 공격성을 억제하는 기능이 군집심리에 의해 소멸되는 것인지도 모른다. 군집에는 마력魔力이 있다.

파리 코뮌은 다음과 같은 사건이었다. 1870년 7월 19일 보불전쟁이 발발하였고, 9월 2일 나폴레옹 3세가 세당에서 항복했다. 이후에도 프랑스는 공화제를 선언하며 전쟁을 계속했다. 하지만 전세를 만회하는 것은 불가능했고, 파리가 포위되며 베르사유 궁전도 점령되는 쓰라린 경험을 하게 되었다. 이 베르샤유 궁전에서 1871년 1월 18일 프로이센의 빌헬름 1세가 독일 황제로 즉위하는 식전이 거행되었으니, 프랑스의 굴욕은 상당한 것이었다.

1월 28일 정전협정이 체결되고, 3월 1일 독일군이 파리에 입성했다. 그런데 독일군은 곧 시내에서 철수하여 교외에 주둔했다. 독일 촌사람들이 화려한 도시에 머물면서 불미스러운 일을 벌일지도 모른다는 우려 때문이었을 것이다. 이 대혼란의 와중에서 민족주의의 영향을 받은 파리 시민들은 조국방위와 파리 사수 그리고 오늘날 말하는 사회주의에 의한 공화국의 실현이라는 기묘하게 혼합된 슬로건 아래 단결했다.

보수층이 중심이 된 프랑스 정부는 독일과 강화하여, 일시적이지만 독일군의 파리 진주를 용인했다. 여기에 크게 반발한 파리시민과 프랑스군의 일부가 급진적 움직임을 보였다. 결국 1871년 3월 3일 공화연맹共和聯盟을 결성하고, 3월 26일 파리 코뮌이라는 혁명적 공동체의 설립을 선언했다. 이에 대해 베르사유의 프랑스 정부는 독일군의 암묵적 동의를 얻어 탄압을 시작했고, 5월 21일부터 29일에 걸친 가혹하고 격렬한 시가전으로 3만 명의 시민이 진압군에 살해된 '피의 일주일'을 거쳐 파리 코뮌은 와해되었다.

파리 코뮌의 무질서하고 자포자기적인 행위가 일어난 원인에 대한 학문적인 분석이 이뤄졌다. 빈약한 무기밖에 없는 일반시민이 시내에 바리케이드를 구축하고 있는 정규군과 전투를 벌인다는 것 자체가 무모한 일이다. 물론 일이 벌어지는 데 가장 중요한 것이 기세이므로, 그 흐름에 따라 이렇게까지 진행되었다고 보는 견해도 있을 수 있다.

하지만 인질을 잡고 정부에 대항하는 것은 중대한 문제로, 정치적인 행위가 아닌 범죄행위로 인식될 수 밖에 없다. 더구나 보복으로 인질을 살해하고, 피해자 중에 파리 대주교도 포함되어 있었다고 하면 기독교 문명 그 자체에 대한 도전이 된다. 코뮌에는 선거로 선출된 의회까지 있었음에도 불구하고, 도를 넘어서까지 폭주한 이유는 군집이 가지는 특성 때문이라는 것이 분석의 결과였다.

파리 코뮌은 파리의 방위와 공화국의 건설이라는 공통된 관심 아래 파리라는 제한된 공간을 수십만이라는 고밀도의 인간이 점거하여 성립되었다. 여기까지라면 지연地緣에 기초한 공동체 또는 도시에 기초를 둔 지역사회가 될 것이다. 하지만 이는 잡다한 사람들의 모임으로, 사회집단으로 부를 수 있을 정도로 고정화되지 못한 상황에서 무기를 들고 시가전에 돌입했기 때문에, 군집의 레벨에 머무르고 말았다고 할 수 있다.

군집이 가지는 파멸적 성격

어떤 집단이 일시적이라도 조직화되어 있지 않으면, 고정화된 사회집단에서는 찾아볼 수 없는 성격이 표면에 나타나게 된다. 구성원 간의 극단적인 동질성, 내부에서의 상호성의 과격화, 자존심의 저하가 그것이다. 일본에서 찾아볼 수 있는 폭주족, 폭력단에서는 이러한 경향이 현저하게 드러난다. 하찮은 집단이지만 이러한 성격 자체에 위험성이 내재하고 있으므로 사회적인 문제가 되는 것이다. 파리 코뮌에 나타난 공포의 본질은 개인주의의 쇠퇴, 시민사회의 해체이다. 이에 따라 이성적인 능력의 저하, 책임관념의 쇠퇴, 감정적 측면의 고취, 암시적 성격 즉 지도자에 대한 절대적인 복종이 당연시 되어 전체를 지배하기에 이르렀다.

제2장에서 설명한 폭도의 구성원인 선동하는 자, 이를 적극적으로 지

지하는 자 그리고 수동적인 방관자인 구경꾼이 고밀도로 존재하면서 강한 위기감에 지배되는 환경에서는, 3자가 쉽게 일체화되어 군집을 형성하고 보다 과격한 성격을 띠기 시작한다. 이 과격한 성격이 군집심리이다.

군집이 가지는 심각한 공포는 그 공동체적 가치가 위기에 직면할 때 표면화된다. 군집의 중핵에 있는 자는 군집의 내외를 불문하고 희생자를 찾아내 집단적인 폭력을 휘두르고, 그 공포를 통해 집단을 속박하려고 한다. 이를 박해군집迫害群集 또는 혁명군집革命群集이라고 한다. 파리 코뮌에서 대주교까지 살해한 것은 이러한 현상이 나타난 것이다. 일본의 학생운동이라는 극히 소규모의 혼란에서조차 유사한 예를 찾아 볼 수 있다. 그렇지 않아도 많지 않은 수의 동지를 '총괄總括'이라고 칭하며 살해하는 것은 조직에 아무런 이득도 없어 보이지만, 이는 박해군집, 혁명군집의 본질이다.

무기를 지닌 군대의 군집화는 매우 위험한 일이므로, 근대 이전부터 여러 가지 방지책이 강구되어 왔다. 하지만 일단 일이 벌어지면 해결책이 없으므로, 난폭한 행위에 물려 지쳐 나가떨어지는 것을 기다릴 수 밖에 없다. 한편 일정 기간의 약탈을 허용하는 것으로 가스Gas를 분출시켜 부대를 통제하려는 시도도 있었다. 1886년부터 3년간 독일에서 초빙되어 육대의 교육을 지도한 클레멘스 멕켈Klemens Wilhelm Jacob Meckel 소좌는 약탈의 기회를 장병에게 제공하는 상정을 학생들에게 제시하여, 모두를 아연실색하게 했다는 이야기도 전해진다.

원시적인 본능에 따라 폭주하는 군집을 두려워하는 것이 일반적이다. 하지만 코뮤니스트Communist들은 그 파워를 정치적으로 이용하려 했고, 이들이 위험시되어 온 이유가 여기에 있다. 군사적인 주제에서 벗어나지만, 칼 마르크스는 파리 코뮌을 노동자계급의 정부로, 소유계급에 대한 생산계급의 투쟁으로 정의했다. 이것이 정치학에서의 파리 코뮌에 대한 일반적인 해석이 되었고, 이를 사회주의혁명의 원형으로 파악하여 그 연장선상에서 러시아 혁명이 발생했다는 견해도 있다.

파리 코뮌은 중국의 공산혁명에도 큰 영향을 미쳤다. 중국에서는 코뮌을 인민공사人民公社라고 번역하고, 1957년부터 이를 중국전토에 확대하려고 하였으나, 결국 장대한 대참사로 막을 내렸다. 1966년부터 홍위병紅衛兵을 동원하여 시작된 문화혁명 역시 군집의 특질을 십분 활용한 것이었다. 군집심리에 빠지기 쉬운 청소년을 박해군집, 혁명군집으로 내세워 모택동의 정적을 타도했다. 또한 프랑스에 유학한 캄보디아의 지식계급의 일부가 파리 코뮌에 경도되어, 그 사상을 모국에 가져간 결과가 1970년대 크메르 루즈에 의한 자국민의 무차별적인 대량학살이었다.

유혈혁명의 본고장인 프랑스의 사상에 과격한 발상이 내재하고 있었던 것은 아닐까? 남경공격에 임한 중지나방면군 사령관 마츠이 이와네松井石根 대장은 중국통으로 알려졌지만, 중국어보다도 프랑스어가 유창한 사람이었다. 상해파견군 사령관 아사카노미야 야스히코朝香宮鳩彦 중장, 제16사단장 나카지마 케사고中島今朝吾 중장, 제3사단장 후지타 스스무藤田進 중장, 야전중포병 제5여단장 우치야마 에이타로內山英太郎 소장 모두 프랑스에 주재한 경험이 있었다. 모두 그저 우연의 소산으로 보고 싶다.

군집화 될 수 밖에 없었던 항복한 일본군

1945년 8월 14일 일본은 포츠담 선언을 수락하며 무조건 항복했다. 여기서 일본정부와 육해군 당국이 가장 우려한 것은, 여전히 패배를 실감하지 못하는 해외 주둔 부대들이 도처에서 '자존자활自戰自活'을 시작하는 것이었다. 중국의 111만 명, 인도네시아의 18만 명 등에는 그럴 가능성이 있었다. 중국의 긴 역사에서 이민족의 군대가 눌러 앉아 권력을 쟁탈하고, 중국문화에 동화되어 간 것은 원나라나 청나라의 예에서처럼 그렇게 드문 일이 아니었다. 실제로 인도네시아에서는 패전 후 상당수의 일본인 병사가 탈주하여 독립운동에 참가했다.

만약 각지에서 일본인 병사가 항복에 불응하고, 조직을 유지하여 사전행위私戰行爲에 나섰다면 어떻게 되었을까? 무조건항복을 한 일본의 연합국에 대한 중대한 배신행위가 되고, 그 책임은 명령계통을 따라 천황에까지 이르러 상당한 소동을 일으켰을 것이었다.

전군의 평온한 항복은 군율과의 관계에서 큰 장애가 있었다. 1941년 1월 8일 토죠 히데키 육상이 시달한 '전진훈戰陣訓'은 "살아서 포로가 되는 치욕을 받지 말고, 죽음으로 죄화罪禍의 오명을 남기지 마라"고 하였으므로, 이 선서의 해제가 필요했다. 여기서 대본영은 1945년 8월 16일 대육명 제1385호와 대해명 제50호를 전달했다. 이는 "조서가 내려진 이후 적군의 세력에 들어간 제국 육해군 군인 군속은 포로로서 인정한다"는 내용으로, 이것으로 '전진훈'의 속박이 풀렸다. 여기에서 '적의 세력하에 들어간'이라는 표현은 묘한 것인데, 하여간 이것으로 평온 무사한 항복이 진행될 것으로 예상되었다.

하지만 실제로 전쟁포로로 취급될 것인지 여부는 완전히 상대방에게 달려 있다. 여기서 육해군 당국과 정부는 장병들이 보다 나은 대우를 받고, 가능한 한 조기에 귀국할 수 있도록 연합군과의 교섭을 시도하여야 했을 것이다. 그런데 이 시기에 이르러서도 체면만을 생각해 실리를 취하려 하지 않았다. 육해군은 사회적 책임을 다할 마지막 찬스를 놓친 것이다.

무조건항복을 한 국가의 군인에게 선택의 자유는 없지만, 두 가지의 길이 있다. 일반적인 전쟁포로와 항복적국요원降伏敵國要員이 그것이다.

항복적국요원으로 취급되면 부대조직을 유지할 수 있으므로 다소의 체면은 세울 수 있다. 하지만 실익만을 고려한다면 전쟁포로가 되는 것이 낫다. 전쟁포로는 개인으로서 국제법이 정한 보호를 받으므로 숙영宿營, 급식, 위생 등에서 최선의 대우를 요구할 권리가 있고, 억류하고 있는 측에서도 이를 보장할 의무가 있다. 반면 항복적국요원은 국제법상의 보호를 받지 못하고, 항복하여 무장해제를 당한 후부터 부대의 생활은 가능한 범위에서 자기책임에 맡겨지며, 억류하고 있는 측은 인도적 견지에서 최소한의 원조를 하면 된다는 것이 당시의 국제관습이었다.

1945년 8월 20일 마닐라로 날아간 정전전권위원停戰全權委員 카와베 토라시로河邊虎四郎 중장에게 교부된 연합군 최고사령관의 일반명령 제1호에는 무조건항복 후 일본군 장병의 처우에 관한 규정이 없었다. 이 문제는 현지에서의 절충을 통해 해결하게 되었다. 8월 29일 남방군의 누마다 타가조沼田多稼藏 총참모장은 랭군Rangoon에서 항복문서에 서명했는데, 여기에서는 일본군 장병을 전쟁포로와 항복적국요원 어느 쪽으로 할 것인지는 현지 사령관의 재량에 의하도록 규정되었다.

항복적국요원으로 처우된 사례

남방 각지에서 일본측은 명예로운 항복적국요원으로 처우받기를 강하게 요청했다. 영국군 역시 독일의 항복시 다수의 독일 군인을 항복적국요원으로 취급한 일도 있어, 버마와 말레이반도의 일본 병사를 전쟁포로로 삼지는 않았다. 간접통치를 특기로 하는 영국에게는 부대를 해산시키지 않는 것이 편리했기 때문일 것이다. 또한 일본측에서도 어느 정도 체면이 확보되고, 부대조직을 유지하면서 장교에게 당번병當番兵을 둘 수도 있으므로 환영할 만한 것이었다.

하지만 전쟁포로로 억류된 것이 아니었으므로 영국은 최선의 대우를 할 의무가 없었다. 이 때문에 영국이 제공하는 급양은 최저 수준이었고, 게다가 그 대가로 하사관과 병졸에 부과된 노동은 가혹하고 치욕적인 것이었다. 이에 대해서는 아이다 유지會田雄次, 『아론수용소』(中共新書, 1962)에 상세하다. 영국은 일본군 장병의 노동력을 조직적이고 효율적으로 이용하기 위해 남방작업대南方作業隊를 편성하여 1947년까지 혹사시켰다. 나아가 각지에서 벌어진 독립운동에 대한 치안유지 임무에까지 구 일본병사를 동원하여 전사자가 발생하기도 했다.

이렇게 어려운 상황에서도 영국군이 관리하는 수용소에서는 부대의 지휘계통이 유지되어, 장교를 중심으로 하는 단결이 확보되었을 것으로 생각하겠지만, 여기에서 흥미진진한 변화가 나타났다. 이는 그야말로 하부구조가 상부구조를 결정한다는 명제의 대표적 사례였다. 노역에 동원된 하사관과 병졸들 중에는 영국군의 보급품을 훔치거나, 현지 주민과 상거래를 하는 등으로 영국군의 하사관과 비슷한 생활수준을 유지하는 자가 나타났다. 반면 장교는 노역을 하지 않았으므로, 항상 조잡한 영국군의 급양에 의존할 수 밖에 없었다.

이렇게 되면 지휘관계가 존재하더라도 장교의 권위가 땅에 떨어지는 상황이 된다. 하사관과 병졸들은 장교에게 여러 가지를 요구했고, 결국은 단체교섭이나 스트라이크가 발생하는 사태에까지 이르렀다. 영국군 당국과 하사관 및 병졸들 사이에 끼여 꼼짝할 수 없게 된 장교들은 매우 곤란한 상황이었을 것이다. 아이다 유지는 이러한 상황에서도 초연함을 유지하며 질서를 유지한 장교들의 공적은 컸다고 기술하고 있지만, 상당한 빈정거림을 내포한 것으로 읽힌다.

중국전선의 지나파견군은 이마이 타케오今井武夫 총참모부장總參謀副長을 지강芷江에 파견하여 1945년 8월 21일부터 중국군과의 교섭을 시작했다. 중국측의 방침은 '구악舊惡에 구애되지 않는다'. 그리고 장개석의 그 유명한 '이덕보원以德報怨'(덕으로써 원한을 갚는다)이었으므로, 일본군 장병을 항복적국요원으로 취급했다. 중국군은 '도수관병徒手官兵'이라는 표현을 사용했는데, 무장이 해제된 정규군이라는 의미이다. 하여간 중국은 내심으로 100만 명이 넘는 대군이 서둘러 떠나주기를 바라고 있었을 것이다.

그런데 중국에서 무장해제로부터 귀국에 이르기까지 아무런 문제가 없었는가 하면 그렇지도 않았다. 이와 관련해서는 사사키 하루타카佐佐木春隆, 『대륙타통작전大陸打通作戰』(光人社, 2008)이 상세하다. '참승慘勝'(이기기는 이겼으나, 이겼다고 말하기도 곤란한 상태)이라고 평가할 수 밖에 없는 중국군이 단기간이라도 100만 명의 일본군을 먹여 살리는 것이 가능했을 리 없다. 그리고 애초부터 항복적국요원이었으므로 스스로 살아남는 방법을 찾아야 했던 것이다. 게다가 뇌물이 없이는 어떤 일도 진행되지 않는 나라였으니, 일본측도 상당히 고생했던 것이다. 중국 본토에서의 귀국은 1947년 여름까지 완료되었으니, 억류기간이 짧았던 것이 다행이었다.

포로수용소의 비참한 실태

한편 미군은 이를 현지 사령관의 재량에 맡겼다. 필리핀에 있던 13만명이 주된 대상이었지만, 다른 지역에서도 거의 대부분이 포로로 처우되었다. 교전 중에도 상당수의 포로를 잡았으니, 이와 마찬가지라는 단순한 발상에 의한 것이었다. 또한 미군에는 영국과 같이 포로를 노역에 이용한다는 발상이 없었으므로, 항복적국요원으로 취급하지 않았던 것으로 생각된다.

전쟁포로가 되면 부대는 해산되고, 장군, 장교, 하사관과 병사로 나뉘어 각각 별도의 수용시설에 억류된다. 장군, 장교에게는 노역이 부과되지 않지만, 만약에 노역에 종사한 경우 이에 상응하는 보수를 지급하도록 되어 있다. 하사관과 병사에게는 노역의 의무가 있고 여기에는 보수가 없다. 필리핀에서는 상당한 수의 조선인과 대만인 군인, 군속軍屬이 있었는데, 이들은 일본인과 별도로 억류되었다. 하지만 적지 않은 접촉으로 미묘한 문제가 발생했고, 수용소 전체의 분위기에도 영향을 미쳤다.

필리핀의 수용소의 실태는 야마모토 시치헤이山本七平, 『한 하급 장교가 본 제국육군—下級將校の見た帝國陸軍』(文藝春秋, 1987)과 역시 육군 전임 촉탁으로 종군하여 억류되었던 코마츠 신이치小松眞一의 수기 「포로일기虜人日記」를 야마모토 시치헤이가 소개한 『일본은 왜 패하는가日本はなぜ敗れるのか』(角川書店, 2004)에 상세하고, 여기에서 많은 부분을 인용한다.

무조건항복으로 죽음의 공포에서 해방되면서 불합리한 면이 많았던 군대조직이 없어졌고, 개인이라는 의식이 돌아왔다. 또한 나름대로의 의식주가 보장되고, 이를 스스로 관리하게 된 것이 포로수용소의 생활이었다. 따라서 일본인다운 온화한 공동생활이 형성되었을 것으로 상상하고, 일본인으로서는 그렇게 믿고 싶다. 그런데 실상은 완전히 이와 반대로 백귀야행百鬼夜行의 군집으로 변하고 말았다. 어쩌면 일본군의 중추부는 이런 말도 안 되는 사태가 일어날 것을 예기하고, 군대조직을 유지할 수 있는 항복적국요원으로서 취급해 줄 것을 연합군에 간청했는지도 모른다.

필리핀 수용소의 실태는 어떠했을까? 폭력이나 협박만이 특기로 온몸의 문신을 과시하며 겉으로만 협기俠氣를 내세우는 무리들이 조직을 만

들어 여러 계층으로 구성된 집단을 마음대로 조종하며, 수용소를 폭력이 지배하는 곳으로 바꿔버리고 말았다. 철조망으로 둘러싸여 감시 당하고 있는 환경에서 어떻게 그런 것이 가능했을까? 이에 대한 코마츠 신이치의 설명은 다음과 같다. 바깥 세상에서 돈벌이를 경험한 이 무리들이 주목한 것은 음식과 흥행興行이었다. 이 두 가지에 대한 노하우를 기반으로 매우 비정상적인 조직을 만들어 전체를 폭력으로 지배했던 것이다.

먼저 구역 대항의 스모대회를 개최했다. 수용소 관리당국도 Japanese wrestling이 건전한 여가선용 방법이라고 보아 이를 허가했다. 관리당국의 허가를 받자 이들은 체력을 보충하게 한다는 명목으로 선수들을 취사담당으로 삼았다. 누구라도 자기가 속한 구역의 선수가 우승하면 기분이 좋은 일이니, 반대의 목소리는 없었다. 결국 어느 사이에 취사장은 이들의 통제 아래 놓이게 되었고, 먹을 것 전부를 지배하기에 이르렀다. 스모는 국기國技라고 해도 승부를 가리는 것이므로, 당연히 도박의 대상이 되고 여기서도 예전의 돈벌이 경험이 빛을 발했다.

장기자랑도 이용가치가 컸다. 노래나 연기를 잘 하는 사람을 조직하여 좋은 대우를 하더라도, 불만을 가지는 사람은 드물다. 관객석에도 등급이 있고, 그 배분도 흥행의 경험자가 아니라면 쉽게 할 수 없는 것이다. 여기서도 수상한 무리들이 주도권을 잡게 되었다. 그 사이 불만의 목소리가 터져 나왔지만, 이는 집단적 폭력에 의해 제압당했다. 더욱 심각한 문제는 이런 무리들은 강자에게 약하므로, 미군 당국에 충성을 다했다는 것이다. 관리하는 측에서는 충견忠犬을 키우는 것이 여러모로 편리하므로, 무슨 일이 벌어져도 모른 척하게 되었다. 이러한 무법상태에서 음침한 폭력지배가 확립되었다. 그야말로 군집화된 집단이 된 것이다.

장교가 수용되어 있는 구역에서는 이런 일이 벌어지지 않았을 것으로 생각했다면 오산이다. 장교라도 그 출신이 다양했고, 대다수를 점하는 것은 징집병 중에서 선발된 갑종간부후보생이나 예비사관학교 출신자였으므로, 하사관과 병이 소속된 구역과 같은 일이 벌어지는 것도 이상하지 않았다. 곤란한 상황에서 리더쉽을 발휘해야 하는 것이 육사 출신의 정규장교이지만, 역시 기대를 벗어났다. 이들은 계급과 당번병을 박탈당하자 무력, 무기력한 존재가 되어 자기의 신변정리조차 제대로 하지 못했다. 이런 이유로 오히려 장교 구역이 통제가 사라진 한심한 상황이었다고 한다.

그렇다면 신과 같이 생각되었던 장군들은 어떠했을까? 필리핀에서는 마닐라 남쪽의 깐루방Canlubang 수용소에 제14방면군 사령관 야마시타 토모유키 대장 이하 30여 명의 장군이 수용되어 있었다. 인원수가 극히 제한된 상황에서 당번병도 있었고, 관리하는 미군측도 일정한 경의를 표하고 있었으므로 나름대로 안정적인 분위기가 유지되었다. 다만 유감스러운 것은 비록 엄중한 격리상태에 있었다는 한계는 있었지만, 장군들에게 포로가 된 일본군 장병 전체의 사표師表(모범)가 되어야 한다는 의식이 희박했다는 것이다. 장군들은 하이쿠俳句를 짓거나 야구를 하며 하루하루를 보냈다고 한다.

오늘날까지도 여전히 민족적 비극으로 상기되고 있는 것이 소련에 의한 일본군 장병의 시베리아 억류이다. 시베리아로 끌려간 인원은 60만 명, 귀환 완료는 1956년 12월 그리고 시베리아의 가혹한 자연환경에서 돌아오지 못한 인원은 6만 명이라는 비참한 결말이었다. 이 실태에 대해서는 아베 군지阿部軍治, 『시베리아 강제억류의 실태シベリア強制抑留の實態』(彩流社, 2005)에 상세히 기록되어 있다. 참고로 소련에 억류된 독일군 포로는 320만 명으로, 그 중 110만 명이 억류 중 사망했다.

1945년 8월 만주를 제압한 소련군은 당초 일본군 장병을 전쟁포로(소련측은 군사포로軍事捕虜라고 불렀다)로 취급하여 부대를 해산시키고 장교를 하사관, 병사와 분리하여 수용했다. 그리고 1,000명 단위로 노동대대를 편성하여 각지의 수용소(라젤)로 보냈다. 그런데 얼마 후 각 대대에 장교를 배치하고, 전쟁 중의 계급을 부활시켜 지휘계통을 만들었다. 항복적국요원으로 처우를 바꾼 것이 되는데, 이렇게 되면 생존에 필요한 것의 대부분을 스스로의 손으로 얻어 내야 한다.

소련이 대규모로 운영한 각종 수용소는 독립채산제의 형태를 취하고 있었다. 따라서 피수용자의 생활필수품은 스스로의 노동을 통해 본인 부담으로 마련하는 것이 철칙이었다. 그리고 그 노동은 노르마Norma제가 기본이었으니 그야말로 소련식이다. '일하지 않는 자, 먹지도 마라'는 것으로, 노르마를 달성하지 못하면 식료품의 배급이 제한되는 방식이었다. 여기에 민주화운동, 세뇌공작이 더해져 박해군집, 혁명군집이 나타났고, 수용소에서의 생활은 한층 가혹하고 음침하게 변했다.

포로의 관리를 담당하는 사람은 적국인 소련에 기여하게 된다는 것을 알면서도, 먹는 것으로 컨트롤 당하고 있어 저항의 여지가 없었다. 결국 목적 없이 돌아가는 생활에 열중하면서 노르마 달성만을 목적으로 하게 되었고, 과거의 군대 이상으로 병졸을 가혹하게 취급한 것이 일본인 포로였다는 것이 정설이다. 이에 비해 독일인 포로들은 일치단결하여 통해 조직적인 대응으로 소련에 이익이 되지 않도록 노력했다는 이야기가 있지만, 이 역시 일반화할 수 있는 사례는 아니었다.

반 파시즘 투사를 자칭하며 자발적으로 수용소의 소련군 경비병이나 간수의 조수가 되어 소련 병사 이상으로 동포를 잔혹하게 대한 독일인 포로도 많았다. 간수의 조수로는 바이에른 출신자가 많았다는 것처럼, 소련 당국은 독일 특유의 지역대립감정을 교묘히 이용했다고 한다. 오랜 기간에 걸쳐 강제수용소를 운영하면서 그 관리방법이나 피수용자의 취급에 익숙해져 있던 러시아인이었다. 이들을 상대로는 아무리 독일인이라고 해도 당해낼 방법이 없었다는 것이 진실에 가까운 결론일 것이다.

군집화는 제2의 패배

한편 수용소에 수용된 연합군 포로들은 규율, 징벌부터 복리후생에 이르기까지 다양한 위원회를 조직하여 스스로가 만든 규범에 의한 질서를 확립하려고 했다. 나아가서는 포로의 의무를 다하는 것이라고 하며 탈주위원회脫走委員會까지 구성했다고 하니 무서운 족속들이다. 명령과 복종이라는 관계에 익숙하지 않은 민간인 억류자까지도 군인 포로와 같이 행동하며, 자칫하면 어수선하게 되는 수용소를 정연整然하게 유지하는 것을 일본인들은 놀란 눈으로 지켜보았다. 그리고 아무래도 일본인에게는 불가능한 것이라며 일본민족에 대한 절망감에 휩싸였다.

이렇게 조직을 확립하여 태세를 정비한 연합국의 포로와 민간인 억류자들은 국제법이나 인도적 관념에 기초한 요구를 하게 되었다. 그러자 일본 당국은 "패잔병인 주제에 건방지구나, 우리를 얕보는 것인가"라며 감정적으로 되었다. 결국 폭력사태로까지 번져 포로가 사망하는 일도 있었다. 이것이 수많은 B, C급 전범들의 비극을 낳았다. 참고로 B, C급 전범의 처벌 결과는 사형 920명, 종신형 334명, 유기형 3,099명이다.

자의적인 폭력의 행사는 법에 의한 지배와 통제의 실패를 의미한다. 한편 '건방진', '얕보는가'라는 의식은 열등감의 발로이기도 하다. 그런데 관리 당국에 여러 가지 요구를 들이대는 연합국 포로에게는 의식적 또는 무의식적인 우월감이 있고, 반면 이입문화의 국가인 일본의 국민에게는 구미인에 대한 열등감이 있다. 이 열등감이 태평양전쟁을 일으키게 된 하나의 큰 이유이기도 했다. 하지만 우월의식을 가진 자에게 열등의식을 가진 자가 도전하여 궁극적인 승리를 얻는 것은 매우 어려운 일이다.

물론 연합군 포로의 자세는 전쟁이 계속 중이던 때 나타난 것으로, 무조건항복 이후 포로가 된 일본군 장병의 그것과 같게 볼 수는 없다. 연합군 포로는 모두 자국의 승리를 확신하고 있었으므로, 다가올 승리의 날까지 보다 쾌적한 생활을 누리기 위해 수용소에서 독자적인 조직과 질서를 구축했다. 반면 국가의 멸망은 면했지만 국토가 폐허가 되었다는 사실을 듣고, 언제 귀국할 수 있을지조차 모르는 막막한 상황에 놓인 것이 일본군 장병이었다. 이렇게 절망적인 상황에 놓이자 수용소를 자주적으로 관리, 정비하겠다는 기력조차 잃었던 것은 이해는 할 수 있는 일이다.

하지만 일본인의 장래를 생각한다면, 여기서 철저한 자기비판이 필요했다. 패전에 의해 강제적으로 조직이 해체되자 자발적으로 이를 재구축하려는 의식 그 자체를 잃게 되었으니, 그동안 정강무비精强無比의 황군이라고 자랑해 온 것이 한심하게만 보인다. 그 결과 결코 사회집단이라고 할 수 없는, 그저 본능과 욕망을 드러낸 인간의 집단으로 추락하고 말았던 것이다. 이를 일반적으로 '군집(Crowd)'이라고 부른다. 군집에 내재한 부조리는 수용소를 지배하면서 추태를 연출했다. 이는 패배로 인해 발생한 제2의 패배, 또는 보다 본질적인 패배라고 할 수 있을 것이다.

4장
관리자가 없는 무장집단

장대하고 정치精緻한 대륙에의 병참조직

앞에서 태평양전쟁 중의 일본군은 부상당한 전우를 방치하거나, 건투하고 있는 아군을 방관하는 등 근대군에서는 있을 수 없는 행동을 예사로 하는 조직이었음을 설명했다. 원인을 살펴보았지만, 아무래도 방법이 없다고 체념하고 있었던 것이 일반적이었던 것 같다. 흔히들 말하는 병참 경시의 결과였던 것이다. 한편 오늘날의 표현으로는 로지스틱스 Logistics인 '병참兵站'은 보급, 정비, 회수, 교통, 위생, 건설 등의 총칭으로 꽤 복잡하고 광범위한 분야에 걸친 것이다. 여기서는 주로 보급과 교통에 대해 다루기로 한다.

예로부터 '범인凡人은 작전을 말하고, 현인玄人은 병참을 논한다'라고 했다. 그러면 구 일본군에는 전쟁의 프로페셔널이 없었는가라면, 그렇지도 않았다. 적어도 육군이 주된 전장으로 상정했던 만주에서의 병참계획은 면밀하게 계획되어 있었다. 히로시마의 우지나宇品와 야마구치의 모지에 근거지를 두고, 한반도의 부산과 요동반도의 대련을 해로海路의 종착점(Terminal)으로 삼아 이를 대륙철도와 연결한 병참 체계는 세계적으로 보아도 장대壯大하고 정밀精密한 것이었다.

징용된 선박은 2개월 정도의 공사를 거쳐 군대 수송선으로 개조되었다. 부력을 활용한 선박의 수송력은 절대적으로, 5,000총톤의 수송선 3

척이 있으면 보병연대 1개의 해상기동이 가능했다. 또한 대륙으로의 항로는 제1열도선에서 큐슈, 잇키, 츠시마로 거의 완벽하게 보호되고 있었다. 이 해로 구간은 대본영 직할로 육군운수부와 선박수송사령부가 통제했다. 선박이 부산이나 대련에 도착해 하역된 후에는 조선군이나 관동군이 통제를 이어받아 철도로 수송하였다.

대륙철도의 주요 간선은 만주의 동서를 연결하는 구舊 동청철도東淸鐵道(1935년 소련으로부터 매수)의 빈주선濱州線(하얼빈~만주리滿洲里)과 빈수선濱綏線(하얼빈~수분하綏芬河) 그리고 남북을 연결하는 연경선連京線(이른바 남만주철도南滿洲鐵道, 대련~신경~하얼빈)이었다. 부산에서부터는 경부선으로 경성京城(조선 병합 후 수도인 한성을 경성으로 개칭했다)에 이르러, 여기서부터 경의선으로 신의주, 압록강을 철교로 건너 안동安東(단동丹東)을 통해 안봉선安奉線으로 접어들어 봉천奉天(심양)에서 연경선에 접속한다. 또한 평양에서 만포선으로 만포진, 여기서 압록강을 건너 집안輯安(집안集安), 매집선梅輯線으로 통화通化, 매화구梅花口를 경유하여 신경新京(장춘長春)에 이르는 경로가 안봉선과 연경선의 보조선이었다. 또한 북경, 천진과는 경봉선京奉線으로 연결되어 있었다.

동쪽의 동해측에는 청진에서 함경선으로, 나진에서 만철북선선滿鐵北鮮線으로, 각각 남양에 이르러 여기서 두만강을 건너 도문圖們, 나아가서는 도가선圖佳線으로 쟈무스로, 경도선京圖線으로 길림吉林, 신경에 이르렀다. 이들은 동부정면의 작전철도로 중시되었다(〈그림 2〉 참조).

이들 대륙철도의 주요 간선은 표준궤간(1,452mm)으로 통일된 복선으로 신호나 철도전화, 기관구機關區, 조차장은 물론, 각 50km마다 급수시설, 각 300km마다 급탄시설이 완비되어 있어 1일 60열차 이상의 운행이 가능했다. 물론 증기기관차에 의한 견인으로 평균시속 25km정도였지만, 당시로서는 세계 일류 수준이었다. 군대 수송 시 1열차 33량 편성

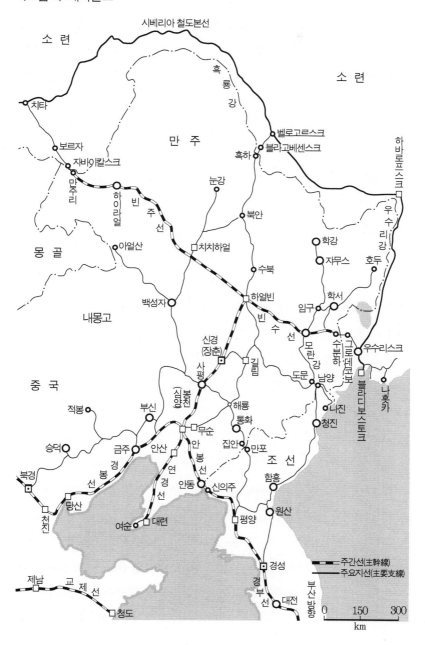

〈그림 2〉 대륙철도

이 기준으로, 병력 600명, 마필 120두, 수하물과 자재 300톤을 동시에 수송할 수 있었다. 철도수송은 날씨의 영향을 적게 받고, 운행시간도 안정적이었으므로 신뢰할 수 있는 보급간선이었다.

간선철도의 종착점에는 번호가 붙어 있는 각 군의 병참관구에서 사단의 작전지역으로 보급품을 보냈다. 이는 병참의 핵심부분으로 병목현상이 생길 가능성이 높았다. 여기서부터는 철도가 있어도 빈약했고, 사단마다 세분화된 보급간선을 확보해야 했다. 복수의 사단을 예하에 둔 군의 가장 중요한 임무는 보급품의 원활한 전방 수송이었다. 이것이 군사령관 업무의 전부라고 해도 과언이 아니었다.

말이 주체가 된 보급력

철도의 종착점에서부터 병사들은 걸어 이동하고, 보급품은 말로 운반하는 시대가 오랫동안 지속되었다. 자동화차自動貨車, 즉 카고 트럭Cargo Truck이 일본군에 본격적으로 도입되기 시작한 1937년까지는 그런 상태였다. 자동화차의 도입 후에도 보병步兵은 말 그대로 스스로의 다리로 걷는 것이 당연하다고 여겨졌지만, 걷는 것도 쉬운 일은 아니었다. 소총, 탄약, 총검, 군장, 식량의 무게는 30kg 이상으로, 이를 등에 짊어지고 보폭 75cm로 1분간 114보를 묵묵히 나아간다. 1일 행군거리는 24km에서 40km로 정해져 있었지만, 30km를 넘는 행군은 육체적 고문으로 2일 이상 연속하는 것은 어려웠다.

제빵부대를 동반하는 구미 각국의 군대와 달리, 밥을 주식으로 하는 일본군에는 또 다른 어려움이 있었다. 표준적으로 3일분 4.5kg의 식량을 각자가 휴대하고, 매일 2회의 취사 역시 병사들 각자가 직접 했다. 행군 전에 가장 중요한 것은 배를 채우는 일로, 매일 120g이 지급되는 감미품甘味品은 큰 힘이 되었다. 제대로 지급되면 다행이지만 많은 경우 직접 현지조달에 나서야 했고, 이를 손에 넣지 못하면 행군은커녕 아사餓死가 기다리고 있었다. 이는 뉴기니나 필리핀에서 현실이 되었다.

자동화차가 있어도 대부분의 보급품은 그야말로 1마력馬力의 말에 의해 전방까지 운송되었다. 여기에는 치중차輜重車를 견인하는 만마輓馬, 안장 양쪽에 물건을 걸치는 방법으로 직접 적재하는 태마駄馬의 2가지 방법이 있다. 마차가 지날 수 있는 길이 있으면 만마, 길이 좁으면 태마를 이용했다. 만마 1필은 225kg을 싣고 1일 32km, 2필은 450kg을 싣고 1일 40km가 기준이었다. 태마는 94kg을 싣고 1일 32km 이동을 기준으로 했다.

치중병부대는 만마와 태마 어느 쪽을 운용하는지, 군 직할인지 아니면 사단 예하인지에 따라 다소 차이가 있었다. 일반적으로 치중병중대는 말 200필 그리고 거의 같은 수의 병력으로 구성되었다. 1회의 적재량은 만마중대 45톤, 태마중대 20톤이었다. 이를 자동화차 30대로 구성된 자동차중대와 비교해보면, 속도는 1/3정도였지만 적재량은 거의 동등했다. 태평양전쟁 중 사단의 표준적 치중병연대는 만마중대 3개, 자동차중대 3개를 예하에 두고, 병력 1,800명, 말 950필, 자동화차 120대로 구성되었다.

한편 오랜기간 일본군에서는 화포도 말에 의한 이동을 기본으로 했다. 사단이 장비한 야포野砲나 곡사포榴彈砲에 포차砲車와 탄약차를 연결하고, 이를 2마리씩 3열의 말 6필이 끌었다. 후마後馬로 불린 3번째 열의 2마리에 가장 큰 부하가 걸렸고, 이는 야포병 부대의 생명과 같은 존재였다. 산포山砲는 1마리 또는 2마리로 끌 수 있었지만, 보통은 6개 부분으로 분해하여 각각 말 1마리의 안장 위에 실어 옮겼다. 가장 무거운 것이 포신砲身인데 41년식 산포의 포신 중량은 100kg로, 이를 싣는 말을 포신마砲身馬라고 하는데, 산포병부대의 가장 중요한 존재였다.

그런데 말은 매우 섬세한 동물로 훈련되지 않으면 사용할 수 없고, 취급에도 상당한 숙련이 요구된다. 중대의 말 200마리에 말굽을 박고, 이를 항상 관리하는 것만으로도 엄청난 노력이 필요했다. 또한 조금이라도 관리를 게을리하면 길가에 쓰러져 죽어버리는 것이 보통이었다. 동물은 정직하므로 정신주의가 통용될 리가 없다. 그런데 말에 대한 지식이나 경험이 부족한 도시 출신 병사로 구성된 부대는 말을 잘 관리하지 못했다. 이는 기동력과 보급력의 상실을 의미했으므로, 도시의 부대는 약하다는 이야기가 있었던 것이다.

빼놓을 수 없는 것이 여물이다. 말은 하루에 체중의 2.5%에 해당하는 여물을 먹는데, 중량으로 치면 7~10kg이다. 말 200필로 구성된 중대에는 여물만 1일 2톤이 필요하고, 1일 일정이라도 돌아오는 길의 여물이 필요하므로, 대략 수송량의 10%를 여물로 먹어 치운다는 계산이 된다. 길가에 자라는 잡초를 먹이면 탈이 생겨 도중에 쓰러지게 되고, 기대하던 1마력은 발휘할 수 없다.

가장 중요한 것이 물이다. 행동중인 말은 하루 20리터의 물을 마셔야 하고, 행군 도중의 장시간 휴식 시에는 60리터의 물로 몸을 씻겨야 한다. 어디서나 물을 구할 수 있다는 보장이 없으니, 경우에 따라서는 물도 함께 운반해야 한다.

대략 말 1마리당 병사 1명이 수반되는데, 병사 1명은 매일 1.5kg의 식량과 음료 및 조리를 위한 4~6리터의 물을 소비한다. 각종 소요를 계산해보면 수송거리가 길어질수록 물자를 전방으로 보내고 있는 것인지, 아니면 수송 그 자체에 필요한 것을 옮기고 있는지 알 수 없게 된다. 따라서 말을 주체로 한 보급으로는 항만이나 철도의 종착점에서 7일 정도, 거리로 치면 250km 정도가 보급선을 유지할 수 있는 한계였다.

완전자동화를 달성한 미군

이러한 상황이었으므로 1939년 5월 발생한 노몬한 사건에서 관동군은 필승의 확신을 가지고 있었다. 일본측의 철도 종착점인 빈주선의 하이라얼에서 노몬한까지는 200km, 백아선白阿線(백성자白城子～아얼산)의 아얼산에서 노몬한까지는 70km였다. 반면 소련측의 철도종착점인 시베리아 철도의 지선인 구 동청철도의 보르자에서 노몬한까지는 도로가 크게 우회하고 있었으므로 거리는 800km에 달했다. 따라서 소련군은 보급능력의 한계로 인해 사단 이상의 부대를 투입할 수 없을 것이고, 일본측은 1개 사단으로도 승리할 수 있다고 본 것이다.

그런데 소련군은 650km의 자동차 도로를 급조한 후, 카고 트럭 3,000대와 탱크 로리Tank Lorry 1,000대를 투입하여 보급간선을 확보했다. 그리고 보병사단 3개, 전차여단 2개, 장갑자동차여단 3개를 전개했다. 탄약만 1만 5,000톤을 수송했으니, 관동군의 제23사단만으로 감당할 수 없었던 것도 무리가 아니다. 일본군은 이 노몬한 사건에서 교훈을 얻어 말에 의존하는 보급의 한계를 자각하고, 치중병부대의 자동차화를 추진해야 했다. 이는 소련군의 전차에 의한 위협 이상으로 심각한 문제였다.

하지만 철도와 말에 의존하는 수송 시스템은 오랫동안 각국에 공통된 상황으로, 제2차 세계대전에서 완전자동화를 달성한 것은 미군뿐이었다. 미국의 원조로 상당한 수준의 자동화를 달성한 영국 육군도 여전히 철도에 의존하는 부분이 컸다. 현대적인 기갑사단의 인상이 강렬한 독일 육군이지만, 이는 극히 일부의 모습으로 대부분은 말에 의존하고 있었다. 소련군도 별반 다를 것이 없었다. 1941년 10월부터 1945년 4월까지 미국은 소련에 각종 차량 42만 7,000대와 타이어 200만 개를 보냈다. 이 원조가 본격화된 1944년부터 소련군은 철도와 말에 의지하지 않고 공세에 나설 수 있었다.

미국은 진정한 의미의 몬스터Monster였다. 1937년 미국의 자동차 생산량은 승용차 391만대, 트럭 89만대였다. 거대한 산업기반이 확립되어 있었으므로, 1941년 12월부터 1945년까지 자동차업계는 항공기나 병기의 부품, 전차의 생산체제로 전환하고도, 각종 군용차량만 243만대를 생산해 냈다.

미 육군은 이를 기반으로 보병사단 1개당 차량 2,000대를 배치하여 완전자동화를 달성했고, 병력 1명당 동력무장은 12마력에 달했다. 반면 일본육군은 1마력에도 미치지 못했다. 미 육군의 보급부대는 1개 사단에 대해 1일 600~700톤의 상시적인 보급을 보증했다. 독일 본토를 향한 진격작전 중 미 제12군단은 항상 2만대의 카고 트럭을 가동시켰다.

물론 일본에서도 말의 대체수단으로 자동차에 대해 일찍부터 착안했고, 1918년 '군용자동차보조법'을 제정하여 자동차 산업의 육성을 시도했다. 하지만 종합적인 공업력이 요구되는 자동차 산업의 발달은 생각처럼 진행되지 않았고, 민간의 수요도 늘지 않았다. 설령 자동차 대수가 증가했다고 하더라도, 이번에는 연료 문제가 부상했을 것이다. 최후로 국력 통계가 공표된 1938년도 일본의 민간보유 차량은 21만대 정도였다. 같은 시기 미국은 2,971만 대, 영국은 242만 대, 프랑스는 219만 대였다.

1936년 11월 육군성은 '군비충실의 대강軍備充實ノ大綱'을 확정했는데, 여기에 자동차부대의 증강이라는 항목이 있었다. 이에 따라 1937년도부터 육군용 자동화차의 생산이 궤도에 올랐고, 그 해 4,220대가 납품되었다. 1945년 패전에 이르기까지 육군용 자동화차는 총 10만 600대가 생산되었다. 그 주력은 적재량 1.5톤으로 전륜 2륜, 후륜 4륜의 총6륜으로 후륜구동이었다. 미군이 많이 사용한 2톤반 카고는 도로상에서 적재량 5톤으로 전륜 2륜, 후륜 8륜의 총10륜이었는데, 비포장도로에서도 주행이 가능한 전륜구동全輪驅動으로 질적으로도 비교가 되지 않았다.

남방작전에 불가결한 자동차

자동차 산업이 미성숙한 상황이었지만, 남방자원지대를 목표로 삼은 시점에서 최소한 보급만이라도 전면적인 자동차화가 필요하다는 점은 누구라도 절실히 느끼고 있었다. 철도와 말에 의존하는 보급태세로 남방작전에 대응할 수 없다는 것은 명약관화했기 때문이다.

남방자원지대의 철도 상태는 극히 열악했다. 식민지의 종주국에는 현지에 근대적인 산업을 발전시키고, 주민의 왕래를 편리하게 한다는 발상이 없었다. 따라서 지하자원이나 농작물을 항만까지 옮길 수 있는 정도의 경편철도輕便鐵道로 충분하다고 보았다. 당시 남방에는 석탄 산지가 적었으므로 본격적인 철도망을 유지하기 위해서는 석탄의 반입이 필요했는데, 그러면 채산이 맞지 않았다. 또한 열대 우림의 고온 다습한 기후에서는 철도의 침목이 쉽게 썩어 선로의 유지가 쉽지 않았다. 여기에 하상계수河狀係數가 컸으므로 철교의 가설도 어려웠다.

이런 사정을 감안했을 때 남방철도의 능력은 대륙철도의 절반 이하로 평가되었다. 대동아공영권을 외치며 진출하는 상황에서 본격적인 철도망을 구축하려고 해도, 단선철도 100km의 건설에는 강재 1만 톤이 필요했으므로 일본의 국력으로는 불가능한 일이었다.

말의 문제도 심각했다. 원래 말은 한랭지에 사는 동물로 한선汗腺이 발달해 있지 않으므로 더위에 취약하다. 토쿄에서 여름에 경마장이 열리지 않는 이유가 여기에 있다. 따라서 말은 열대의 전장에서 사용할 수 없다. 말 대신에 열대에서 널리 이용되는 노새가 있다. 실제로 영국 육군은 이집트나 파키스탄에서 노새를 가져와 버마 전선에 투입했다. 하지만 일본에는 노새가 없다. 남방에 널리 생식하는 물소가 있지만, 물소는 낮 동안 거의 대부분을 물속에 들어가 움직이지 않는다. 물론 훈련 방법도 알지 못했고, 발에 징을 박을 수도 없었으므로 장거리의 운반작전에 사용할 수 없었다. 결국 남방에서는 동물을 이용한 치중은 무리였다.

남방진공작전을 개시할 당시 일본 육군에는 자동차중대 200개가 있었다. 이를 관동군 29%, 지나파견군 37%, 남방군 33%로 배분하여 전쟁을 시작했다. 남방군에는 육군이 보유한 자동차 연료의 14%가 배당되었다. 그리고 수리기능을 가진 야전자동차창野戰自動車廠 14개 중 4개를 남방에 배치했다. 군 직할 자동차중대의 1톤반 트럭 정수는 36대, 1일 최대 이동가능거리는 120km, 1개월에 20일 가동을 기준으로 했다.

남방군의 주력으로 싱가포르를 목표로 하는 제25군 예하의 근위사단, 제5사단, 제18사단은 가능한 범위에서 자동차화되었다. 먼저 치중병연대가 자동화차 30대를 정수로 하는 자동차중대 6개로 개편이 진행되었다. 전열부대戰列部隊에는 보병 2~3개 대대, 포병 1개 대대, 공병 1~2개 대대를 자동차화하고, 여기에 전차 2~3개 중대를 배속시켜 전투단戰鬪團(Combat Team)을 편성하여 본도本道로 돌진하게 했다. 그리고 뒤따르는 보병부대의 기동력은 주로 자전거에 의존하였는데, '은륜부대銀輪部隊'라는 말은 여기서 생겨났다.

필리핀으로 향한 제16사단에도 자동차화가 진행되었지만, 각종 자동차 490대를 장비하는 것에 그쳤다. 치중병연대의 3개 중대와 포병연대의 1개 대대가 자동차화된 정도로, 여전히 2,400마리의 말이 남아있었다. 부대를 어떻게 자동차화하여 열대 기후에서 작전을 펼치려 했던 것일까?

그 비법은 노획한 차량의 활용에 있었다. 자동차 노획 실적은 필리핀 불명, 말레이반도와 싱가포르 1만 대, 자바 섬 9,500대, 버마 7,400대로 기록되어 있다. 이를 편입하여 전력을 증강시켰고, 상태가 좋은 고급 승용차는 일본으로 보냈는데 이를 배정받은 고관들은 "역시 외제차는 승차감이 좋다"라며 희희낙락했다고 한다. 자원은 물론 자동차까지도 적지에서 구하려 했다는 것은 차라리 무서운 이야기이다.

버마 공격의 이유

병참 경시, 아니 병참 무시라는 표현이 더 적절한 상징적인 예가 임팔 작전이다. 과달카날 섬이 '기아의 섬餓島'으로 불리게 된 것은 제해권을 상실하여 후방연락을 유지할 수 없게 된 결과였다. 하지만 육로로 연결되어 있는 임팔에서는 1944년 3월부터 7월까지의 작전기간에 유사한 일이 벌어졌다. 3만 6,000명에 이르는 장병이 구원의 손길도 받지 못하고 호우豪雨 사이에서 쓰러져갔다. 여기서 무슨 일이 벌어졌던 것일까?

이를 위해서는 먼저 일본군이 왜 버마까지 진출했던 것인지 규명해야 한다. 태국과 버마의 국경은 산악지대이고, 여기에 대하大河 살윈 Salween 강이 흐르고 있어 대부분 격절되어 있다. 남방자원지대의 서북 정면은 이 선으로 구획화되어 있었다. 그렇다면 일본이 버마에까지 손을 뻗칠 필요는 없는 것으로 보인다. 하지만 원장 루트援蔣 Route(연합국의 중국에 대한 원조보급로)를 차단하기 위해서는 반드시 버마를 점령해야 했다.

일본군은 1940년 말까지 중국의 주요 항만 대부분을 제압했다. 이러한 상황에서도 원조물자가 중국으로 유입되어 계전의지가 유지되었던 것은 버마 루트가 있었기 때문이다. 랭군에 하역된 물자는 만달레이를 경유하는 철도로 라시오에 이르렀다. 여기서부터는 면지공로緬支公路를 통해 운남성으로 들어가, 랍맹拉孟 부근에서 노강怒江을 건너 운남성 곤명에 도착했다. 이 버마 루트가 차단되면 중국은 계전의지를 상실할 것이므로, 태평양전쟁 목적의 하나인 중일 간의 화평이 성립될 수 있을 것으로 기대했던 것이다.

제25군이 말레이 반도를 석권하고 싱가포르만이 남아있던 1942년 1월 22일, 대본영 육군부는 남방군 총사령관 테라우치 히사이치寺内壽一 대장에게 "대본영은 면전緬甸(버마)의 요역要域의 점령을 기도企圖하고 있음"이라는 내용의 대육명 제590호를 하달했다. 이것이 버마 전투의 시작이었다.

이어 1942년 6월 29일 전달된 대육명 제650호는 "대동아전쟁의 완수를 위해 남방요역을 안정적으로 확보하여 자급필승의 태세를 확립함과 동시에 정세에 대응한 작전을 준비할 것"과 "면전, 인도차이나 및 태국 방면에서 중경重慶에 대한 압박을 계속 할 것"으로 되어 있었다. 이 대육명에 근거해 내려진 대육지 제1196호는 "면전 방면에서 중경에 대한 압박을 계속하기 위해 당분간 일부의 병력으로 용릉龍陵, 등월騰越 부근 노강怒江의 선을 확보하도록 할 것"이었다. 중국군과 대치하게 되는 동부 정면을 중시한다는 당연한 지시였다.

그런데 역시 대육명 제650호에 근거하여 1942년 8월 22일 하달된 대육지 제1237호는 "아삼Assam 주 동북부의 요역 및 치타공Chittagong 부근을 공격·확보하여, 항공작전을 용이하게 함과 동시에 원장援蔣 항공로의 차단에 힘쓸 것"으로 되어 있었다. 사용병력은 제15군의 약 절반, 작전개시 시점은 1942년 중순 이후, 작전명칭은 21호 작전으로 결정되어 있었다. 원장 루트를 차단한다는 전략구상 자체에는 변화가 없었지만, 구획화된 버마로부터 인도를 향해 공세로 나선다는 것은 어려운 문제이다. 하여간 이것이 임팔 작전의 발단이 되었다.

연합군의 버마 반격

일본군이 인도에 진입하게 되면 반영운동이 격화되어 영국을 궁지에 몰아넣을 수 있을 것으로 예상하고 있던 1942년 중순, 영국군은 벵갈Bengal 만 해안, 버마령 아키아브Akyab에서 반격을 시작했다. 마침 과달카날 섬의 전황이 절망적인 상황이었으므로, 대본영은 21호 작전의 준비

중지를 명했다. 하지만 대육지 제1237호 자체를 폐기한 것은 아니었고, 현지의 남방군과 제15군에서의 연구는 허용했다. 이 어중간한 지시가 이후 발생하는 혼란의 원인이 된다.

1943년의 우기가 지난 10월 초순, 동쪽의 노강 정면에서 중국군이 반격을 시작했다. 10월 말이 되자 미중연합군이 북쪽 정면의 후캉Hukawng 계곡을 따라 남하해 왔다. 연합군이 이 두 곳에서 공세로 나온 목적은 원장 루트를 다시 구축하기 위해서였다. 이번에는 랭군 항을 경유하지 않고, 인도와 중국을 직접 육로로 연결하려는 것이었다. 일본인의 수준으로는 도저히 상상조차 하기 어려운 장대한 구상이다.

연합군은 1942년 2월 인도 아삼 철도의 종점인 레도Ledo에서부터 버마령 미치나Myitkyina를 향해 자동차도로의 건설을 시작했다. 먼저 3,000m 급의 산악지대를 지나, 맹렬한 우기와 풍토병이 창궐하는 것으로 알려진 후캉계곡(죽음의 계곡)을 횡단하여, 이라와디Irrawaddy 강을 건너는 2차선의 자동차도로에 파이프 라인을 병설한다는 내용의 계획이었다. 이를 통하여 중국으로 자재를 보내 항공기지를 만들고, B-29 폭격기를 배치하여 중국에서 일본 본토를 폭격한다는 구상이었다. 서구인이 생각하는 병참은 아무래도 일본인과 관념 자체가 다른 것 같다. 한편 이 레도에서 미치나에 이르는 760km의 도로가 전면 개통된 것은 1945년 1월의 일이었다. 레도에서 곤명까지 28일이 소요되는 이 도로의 건설은 역사에 남는 대사업이 되었다.

일본으로서는 연합군의 전반적인 작전구상은 예측할 수 없었다고 하더라도, 버마 철도의 종착점인 미치나까지 적이 진출하게 되면, 버마 방위가 위기에 처한다는 것은 알고 있었다. 여기서 대본영은 1944년 1월 7일 대육지 제1776호를 하달했다. 그 내용은 "남방군 총사령관은 면전 방면의 방위를 위해 적시에 당면한 적을 격파하고, '임팔' 부근 동북부 인도의 요역을 점령·확보하도록 할 것"이었다. 동쪽에서 중국군을 막는다거나, 원장 항공로의 차단이라는 이전까지의 작전구상에서 한발짝 더 나아가 연합군의 공세를 보다 전방에서 저지하겠다는 것이었다.

작전구상을 떠받치는 병참은 다음과 같은 상황이었다. 버마의 수도 랭군(현 양곤)에는 하루 4만용적톤의 화물을 처리할 수 있는 항만이 있었는데, 이는 싱가포르에 필적하는 양항良港이었다. 랭군에서 북으로 650km 떨어진 만달레이까지는 정비된 철도가 있었다. 여기서 동쪽으로 향하는 라시오Lashio선과 이라와디 강(현 에이야르와디Ayeyarwady 강)을 건너 북상하는 미치나선이 갈라진다. 항만과 철도가 정상적으로 가동된다면, 일본군의 병참능력으로도 일본의 1.8배 면적에 달하는 버마에서의 작전이 가능할 것으로 예상되었다(〈그림 2, 3〉 참조).

그런데 싱가포르에서 말라카 해협을 지나 랭군에 이르는 항로는 서쪽이 개방되어 있어, 캘커타Kolkata 부근에 있는 영국군의 항공기지에서 발진한 항공기들로부터 위협받고 있었다. 버마 점령 직후인 1942년 6월 1일 대형 수송선이 랭군 항에서 공습을 받아 침몰당했고, 1943년 후반에 들어서는 항로가 두절되었다. 해로의 미비를 태국으로부터의 육로로 메워야 했지만, 이 육로가 몹시 빈약했다.

태국의 방콕에서부터 북상하는 철도의 종착점은 치앙마이Chiang Mai의 남동쪽 무안람팡Mueang Lampang에 있었다. 여기서부터 북상하여 버마로 진입하는 자동차도로 중에서 우기에도 사용이 가능한 것은 단지 2개에 불과했다. 첫째는 치앙마이에서 서쪽으로 살윈 강을 건너 타웅우 Taungoo에서 만달레이 선과 이어진다. 둘째는 치앙마이에서 북쪽으로 나아가 버마령 켕퉁Kengtung에서 살윈 강을 건너 서북쪽의 라시오 선의 시포Hsipaw에 이르렀다.

거리상으로 타웅우 방면이 가까웠지만, 살윈 강을 건너야 하는 등 애

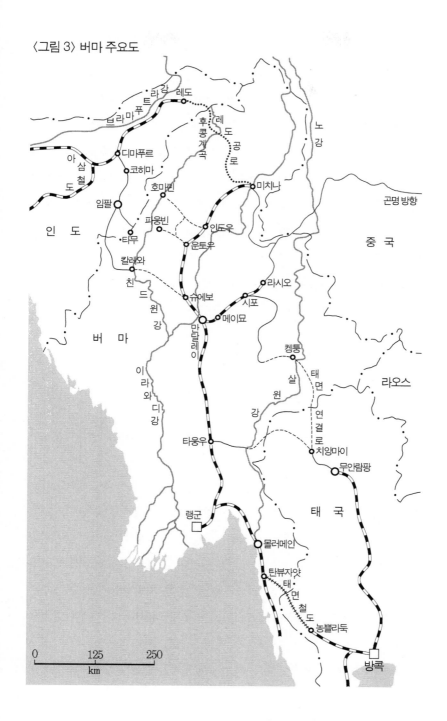

〈그림 3〉 버마 주요도

로가 많았다. 따라서 실제로는 시포로 나아가는 루트가 주가 되었다. 무안람팡에서 시포까지는 1,500km에 이르는 산악지대의 험로가 이어졌고, 자동차로 편도 12일이 걸리는 여정이었다. 동물을 이용한 수송으로 대응할 수 있는 거리가 아니었으므로, 자동차중대의 대량 투입이 필수적이었다. 이와 같은 태국과 버마 간의 애로를 해소하기 위해 계획된 것이 영화 '콰이 강의 다리'에서 유명하게 된 태면泰緬철도였다. 태국 서부의 철도 단말인 농쁠라둑Nong Pla Duk에서 시작하여 퀘노이Khwae Noi 강을 따라 몰러메인Mawlamyine의 남쪽 탄뷰자얏Thanbyuzayat에서 버마 철도와 연결되는 거리 415km의 단선철도였다. 1942년 7월 기공하여, 1943년 10월 준공되었다. 계획상으로는 1일 1,000톤을 수송하도록 되어 있었으나, 철로의 보수공사와 공습의 격화로 인해 실제로는 1일 100톤을 수송하는 정도에 그쳤다.

임팔 작전의 전체구상

임팔 작전의 전장이 된 버마와 인도의 국경은 지형이 험난하며, 세계 유수의 다우지多雨地로 교통사정은 최악이었다. 국경의 산악지대를 아라칸Arakan 산맥으로 총칭하고 있었지만, 이는 단순히 하나의 산계山系가 아니었다. 이라와디 강의 원류, 버마, 중국, 인도의 3개국 국경에서 파트카이 구릉, 나가 구릉, 친 고지, 폰냐다운 산맥을 지나 해안부에서 협의狹義의 아라칸 산맥으로 이어진다. 나가 구릉이라고 해도 후지 산을 넘는 높이의 산들이 연속된다. 이 산악지대를 넘어 버마와 인도를 연결하는 자동차도로는 2개뿐으로, 그나마 4륜구동의 소형차가 아니라면 주행도 어려운 비포장도로였다.

북쪽의 경로는 친드윈 강의 우안右岸인 시탕Sittang에서 민타미 산계를 넘어 카보우 습지, 다시 나가 구릉을 횡단하여 서북쪽으로 나아가 임팔에 이른다. 남쪽의 경로는 친드윈 강의 우안인 칼레와Kalewa에서 서쪽으로 친 고지를 횡단하여 마니푸르Manipur 강으로 나아가, 강을 따라 북상하여 임팔에 이른다. 임팔에서 합류하는 도로는 코히마를 경유하여 캘커타와 레도로 이어지는 아삼철도와 연결되어 디마푸르Dimapur에 이른다. 대략적인 거리는 칼레와~임팔 250km, 시탕~임팔 100km, 임팔~코히마 130km, 코히마~디마푸르 75km였다.

도로사정이 이와 같은 전장에서 제15군은 3개 사단을 병렬시킨 후 동시에 진격하여 국경부근 산맥의 서쪽 기슭에 새로운 방위선을 설정한다. 그리고 합동으로 디마푸르를 압박하여 레도에 이르는 철도에 위협을 가한다는 것이 우고ウ號작전으로 불린 임팔 작전의 골자였다. 위에서 본 자동차도로 2개를 장악한다면 친드윈 강가의 도로를 연결하는 고리 모양의 보급선을 확립할 수 있고, 버마의 방위는 만전의 태세를 기할 수 있을 것으로 예상되었다.

구체적인 작전의 내용은 다음과 같았다. 먼저 남단의 제33사단이 2개의 자동차도로를 이용하여 임팔을 향해 분진합격分進合擊한다. 그 북쪽에서는 제15사단이 임팔 북쪽으로 진격한다. 그리고 최북단의 제31사단이 산악지대를 넘어 코히마를 점령, 임팔~디마푸르 사이의 도로를 차단한다. 작전이 어떻게 진전되더라도 5월 중순까지는 공세를 끝내야 했다. 이 시점을 넘어서면 '우장군雨將軍'에 묶여 움직일 수 없게 되기 때문이다.

3개 사단을 움직이는 우고작전에 필요한 보급품은 13만 9,000톤으로 산정되었다. 버마 방면군이 중심이 되어 랭군 일대에 물자를 준비했고, 만달레이 북서쪽의 지선支線을 통해 이에우, 미치나선을 따라 운토우, 인도우 그리고 친드윈 강의 주된 도하점인 칼레와에 집적되었다. 그런데 이 물자집적소는 적 공군의 좋은 표적이 되어 큰 손해를 입었다. 특히 가장 북쪽의 인도우에서는 집적된 물자의 80%가 불에 타 버렸다. 또한 보급선의 횡방향으로 지선을 만든 변칙적인 형태도 혼란을 야기했다.

철도의 종착점부터는 제15군의 병참부대가 물자를 인수한다. 지퓨 산계를 횡단하는 2개의 보급간선을 설정하여, 운토우와 인도우에 집적된 보급품을 친드윈 강의 도하점인 호마린과 파웅빈으로 보내고, 이는 제31사단과 제15사단에 보급된다. 한편 이에우와 칼레와에 집적된 물자는 친고지를 횡단하여 북상하는 경로, 또는 친드윈 강을 따라 북상하는 시탕을 경유하여 제33사단에 보급된다.

이러한 작전구상이 큰 틀에서 완성된 1943년 4월 말, 제15군의 각 수송부대는 제5야전수송대로 편성되었고, 그 전력은 자동차중대 23개, 치중병중대 3개였다. 가동률을 감안하면 1회 수송량은 1,200톤 정도였다. 이것만으로는 14만 톤에 달하는 보급품을 작전의 템포에 맞춰 300km나 추송追送할 수 없다. 여기서 제15군은 야전수송대를 자동차중대 150개, 치중병중대 60개로 증강해줄 것을 버마방면군과 남방군에 요청했다.

하지만 절대국방권의 구축이 당면한 과제였던 시점에서 이러한 요구가 쉽게 수용될 리 없었다. 소요는 먼저 버마방면군과 남방군에서 삭감되었고, 나아가 대본영에서 사정査定된 결과 최종적으로는 20% 정도만이 인정되었다. 그나마도 대부분이 절대국방권 구상 밖에 있는 남동방면으로부터의 전용으로, 언제 버마에 도착할 수 있을지조차 불명확한 약속이었다. 치중병과 출신인 제15군 참모장 오바타 노부요시小畑信良 소장은 계획의 비현실성에 대해 맹렬히 이의를 제기하였고, 결국 부임 2개월만에 경질되기에 이른다.

보급선이 없는 최악의 전장

영국군과 대치하고 있는 서부정면의 최전선이라는 이유로 우고작전은 나름대로 중시되었고, 동원 가능한 최대한의 수송부대가 집결되었다. 1944년 3월의 작전 개시 당시 제15군 직할의 수송부대는 자동차중대 42개, 치중병중대(태마) 8개를 기간으로, 자동차 1,999대를 보유하고 있었다. 한편 각 사단은 제15사단 230대, 제31사단 256대, 제33사단 422대의 자동차를 보유하고 있었다. 이 진용으로 임팔, 코히마로의 공격을 유지하면서, 병력 15만 7,000명의 급양을 책임져야 했다.

먼저 작전의 무대인 산악지대에서 군의 수송부대가 각 사단을 지원할 수 있을지가 핵심이었다. 작전 초기에는 도로가 정비되어 있지 않은 상태이므로, 사단의 치중병연대나 전방의 부대가 각자 보급품을 휴대하여야 했다. 그리고 작전 개시 1주일 후부터는 각 사단에 하루 10톤씩의 물자를 수송할 수 있을 것으로 예상되었다. 자동차나 치중차輜重車의 운용은 어렵지만, 수송거리가 60km 정도라면 각 사단에 태마중대 2개를 배속하여 어떻게든 달성할 수 있는 양이었다.

일방적인 사정과 조건만으로 산출된 일정과 수치였지만, 작전 개시 25일 후에는 임팔을 확보하는 것을 목표로 했다. 목표가 실현되면 임팔에 2,000톤의 보급품을 보내고, 여기서 각 사단은 연합군의 반격에 대응할 수 있는 태세를 정비한다. 그리고 50일 후에는 앞에서 설명한 보급간선이 정비되어 완벽하게 될 것이었다.

철도의 종착점에서 친드윈 강까지의 보급간선을 유지하여야 하는 제15군의 병참부대는 자동차 소요량이 삭감되어 어려운 상황이었지만, 그 이상으로 곤란한 것은 각 사단이었다. 특히 "길이 없다"는 통보를 받고도 코히마까지 진격하여야 하는 최북단의 제31사단이 그러했다. 친드윈 강에서 코히마까지의 직선거리는 120km 정도지만, 실제 행군거리는

320km 이상이었으니, 얼마나 험난한 길인지 상상이 간다. 이 길을 2주 분량의 식량을 휴대하고 행군해야 한다. 2주 후에는 아사가 기다리는 무모한 작전이지만, 제15군 사령관 무타구치 렌야牟田口廉也 중장은 이를 미나모토노 요시츠네源義經가 이치노타니—ノ谷합전合戰에서 행했던 '히요도리고에鵯越전법'이라고 자화자찬했다.

그 기백에는 감탄을 금할 수 없지만, 전쟁은 마음만으로 승리할 수 있는 것이 아니다. 기동과 보급의 능력 중에서도 특히 화력의 추진이 가장 큰 문제가 된다. 제국육군이 언제나 곧바로 총검돌격에 나섰다는 일반적 인식은 큰 오해이다. 보병부대 전력의 중핵을 이루는 것은 연대포(41년식 75mm 산포山砲, 연대에 4문 장비)와 대대포(92식 70mm 보병포, 대대에 2문 장비)였다. 여기에 포병연대 화력의 엄호가 있고 나서야 보병이 돌격을 감행했다.

길이 없는 산을 넘어야 하는 제31사단은 산포를 장비한 태마편제였다. 사단포병인 산포병山砲兵 제31연대는 구경 75mm의 94식 산포 36문을 장비하고 있었다. 이 산포는 방열중량 540kg, 포신중량 94kg, 탄약 1발의 무게는 5.7kg이었다. 전열부대는 포 1문당 탄약 230발을 휴대하는 것이 기준이었는데, 탄약이 없다면 대포를 옮기는 의미가 없다.

단독군장을 한 병사가 겨우 행군할 수 있는 험로로 산포 36문, 연대포 12문, 대대포 18문과 탄약을 코히마까지 옮기는 것은 불가능한 일이다. 결국 편제된 수량에서 산포와 연대포는 절반, 대대포만 편제된 전부를 옮길 수 있었다. 여기서 남는 병사들은 탄약수송을 맡았는데, 병사 1명이 4발을 등에 짊어지고 옮겼다. 이것으로 겨우 포 1문당 산포 150발, 연대포 300발, 대대포 200발의 포탄을 확보할 수 있었다.

제31사단에 배당된 말은 3,000마리였다. 태마로 구성된 치중병중대 12개 상당의 수량으로, 1회의 수송량은 250톤 정도였다. 당시로서는 나름대로 적지 않은 숫자였지만, 산포병연대에만 그중 20% 정도를 돌려야 했고, 또한 2주간을 요하는 장거리 일정이었으니 쉽지 않은 상황이다. 여기서 현지의 물소 5,000마리를 모아 태우駄牛부대를 편성하였다. 보병 대대의 4개 중대 중 1개 중대를 태우를 갖춘 수송부대로 하고, 여기에 각 700마리의 물소를 배당했다. 물소에 탑재한 보급품이 소진되면 물소를 잡아먹는 '움직이는 소고기 통조림'이라는 것으로, 무타구치 렌야 중장은 이를 '징기스칸 전법'이라고 자칭했다.

쟁기를 끄는 정도인 물소를 훈련시켜 50kg 정도의 짐을 실었지만, 원래 '말은 끌고, 소는 미는 것'이라는 상식에 반하는 운용에서부터 곤란이 예상되었다. 이것만으로는 포신의 운반이 곤란하여 제31사단에서는 코끼리 10마리를 동원하기도 했다. 지금 보면 그저 우스운 이야기들에 불과하지만, 당시 적군인 영국군은 "대포를 가지고 저 산을 넘어 왔다"며 경악했다고 한다. 흔히들 병참을 무시한 임팔 작전이라고 하지만, 현지의 부대는 가능한 범위에서 최대한 노력했다는 것은 평가할 만하다.

한편 이 버마 전선에서도 연합군의 공세는 심각한 문제였다. 노강 정면의 중국군, 후캉 계곡의 미중연합군, 아키아브 정면의 영국군 모두 어느 쪽이나 발등에 떨어진 불과 같았다. 그리고 1944년 3월 5일 영국군의 공수부대가 미치나선의 인도우 동쪽에 투입되어 기지를 구축하고, 일본군의 후방을 교란시켰다. 이러한 정세에서 3월 8일 우고 작전이 개시되었다.

제31사단의 코히마 돌입

임팔 작전에 대해서는 보급의 문제를 인식하고도 작전을 감행한 이유, 제15사단의 도착이 늦어진 이유, 제33사단이 임팔을 점령하지 못했던 이유, 작전중지 결정이 늦어진 이유 등 다양한 관점에서 많은 연구가 있다. 여기서는 가장 열악한 보급상황의 결과, 사단장이 독단으로 퇴각을 명하는 사태에 이른 제31사단의 사정만을 추적해본다.

사토 코토쿠佐藤幸德 중장을 사단장으로 하는 제31사단은 1944년 3월 15일 친드윈 강을 건너기 시작했다. 이때부터 이미 험난한 길이 예상되었다. 5,000마리의 물소 중 절반 이상이 익사한 것이다. 물소이므로 헤엄을 칠 수 있을 것이라고 생각한 것이 큰 오산이었다. 어떻게든 강을 건넌 물소도 발굽을 박을 수 없었으므로 장시간 걸을 수 없었고, 낮에는 물속에 몸을 담그지 않으면 죽고 말았다. 제31보병단사령부의 물소 125마리 중 코히마까지 살아 도착한 것은 겨우 5마리에 불과했다.

친드윈 강을 건넌 제31사단은 3개 종대縱隊로 나뉘어 산악지대로 진입했다. 진격이 계속되는 와중에 기이한 현상이 나타났다. 휴대한 식량이 바닥나더라도 최전선의 장병은 적의 식량을 노획하여 먹을 것을 해결할 수 있었다. 그런데 후속부대는 뒤로 가면 갈수록 식량의 입수가 곤란했으므로 굶주림에 시달렸다. 결국 최전선에서 노획한 식량을 후방으로 수송하게 되었다. 전방에서 후방으로 보급이 이루어지는 역설적 상황이 벌어진 것이다. 반면 부상병은 임팔에 개설하기로 한 야전병원에 수용할 예정이었으므로 전방으로 옮겨졌다. 후방과 전방으로 보내져야 할 것이 거꾸로 된 것이다.

당초 계획보다 1주일 늦어진 4월 6일, 제31사단은 코히마에 돌입했다. 곳곳에 산재한 영국군의 경계진지를 제압하면서 320km의 험로를 3주만에 돌파한 것으로, 제31사단의 감투는 평가할 만한 것이다. 코히마 점령 소식은 전군을 열광시켰다. 무타구치 렌야 군사령관은 전과 확장을 기도하여 제31사단에 디마푸르로 돌진하라는 명령을 내렸다. 노획한 자동차를 이용하여 자동차도로를 따라 기동하면 2일만에 아삼철도를 차단하는 것도 기대할 수 있었다. 그런데 버마방면군 사령관 카와베 마사카즈 중장은 아삼 평원으로의 진격이 제15군의 임무를 일탈한 것이라고 하며 허가하지 않았다. 이 사건으로 양자 사이에 생긴 골은 이후의 전국에도 영향을 미치게 된다.

제31사단의 코히마 점령으로 디마푸르에서 임팔에 이르는 도로를 차단했지만, 임팔 정면의 영국군은 공중보급을 받으며 저항을 계속했다. 코히마에서도 영국군은 주위周圍의 고지를 고수하고 있었다. 이른바 '원통진지圓筒陣地'라고 불린 것이다. 전투가 격화되면 탄약은 순식간에 바닥을 드러낸다. 사토 사단장이 군사령부로 "탄약이 떨어지고 있는데, 작전개시로부터 1주일 후부터 1일 10톤을 보급하겠다는 약속은 어떻게 되었는가"라고 고성을 지르는 것도 당연한 일이다. 작전 기간 중 제31사단이 받은 보급은 4월 하순에 지프 15대분, 5월 하순에 지프 3대분으로 모두 5톤 정도였다.

제15군사령부는 보급에 곤란을 겪고 있던 제31사단에, 난항 중인 임팔 공격을 지원하기 위해 보병대대 3개, 산포병대대 1개를 보내라고 명령했다. 임팔 총공격은 4월 21일로 예정되어 있었는데, 그나마도 명령은 4월 17일에야 하달되었다. 적을 돌파하여 5일만에 130km를 주파하라는 것이니, 실현불가능한 지시라고 할 수 밖에 없다. 자동차를 이용하면 가능할 수도 있지만, 제31사단에는 자동차가 없었다.

사토 사단장의 독단 퇴각

제15군에 코히마의 제31사단으로 보낼 자동차가 없는 것을 알면서도, 사토 사단장은 "자동화차 100대를 보내라"고 요구한다. 이에 몹시 불쾌해진 제15군사령부는 코히마에서 노획한 차량을 이용해 급행할 것을 지시했다. 사토 사단장은 불가능한 것은 불가능하다며 임팔을 향한 병력

파견 명령을 거부했다. 그리고 결국 탄약이 떨어진 5월 27일, 사토 사단장은 6월 1일까지 코히마에서 철수하여 보급을 받을 수 있는 지점까지 후퇴하겠다고 제15군에 통고했다.

제31사단이 코히마에서 철수하면 영국군은 임팔에 육로로 물자를 보급할 수 있게 된다. 그렇게 되면 임팔공격은 불가능하게 되므로, 제15군 사령부는 크게 당황했다. 이에 "10일만 참고 기다리면 임팔을 점령하여 도로를 연결시켜 보급과 증원을 보내겠다"는 가망 없는 약속을 했다. 사토 사단장은 더 이상 무슨 말도 들으려 하지 않았다. 6월 1일 제31사단은 코히마에서 철수한다고 통고했다. 이대로라면 사단을 이끌고 적전도망敵前逃亡한 공전空前의 항명사건이 되고 만다. 여기서 무타구치 군사령관은 코히마에 보병대대 4개와 산포병대대 1개를 남기고, 주력은 우크룰Ukhrul까지 물러나 보급을 받으라는 명령을 내려 항명사건이라는 최악의 사태를 회피하려 했다.

그러나 격앙된 상태인 사토 사단장은 이 명령에도 따르지 않고, 보병대대 1개만을 코히마에 남긴 채 후퇴했다. 여기에 남겨진 1개 대대를 지휘한 것이 보병단장인 미야자키 시게사부로 소장이었다. 제31사단 주력은 2주간에 걸쳐 우크룰에 도착했지만, 여기에도 약속한 보급품은 없었다. 부대가 계속하여 퇴각하자 제15군 참모장 쿠노무라 토다이久野村桃代 소장이 달려와 우크룰에 멈추라는 명령을 직접 전달했다. 하지만 사토 사단장은 이를 무시하고 친드윈 강을 목표로 후퇴를 계속했다. 일이 여기에 이르자 7월 5일 무타구치 군사령관은 사토 사단장을 파면했다. 이것이 전대미문의 사단장 항명사건의 전말이다.

코히마에 남겨진 1개 대대는 선전했지만 중과부적이었고, 6월 22일 임팔로 통하는 도로가 영국군의 손에 넘어가고 말았다. 이것으로 승부는 결정되었고, 우기의 절정기가 다가오고 있었다. 이에 6월 23일 무타구치 군사령관은 버마방면군에 공격을 중지하고, 방어로 전환하겠다는 취지의 의견을 구신했다. 누가 봐도 다른 방법이 없었고, 방면군에서도 대책이 있을 리 없으니 승인할 수 밖에 없는 상황이었다. 하지만 버마방면 군사령관 카와베 마사카즈 중장은 이를 승인하지 않았다. 그렇게까지 큰소리를 치던 무타구치가 갑자기 소극적으로 변한 것이 괘씸하다며 주변에 불쾌함을 토로하고 있었던 것이다. 여기서 다시 시간을 허비하게 되었고, 우고 작전은 7월 10일에야 중지되기에 이른다.

진정한 비극은 여기서부터 시작되었다. 수송수단, 보급, 위생, 도하자재가 전무한 상황에서 도로조차 떠내려가는 호우 중의 퇴각이었다. 이 길은 '백골가도白骨街道', '야스쿠니가도靖國街道'라고 불릴 정도로 많은 장병의 생명을 앗아갔다. 이것으로 제15군의 붕괴와 함께 버마방위의 계획이 근저부터 파탄에 이르는 것이 확정되었다.

고급인사의 대혼란

임팔 작전에서는 작전중의 사단장 3명이 모두 파면되는 특이한 일이 발생했다. 작전개시 이전 무타구치 사령관은 이 3명의 사단장을 "내게는 과분한 부하들"이라며 주위에 자랑하기도 하였으니, 이해하기 어려운 결말이다. 작전중지 후에는 제15군 사령관, 버마방면군 사령관, 군 참모장까지도 모두 교체되는데, 보통은 있을 수 없는 인사이다.

최초로 경질된 것은 제33사단장 야나기다 겐조柳田元三 중장이다. 그는 육대 은사恩賜의 엘리트로, 하얼빈 특무기관장을 역임한 대소련 정보의 전문가로 알려져 있었다. 제33사단은 임팔 공격의 주공을 담당했다. 진행경로의 상황도 비교적 양호했고, 전차연대와 야전중포병연대까지도 배속되어 충실한 전력을 자랑했다. 그런데 처음부터 소극적인 태도를 보인 야나기다 사단장은 3월말부터 작전의 중지 의견을 구신했다. 그런데 이는 사단장만의 견해로, 사단사령부는 오히려 적극파가 다수를 점하고 있는 묘한 상황이었다. 소극적인 자세에 사령부조차 장악하지 못한 통솔력 부족이 원인이 되어, 5월 파면되었다. 야나기다 중장은 예비역에 편입되었지만, 같은 날 소집되어 관동주關東州경비사령관으로 재직하던 중 패전을 맞이했다. 전후에는 소련에 억류되어, 1952년 모스크바에서 병사했다.

제15사단장 야마우치 마사후미山內正文 중장은 미 육군 지휘참모대학을 수료하고, 주미무관을 역임한 엘리트였다. 오랫동안 육대의 교관을 지냈고, 연대장 경험은 없었다. 신경이 예민한 사람으로 무타구치 사령관과는 성격적으로 맞지 않았고, 건강도 좋지 않았다. 제15사단은 태국에서 버마로 이르는 도로의 개수작업에 종사하고 있었기 때문에 집중이 늦어졌다. 이러한 사정을 알면서도 제15군사령부에서는 "제祭(제15사단의 통칭문자)부대는 할 마음이 있기는 한 것인가"라고 험담을 해댔다. 이것이 야마우치 중장의 귀에 들어가지 않을 리가 없었고, 군사령부에 불신감을 가지게 되었다. 결국 건강이 악화된 6월 파면되었고, 현역인 상태로 버마에서 병사했다.

다음이 문제의 제31사단장 사토 코토쿠 중장이다. 그는 일찍부터 정치색을 강하게 띄고 있던 인물로, '사쿠라카이櫻會'에 가입하여 모임의 규약을 작성하는 등 적극분자로 알려졌고, 당시에는 무타구치 렌야와 동지적 관계에 있었다. 그런데 사토 소좌는 제6사단 참모로 근무할 때 여러 곳에서 강연을 하며 과격한 발언을 쏟아냈고, 이를 알게 된 당시 참모본부 서무과장庶務課長 무타구치 대좌가 엄중하게 주의를 주었다. 이를 계기로 두 사람의 사이가 틀어지게 되었는데, 서로 닮은 꼴의 두 사람이었으므로 관계가 더욱 악화된 측면도 있다. 이것이 복선이 되어 독단퇴각이라는 사태에 이르렀다는 견해도 있다. 이후 사토 중장은 정신장애를 이유로 예비역에 편입되었지만, 1945년 소집되어 동북군관구부東北軍管區付로 패전을 맞이했다.

무타구치 중장은 1944년 12월 참모본부부參謀本部付에서 예비역에 편입되었지만, 곧 소집되어 패전 시에는 아사카朝霞에 있는 육군예비사관학교장으로 재직 중이었다. 한편 임팔 작전의 최고책임자인 버마방면군 사령관 카와베 마사카즈 중장 역시 참모본부부로 물러났지만, 곧 본토의 중부군 사령관으로 복귀했다. 그리고 토쿄대공습 전날인 1945년 3월 9일에는 대장으로 진급하였고, 패전 시에는 항공총군航空總軍 사령관이라는 중요한 직책에 있었다.

한편 영국군의 수뇌부는 임팔 작전의 일본군을 어떻게 보고 있었던 것일까? 코히마의 제33군단, 임팔의 제4군단, 아키아브의 제15군단을 지휘한 제14군 사령관 윌리엄 슬림William Slim 대장은 "일본 장군들의 용병, 전술에 있어서의 결함은, 몸을 던지거나 용기를 보이는 것과는 차원이 다른, 장군으로서의 모럴Moral을 결여하고 있다는 것이었다. 작전계획에 문제가 있는 경우 이를 즉시 적절한 형태로 수정한다는 마음의 준비가 전혀 되어 있지 않았다"고 총괄하고 있다[아서 스윈슨Arthur Swinson, 『코히마』(早川書房, 1967)]. 이 견해는 1939년 노몬한 사건에서 일본군과 격전을 벌인 소련군의 지휘관 게오르기 주코프 원수의 "사관들, 특히 고참, 고급장교는 훈련이 부족하고, 적극성이 없어 틀에 박힌 행동밖에 하지 못했다"라는 일본군에 대한 평가와 일맥상통하는 부분이 있다[주코프, 『회상록』(朝日新聞, 1970)].

전선을 걷지 않는 일본의 장수

이러한 경위를 추적하다 보면 임팔 작전을 입안한 제15군사령부에는 오바타 노부요시 참모장이 떠난 이후에는 병참을 이해하는 전쟁의 전문가가 없었다는 사실을 알 수 있다. 무리한 작전 구상 이상으로 심각한 문제는 군사령관 무타구치 렌야 중장이나 버마방면군 사령관 카와베 마사카즈 중장이 전선을 찾아 현지의 실정을 파악하려 하지 않았던 점이다. 만약 이들이 적극적으로 현장을 찾아 상황을 파악하려는 자세를 보였다면, 군 1개가 괴멸되어 호우 중에 휩쓸려 사라지는 비참한 결과로 끝나지는 않았을 것이다.

우고 작전이 개시되던 때, 제15군사령부는 만달레이 동쪽의 메이묘Maymyo에 있었다. 이곳은 제1선에서 동쪽으로 600km나 떨어진 곳이었다. 제15군사령부는 1944년 4월 8일 제33군이 신설될 때까지 후캉 계곡의 제18사단도 지휘하고 있었으므로, 메이묘를 떠날 수 없었다는 설명이 있다. 하지만 사령부의 군사령관 이하 참모들에게 생활 환경이 정비되어 쾌적한 매일을 보낼 수 있는 고원지대의 피서지 메이묘를 떠나기 싫다는 마음이 없었다고 한다면 이는 거짓일 것이다.

당시의 통신능력으로 600km는 지나치게 먼 거리였다. 오카야마岡山 부근의 전투를 토쿄에서 지휘하는 것이 되니 더 이상 설명할 필요가 없다. 제15군사령부는 4월 20일이 되어서야 친드윈 강의 우안, 칼레와 부근의 인다잉Indaing에 진출했다. 전투지휘소를 카보우 습지의 모우레에 진출시킨 것은 5월 말의 일이었다. 하지만 그곳을 근거지로 군사령관 이하 참모들이 부지런히 전선을 걸으며 실정을 파악하려 했다는 등의 이야기는 전해지지 않는다.

친드윈 강을 건넌 후 2주가 지나면, 제31사단의 장병이 휴대한 식량이 바닥날 것은 제15군사령부에서도 알고 있었다. 아무리 기습공격이라고 하더라도 적의 저항이 있고, 전투를 벌이다보면 가지고 있는 탄약도 줄어들게 된다. 그런데도 보급은 도착하지 않았다. 여기서 보급 전반의 책임을 지는 군사령관이 할 일은 미치나 선에서 친드윈 강에 이르는 보급 간선의 실정을 자신의 눈으로 확인하는 것이다. 나아가 직접 친드윈 강을 건너 사단의 치중병연대를 찾아야 한다. 보급의 문제를 눈으로 확인하고, 개선책이 없으면 우기에 접어들기 전에 작전을 중지해야 한다.

방면군 사령관도 살펴보아야 할 사항이 산적해 있으니 분주하게 돌아다니는 것이 정상적인 모습이다. 적어도 만달레이에 전진지휘소를 두고 카와베 중장이 직접 미치나 선 주변의 상황을 파악해야 했다. 각지에 산재한 물자집적소가 폭격을 받아 피해가 생긴 경우, 이를 보충하는 것이 방면군 사령관의 책무이다. 공중엄호가 충분하지 못하다면, 남방군총사령부와 담판을 지어 반강제로라도 항공부대를 빼앗아오는 것이 대장 진급을 눈앞에 둔 고참 중장에게 기대되는 일이다.

카와베 마사카즈 방면군 사령관의 전선 순회는 이미 대세가 결정된 6월 초순의 일이었다. 6월 5일에는 친드윈 강가의 인다잉에서 무타구치 중장을 만나 작전중지에 대한 의중을 확인했다. 그전까지 카와베 중장은 질병으로 랭군을 떠나지 못하고 있었다.

일본군의 장수에게 현장에서 직접 그 실정을 파악하려는 자세가 결여되어 있던 것은 단지 임팔 작전에 국한된 문제가 아니었다. 육군은 말할 것도 없고, 몸이 가벼운 것을 장점으로 하고 있었을 해군 역시 마찬가지였다. 그렇지 않았다면 1943년 4월 전선시찰 도중 전사한 야마모토 이소로쿠山本五十六 대장이 오랫동안 화제가 되는 일도 없었을 것이다. 고급지휘관이 솔선하여 전선으로 향하는 것이 일상적인 군대라면 야마모토 대장의 전사를 공전절후空前絶後의 비극이라고만 생각하지는 않을 것이다.

이와 비교하면 철저하게 승리를 추구하는 나라의 군대는 전혀 다른 모습을 띠고 있다. 미 육군은 각급 지휘관이 2단계 하위제대까지 진출할 것을 강하게 요구한다. 현재의 편제대로라면 중장인 군단장이 사단을 뛰어 넘어 여단의 지휘소까지, 소장인 사단장이 대대본부까지 얼굴을 내미는 것이다. 이는 단순한 권고가 아니라 고급지휘관의 의무이다. 그러므로 미군에는 비만체인 장군은 찾아보기 어렵고, 누구나 몸의 움직임이 민첩하다. 정보기기가 비약적으로 발달한 오늘날 고급지휘관이 직접 전방에 진출할 필요성이 감소한 것은 사실이다. 하지만 전선에서 자신의 눈으로 전황을 확인하고, 부대를 지휘하는 자세의 중요성은 조금도 감소하지 않았다는 것이 미군의 사고방식이다.

제2차세계대전 중의 소련군은 더욱 철저했다. 장군조차도 언제 강등되어 범죄자대대로 던져질지 모를 정도의 가혹한 통솔은 특히 유명하다. 동시에 고급지휘관은 스스로를 엄하게 규율했다. 주코프 원수는 소비에트 연방군 총사령부(Stavka)의 일원으로, 전역戰域을 총괄하는 입장에 있었다. 하지만 포복으로 적의 200야드 앞까지 접근하여 적의 정황과 지형을 정찰하기도 했다.

1945년 2월 유능한 젊은 장군으로 촉망받던 제3백러시아방면군 사령관 이반 체르냐호프스키Ivan Chernyakhovsky 대장이 동프로이센의 쾨니히스베르크에서 전사했다. 방면군 사령관이 적에게 저격당할 위치까지 몸을 던졌던 것이다. 이렇게까지 Follow Me(나를 따르라)라는 정신을 구현하지 않으면, 장군으로서 인정받지 못하는 것이 '승리하는 군대'의 기본적인 모습이다.

일본군의 고급지휘관이 움직이는 것을 싫어했던 이유에 대해, 동정적인 사람은 당시에는 그만큼 기동력이 부족했기 때문이라고 변호한다. 일본군에는 경비행기도 드물었고, 4륜구동의 소형차도 없었기 때문에 전장을 돌아다닐 수 없었다는 것이다. 하지만 임팔 작전에서는 노획한 지프가 있었고, 실제로 이를 이용해 보급을 하기도 했다. 지프를 이용할 수 없다면 말이 있었고, 무엇보다도 스스로의 두 다리가 있었을 터이다. 할 마음이 없으니, 하지 않았던 것뿐이다. 심한 비만으로 걸을 수 없는 사람이라면 군인으로서 존재의 가치가 없다. 명령 받은 것을 다시 아래로 명령하는 것만으로 자신의 임무가 끝났다고 생각한 것이 일본군 고급지휘관들의 실태였다. 다른 나라에서는 이를 '고액의 급여를 받는 하사관'이라고 한다.

부대의 매니저로 철저한 자세

제31사단과 코히마에서 대치한 영국군 제2사단장 존 그로버John Grover 소장은 부하 장교에게 엄한 것으로 유명했다. 부대의 구석구석까지 돌아다니며, 문제를 발견하면 장교를 질책하여 철저히 개선하도록 지시했다. 참으로 모시기 어려운 사단장이었지만, 장병의 신망을 얻고 있었다. 시끄러운 잔소리가 병사들의 복지를 위한 것임을 모두가 이해하고 있었기 때문이다.

제2차세계대전 중 유럽연합군의 총사령관을 맡은 드와이트 아이젠하워 원수는 회고록에서 "모든 계급의 사령관에게 부여된 임무는 병사들의 일상생활을 편하게 하는 것이다"라고 적고 있다『유럽 십자군』(朝日新聞, 1949)]. 아무리 대의를 실현하기 위한 전쟁이라도, 지원 또는 징병으로 모인 병사들이 전장에서도 일상적인 생활 수준을 유지할 수 있도록 노력하는 것이 관리자인 고급장교, 즉 General의 책무라는 것이다.

환언하면 이는 '하급자에 대한 충성'이라고 할 수 있다. 자진하여 총을 들고 충성을 맹세한 병사들의 성의에 보답하는 유일한 길은 지휘하는 측도 그들에게 충성을 다하는 것이다. 요란한 구호 따위가 아니라, 사소한 것이라도 구체적이고 실효성 있는 보장이 필요하다.

매튜 리지웨이Matthew Ridgway 중장은 1950년 12월 말 미 제8군 사령 관으로 부임하여 한국전쟁에서 싸웠다. 리지웨이 중장은 전장에서 쉽게 부족해지는 장갑의 충분한 보급을 지시했고, 전선을 순시하는 자신의 지 프에도 이를 싣고 다녔다. 장갑이 없어 곤란해하는 장병을 보면 직접 장 갑을 건네며 격려했다. 문방구가 없어 고국에 편지를 보낼 수 없다는 말 을 듣자, 즉시 헬리콥터로 편지지를 수송하여 불편함이 없도록 하겠다고 약속했다. 이것이 군사령관인 자신의 역할이었다고 긍지섞인 어조로 회 고록의 한 페이지를 장식하고 있다[『조선전쟁朝鮮戰爭』(恒文社, 1976)].

자질구레한 담배, 껌, 사탕도 마찬가지다. 물자와 수송력이 있었기 때 문에 가능했다고만 보는 것은 잘못된 생각이다. 상급자에게 그런 생각 자체가 없다면 눈깔 사탕 하나도 전선까지 도달하지 못한다. 아이젠하 워나 리지웨이의 세심한 관심과 배려는 그들이 직접 전선을 돌며 눈으 로 확인했기에 가능했던 것이다. 이렇게 하급자에 대한 상급자의 충성 심이 구체화되고, 여기에 상급자에 대한 하급자의 충성이 결합되어 확 고한 신뢰관계가 형성된다. 이러한 관계는 가혹한 전투에 견딜 수 있는 집단을 위한 기본적 전제가 된다.

담배나 껌에까지도 신경을 썼으니, 기본적인 식료품이 없다는 것은 처 음부터 논외의 일이다. 미군은 필리핀에서 사망한 일본군은 '대부분 아사 餓死'라고 총괄하고 있다. 이는 최대한의 경멸을 담은 기술로, 현대전에 서 싸울 자격 자체가 없다는 판정을 내린 것이다. 먹지 못하면서도 선전 한 일본군이 대단했다고 해봐야 이는 그저 자기만족에 지나지 않고, 장 래를 향해 의미를 지니는 역사관도 아니다.

관리운영이라는 관념의 결여

일본의 장수는 충성이란 아래에서 위를 향한 일방통행적인 것이라는 뿌리깊은 관념을 지니고 있어, 하급자에 대한 충성심과 같은 것은 생각조차 없었다. 메이지 헌법明治憲法 제20조에 병역의무가 규정되면서 평민에게도 국방에 참여할 권리가 부여되었으니, 이를 감사히 생각하라는 고압적인 자세마저 엿볼 수 있다. 그런데 실은 장수의 대부분이 평민 계급 출신이었으므로, 그 심리를 어떻게 이해해야 할지 모르겠다.

1억에 이르는 국민이 있었으므로 병력은 '당연히' 무조건적으로 무제한 모을 수 있고, 지존至尊의 명령이므로 '당연히' 절대적으로 복종해야 하며, 고통을 '당연히' 참고 견뎌야 승리가 있다는 등 일본의 장수는 이 '당연히'에 매몰되어 있었다. 그러니 보급이 불가능한 산악지대에 대군을 보내고, 고립무원의 상태에 처할 것이 눈에 뻔히 보이는 섬에 병력을 흩어놓고도 태연할 수 있었던 것이다. 모든 것이 '당연히' 움직이므로 관리나 확인에 소홀하게 되고, 조직은 목적 없는 자전自轉을 반복할 뿐이다. 이러한 조직에 상대방이 존재하는 전쟁에서의 승리를 기대하는 것은 어려운 일이다.

일본에서 장수란 어떤 존재로 생각되었는가? 1928년 3월 제정된 '통수강령統帥綱領'의 설명은 다음과 같다. "군대 지휘의 성패는 지휘관의 위덕威德에 달려있다. 장將은 고매한 품성과 공명公明한 자질 및 무한한 포용력을 갖추어야 한다. 또한 견실한 의사와 탁월한 견식 및 비범한 통찰력으로 중망衆望을 모아 전군이 우러르는 중심이 되어야 한다."

신에게나 가능할 것 같은 덕목을 나열하면서, 불완전한 인간을 어떻게 장수로 양성하려 하였는지 불가사의한 느낌을 갖게 하는 대목이다. 구 육군에서는 평시에 매년 20명 이상의 중장 진급자가 있었는데, 그들 모두가 이런 덕목을 구비하였을 것이라고는 상상하기 어렵다. 아마도 그러한 인간상을 이상으로 삼아 노력하라는 것이 본래의 취지였을 것이다. 하지만 소장, 중장, 대장으로 진급을 거듭하면서 스스로가 신과 같은 존재라고 착각하게 되었던 것이다.

일반적으로 장수에게 필수적인 능력은 리더쉽의 발휘에 있다고 한다. 그런데 '리더쉽'을 지도력이나 통솔력으로 번역해서는 의미를 정확하게 전달하기 어렵다. 오히려 '사람이 사람을 끌어당기는 힘'이라고 표현하는 것이 더 본질에 가까울 것이다. 이렇게 보면 3인 1조라는 조직의 원점에 서부터 리더쉽이 존재하고, 이는 모든 계급의 군인에게 요구되는 자질이라고 할 수 있게 된다.

오랜 경력과 충분한 교육훈련을 거쳐 선발된 장군은 탁월한 리더쉽을 발휘할 것으로 기대된다. 하지만 맡은 조직이 사단, 군단, 군으로 규모가 커지면서 요구되는 리더쉽의 내용에도 차이가 생긴다. 이른바 '능력의 실링Ceiling(천장)'이라고 불리는 것이다. 언제까지나 전장의 대대장과 같은 수준의 리더쉽만으로는 대규모의 부대를 움직일 수 없다. 이 장에서 살펴본 병참이라는 문제를 해결할 것이 요구되기 때문이다.

앞에서 설명한 것과 같이 병참이 원활히 작동하기 위해서는 여러 가지 기능의 유기적 연결이 필수적이다. 물건을 모아 제1선으로 보내 전력화하는 것이 '매니지먼트Management', 즉 '관리운영'이다. 이를 소홀히 하면 임팔 작전과 같은 참사가 벌어진다. 그렇다면 장수란 '군복을 입은 엘리트 관리직'으로 정의하는 것이 실체를 정확하게 나타내는 표현이 될 것이다.

AGIL 도식으로 보는 각종의 엘리트

일반적으로 '선량選良'으로 번역되는 엘리트는 협의로는 '우월적인 지위를 점하는 소수자'를 의미한다. 우월성은 사회적 자원의 독점, 의사

결정권의 독점, 선발된 사람이라는 소수자의 속성을 근거로 한다. 오늘날 일본에서 엘리트는 평등의 개념과 상반되는 것으로 경원시되지만, 대규모 조직을 움직이기 위해서는 필수불가결한 존재이다. 경제, 군사, 정치 3개의 제도적 질서의 정점에 선 사람을 '파워엘리트'라고 한다. 파워엘리트가 존재하지 않는 국가는 있을 수 없다.

군사적인 엘리트란 전쟁의 수행에서 전문적인 지도력을 발휘하고, 그 자신이 일정한 범위의 자립성을 가지는 것으로 이를 General, 즉 장수라고 한다. 즉 '장수'란 기능적 엘리트의 하나인 것이다. 그렇다면 미국의 경제학자 탤컷 파슨스Talcott Parsons가 제창한 4기능 패러다임, 이른바 AGIL도식을 적용하여 장수에게 요구되는 특성을 고찰하는 것도 가능할 것이다. 파슨스의 저작 『경제와 사회』에서 제시된 AGIL도식은 다음과 같다(〈그림 4〉 참조).

〈그림 4〉 AGIL도식 (4기능 패러다임)

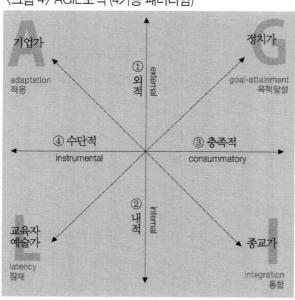

이에 따르면 '개개의 요소가 유기적으로 조합되어 통합성을 가지는 전체'인 시스템의 존속을 위해 해결되어야 하는 기능적 전제조건은 다음의 4가지가 있다.

외부의 환경에 대해 일정한 관계를 유지하는 ① 외적(external), 내부에서 기능요소의 분화와 결합의 문제를 해결하는 ② 내적(internal)의 2가지가 하나의 대칭을 이룬다. 또한 별도의 어프로치Approach와 목적과의 관계라는 측면에서 목적 그 자체를 향한 직접적인 지향인 ③ 충족적(consummatory), 목적달성을 위한 수단의 확보인 ④ 수단적(instrumental)의 2가지도 하나의 대칭을 이룬다.

이 외적과 내적을 하나의 축, 충족적과 수단적을 또 하나의 축으로 하고, 십자로 교차시켜 벡터Vector를 구성한다. 수단적+외적= A: '적응'(adaptation), 외적+충족적= G: '목적달성'(goal attainment), 충족적+내적= I: '통합'(integration), 내적+수단적= L: '잠재'(latency)가 된다. 이 4개의 두문자頭文字가 결합된 것이 AGIL도식이다. 각 벡터의 끝에 위치하는 사람이 각 분야의 엘리트이다.

[A] '적응형 엘리트'의 대표는 경영자이다. 비즈니스를 전개하고 있는 회사라는 외적인 것에 중대한 관심을 가지고, 어떻게 하여 이익을 추구할 것인가라는 수단을 생각하는 것이 경영자, 기업가이다.

[G] '목적달성형 엘리트'의 대표는 정치가이다. 사회 그 자체를 상대로 하여 스스로가 품고 있는 이상을 실현시키려 하는 것이 이상적인 정치가의 모습이다. 외부에 있는 목적을 향해 직접적으로 어프로치 하는 것이다.

[I] '통합형 엘리트'의 대표는 종교가이다. 기독교 문화권의 종교가는 내적 성찰로 목표를 제시하고, 이를 통해 사회시스템의 일관성을 유지하면서 급격한 변화를 방지하려고 한다. 따라서 이는 명확하게 통합형으로 분류할 수 있다. 반면 동양의 종교가는 오히려 적응형 또는 목적달성형

의 색채가 짙고, 사회의 급격한 변화를 추구하는 경우조차 적지 않다.

[L] '잠재형 엘리트'는 대표는 교육가나 예술가이다. 4가지의 기능요소 중 통합과 그 수단의 확보에 의해 시스템 전체의 활동을 장기간에 걸쳐 유지하고, 또한 축적된 내부의 스트레스를 해소하는 역할을 맡는 것이 잠재형 엘리트이다. 집단의 구성원을 지속적으로 공급한다는 점에서 보면 다음 세대를 키우는 교육가, 집단 전반에 정신적인 여유나 윤택함을 제공하는 예술가가 이에 해당한다.

장수는 경영자(적응형 엘리트)가 되어야 하는가

여기서 진정한 의미의 엘리트 군인은 어느 카테고리에 속하는 것인지 의문을 가지게 된다. 구분은 간단하지만 실제로는 의외로 어려운 문제이다. 역사상 명장으로 증명된 군인도 다양한 유형이 있고, 이상적 장수에 대한 개인 마다의 취향도 있기 때문이다. 따라서 어느 타입의 기능엘리트가 대군을 통솔하는 General로 적합한 것인지는 쉽게 단정하기 어려운 부분이다.

과거부터 명장은 탁월한 정치가인 경우가 많았으므로, 뛰어난 군인은 목표달성형 엘리트라고 하는 것은 충분히 설득력이 있다. 알렉산더 대왕, 프리드리히 대왕, 나폴레옹이 대표적 예이다. 하지만 군인이란 항상 생사의 틈바구니에 서 있으므로, 종교가의 색채를 띤 통합형 엘리트에 속한다는 견해도 일리가 있다. 또한 군대라는 조직의 유지에는 후진의 육성이 불가결하므로, 군인의 본질은 교육자로서 잠재형 엘리트라고 하는 것도 납득할 수 있다.

전쟁이란 상대방의 존재를 전제로 하고, 피아의 상대적인 관계에 따라 상황이 전개된다. 따라서 군인의 지향은 '외적'의 축으로 나아간다. 그리고 군인의 궁극적 목적은 승리에 있으므로, '충족적'의 축에 따른다. 그리고 이에 따라 합성된 벡터의 방향은 목적달성형 엘리트가 위치한 영역이다. 명장은 곧 뛰어난 정치가라는 도식이 타당한 이유이다.

하지만 시대의 흐름에 따라 사회구조는 복잡하고 대규모로 진화했다. 이에 따라 우수한 장수는 국가의 궁극적 승리는 군인의 힘만으로는 얻을 수 없다는 것을 인식하게 되었다. 따라서 승리라는 목적에 기여하는 수단을 보다 중시하게 된다. 즉 그 의식은 '수단적'인 축에 따라 나아가게 된다. '외적'과 '수단적'을 합성한 벡터의 방향에는 적응형 엘리트가 존재한다. 대군을 통솔하는 유능한 장수는 대기업의 경영자와 유사한 적응형 엘리트라고 할 수 있다.

제2차세계대전에서 활약한 나치스 독일군의 장군들은 용맹한 무리들만 있었을 것으로 생각하는 경향이 있지만, 실제로는 그렇지 않았다. 폰Von의 칭호를 지니지 않은 인물들로 대프랑스전의 A군집단 수석작전참모 귄터 블루멘트리트Gunther Blumentritt, 노르망디 전투의 B군집단 참모장 한스 슈파이델Hans Speidel, 육군총사령부 제1과장(작전과장) 아돌프 호이징거Adolf Heusinger, 국방군최고사령부 전시경제부장戰時經濟部長 게오르그 토마스Georg Thomas 등은 수트Suit로 갈아입는 것만으로 '뱅카Banker(은행가)'로도 충분히 통할만한 분위기이다.

실제로 그들이 담당한 것은 거대한 조직의 관리운영이었다. 그렇다면 그렇게 지적이고 냉철한 집단이 왜 나치스의 광기에 봉사했는가라는 의문이 생긴다. 이 문제는 여러 관점에서 복합적인 고찰이 필요하다. 일단은 국가의 목적을 고려한다는 충족적인 어프로치가 없이, 전쟁의 프로페셔널로서 수단적인 것에 몰두한 결과라고 정리해본다.

미군의 장군들에게는 어딘가 러프Rough한 느낌이 있지만, 중추부는 '적응형 엘리트'가 장악하고 있었다. 장대한 '승리의 계획'(Victory Plan)

을 입안하여, 미국을 데모크라시의 병기창으로 만들어낸 앨버트 웨드마이어Albert Wedemeyer는 그 대표적인 인물이다. 그에게는 군복을 입은 대기업 CEO의 분위기가 강하게 느껴진다. 1942년 4월 처음으로 토쿄공습을 감행한 제임스 둘리틀James Doolittle 역시 이러한 유형의 사람이다. 그는 '승리의 계획'에 기초하여 자동차 공업의 일부를 항공기 부품제조로 전환하는 프로젝트의 책임자였다. 이는 연합군 승리의 결정적인 한 수가 되었다. 그리고 이를 총괄한 사람이 육군참모총장 조지 마셜George Marshall이었다. 어떻게 보아도 마셜은 채무자에게 무자비한 은행가에 어울리는 풍모를 하고 있다.

일본의 육해군에도 이러한 적응형 엘리트가 있었는지 생각해보면 떠오르는 장군이나 제독이 없다. 임팔 작전과 같은 지리멸렬한 비극은 단순한 우연이 아니었던 것이다.

5장
독단전행과 하극상

홍콩공격에서의 와카바야시 중대장

앞장에서 설명한 사토 코토쿠 사단장이 임팔 작전에서 보인 행동에 대해서는 조금 더 생각해볼 부분이 있다. 만약 사토 중장이 최후까지 코히마를 지키고 있던 1개 대대를 지휘하면서 함께 후퇴했다면 다른 평가도 가능하겠지만, 군사령부와 연락이 유지되는 상태에서 독단으로 후퇴했으니 이는 항명에 불과하고 '독단전행獨斷專行'이라고 하기는 어렵다. '독단전행'에는 전군에 유익한 결과를 예상할 수 있을 것이 기본적 전제가 된다. '독단전행'이 완벽하게 성공하면 전사戰史의 하이라이트가 되겠지만, 그런 사례는 의외로 드물다. 역시 처음에 수립한 계획이 예상대로 정연하게 진행되어 승리에 이르는 경우가 일반적이다. 다만 태평양전쟁의 개전 벽두, 홍콩공격에서 어느 중대장의 독단전행이 군 레벨에서의 신속한 승리를 가져온 전례戰例는 유명하다.

구룽 반도로부터 홍콩 섬에 걸쳐 존재하는 영국군의 요새를 공격하는 임무를 맡은 것은 지나파견군 예하의 제23군으로, 제5사단의 1개연대와 제38사단을 기간으로 한 비교적 소규모의 군이었다. 하지만 중포병연대 1개, 독립중포병대 2개, 포병정보연대 1개 등을 통괄하는 제1포병사령부가 배속되어 있어 포병화력은 충실한 편이었다. 공격의 기본구상은 이 같은 공성攻城용의 중화력을 발휘하여 정공법으로 요새를 공략한다는 것이었다.

1941년 12월 8일 말레이 반도 상륙 성공의 소식을 들은 제23군은 이 날 오전 4시를 기해 심천深圳 정면에서 국경을 넘었다. 다음 날인 9일 국경 부근에 있는 적 주진지 공격의 준비명령이 내려졌고, 각 부대가 전개를 시작했다. 계획으로는 1주일간 공격을 준비하고, 그 사이 중포병대가 적 화력을 제압, 격멸한 후 총공격을 개시하기로 했다.

보병 제228연대 제3대대 제10중대장 와카바야시 토이치若林東一 중위가 첨병장尖兵長(부대의 최전방에서 경계, 정찰을 담당)으로 적진을 정찰했다. 여기서 적진의 중요 지점인 고지에 병력이 배치되어 있지 않은 것을 알게 된 와카바야시 중위는 독단전행하여, 인접부대와의 전투지경戰鬪地境을 넘어 사람이 없는 토치카로 뛰어 들어 이를 확보하고, 이를 대대에 보고했다. 적 주진지의 일각을 장악했다는 사실이 대대에서 연대본부 그리고 사단사령부로 보고되자 큰 소동이 일어났다. 호기를 놓치지 말고 즉시 연대 주력을 투입하여 전과를 확대해야 하며, 제10중대장이 적중에 고립되어 있으므로 서둘러 증원을 보내야 한다는 의견이 비등했다.

하지만 제38사단장 사노 타다요시佐野忠義 중장은 군사령부와의 협의 끝에 연대에 후퇴명령을 하달했다. 적진 한 가운데에 아군이 있어서는, 먼저 포병화력을 투사한 후 총공격을 실시한다는 군의 작전구상이 무너지게 된다는 것이 이유였다. 하지만 제228연대본부는 납득할 수 없었다. 와카바야시 중대장이 진지를 지키고 있는 이상 물러나라고 할 수는 없다며 명령을 거부했다. 연대본부와 사단사령부 사이에 격렬한 논쟁이 오고갔고, 결국 도이 사다시치土井定七 연대장은 "전화를 받지마라"고 비상수단을 취한 후 전투를 개시하였고, 적진의 중앙에 큰 쐐기를 박는 형상이 되었다.

와카바야시 중위와 도이 대좌의 독단전행에 끌려가는 형태로, 제23군은 12월 10일부터 국경의 주진지에 대한 총공격을 개시했다. 와카바야시 중위가 장악한 지점이 홍콩의 수원지水源地였던 이유도 있어, 영국군은 이 일격으로 전의를 상실했다. 결국 12일 구룡반도에서의 저항이 종지부를 찍었다. 작전이 1주일이나 빨리 종결되었고, 귀중한 탄약도 절약할 수 있었다. 독단전행이 좋은 결과를 낳은 것으로 기뻐하면 될 일이지만, 공적의 평가나 체면 등의 요소가 개입하여 감정문제로 비화되었고, 결국은 상당히 성가신 상황에 이른다.

당당하게 정공법을 구사하여 진격하려고 벼르고 있던 제23군 사령관 사카이 타카시酒井隆 중장은 이 구상이 무너진 것에 대해 크게 분노했다. 만반의 준비를 갖추고 있던 제1포병사령관 키타지마 키네오北島驥子雄 중장은 사카이 중장과 같은 육사 20기로, 모처럼 동기생에게 화려한 무대를 마련해주려고 했던 것도 분노에 기름을 끼얹었다. 통신연락이 완전한 상태였으니 독단전행에 해당하지 않고, 전화도 받지 않으면서 명령을 무시하여 임의로 작전을 진행시켰으니, 군법회의에 회부되어야 한다며 씩씩대고 있었다.

그런데 좋은 기회를 놓친 키타지마 중장이 사카이 군사령관에게 화를 내기는커녕, "견고한 진지를 용이하게 뚫을 수 있었으니 기쁜 일이 아닙니까"라며 축하의 말을 건넸다. 이런 말을 듣고, 또한 시간이 지나며 냉정한 상태가 된 사카이 중장으로서도 어쨌든 홍콩 공격이 쉽게 끝나 다행이었다고 생각하게 되었다. 또한 홍콩 섬을 점령한 후 살펴보니 영국군의 방비는 예상 이상으로 엄중하여, 어설프게 공격했더라면 크게 고전했을 것으로 판명되었다. 결국 보병 제228연대의 독단전행은 문책할 수 없게 되었다.

여기서 전투지경을 무시하고 명령에 불복하여 이에 배치되는 일을 벌인 행위와 통신이 확보되어 있어 독단전행의 여지가 없었던 상황은 이리저리 각색되고 은폐되어 와카바야시 토이치 중위의 공적으로 정리되었다. 보고를 받은 지나파견군 총사령관 하타 슌로쿠畑俊六 대장은 "귀군貴

軍의 영광, 찬연燦然하게 빛나리"라고 찬사를 보냈다. 이렇게 문제는 해결된 것으로 보였고, 오늘에 이르기까지 이 정도로 전해지고 있다.

대승의 그늘에서 행해진 징벌인사

하지만 진정한 파란은 여기서부터가 시작이었다. 홍콩 점령 후 시찰을 위해 현지를 방문한 지나파견군 총참모장 우시로쿠 쥰後宮淳 중장이 설명을 듣고 사실관계를 파악하자 격노한 것이다. 독단전행이 아니라 그저 명령무시, 항명에 불과하다는 것이다. 우시로쿠 중장은 분노했지만 서전의 대승에 열광하고 있던 상황에서 군법회의에 회부하거나 견책처분(계고처분)을 내리는 것은 상황이 허락하지 않았다. 여기서 소장 시절 육군성 인사국장을 역임한 경력의 우시로쿠 중장은 인사를 통한 징벌에 나선다.

사카이 타카시 중장은 1943년 4월 대명待命, 예비역에 편입되고 결국 소집되는 일도 없이 패전을 맞이했다. 그런데 1935년 6월 체결된 우메즈・하응흠何應欽 협정 당시, 사카이 대좌는 지나주둔군 참모장으로 협정 체결장소에 있었는데, 그 때의 태도가 몹시 오만했다고 한다. 이것이 괘씸죄가 되어 1946년 9월 남경에서 사형당했다. 제23군 참모장 쿠리바야시 타다미치栗林忠道 소장은 중장으로 진급했으나, 유수留守근위제2사단장으로 좌천되었고, 결국 제109사단장으로서 이오지마에서 옥쇄했다. 참모부장 히구치 케이시치로樋口敬七郎 소장은 대만군 참모장으로, 작전주임 타다 토쿠치 중좌는 조선군 참모로 쫓겨났다.

제38사단의 막료는 모두 전시에는 한직이라고 할 수 있는 보병학교나 육사의 교관으로 좌천되었다. 전화를 받지 말라고까지 하며 자기 주장을 밀고 나갔던 도이 사다시치 대좌는 제3사단부付가 되었다가, 치시마 열도千島列島의 제3수비대장으로 밀려났다. 그리고 "나의 뒤를 따르는 사람을 믿는다"라는 유언으로 잘 알려진 와카바야시 토이치 중위는 역시 중대장으로 수마트라 공격에 참가했고, 과달카날 섬에서 싸우다가 1943년 1월 전사했다. 결국 홍콩 공격에 참가한 사람들은 상당한 전과를 거두었음에도 불구하고, 응분의 대가를 받지 못한 채 대부분이 불행한 길을 걸었다.

레이테 돌입을 명령 받은 쿠리타 함대

태평양전쟁 중에 발생한 또 하나의 독단전행의 예가 '쿠리타 함대, 수수께끼의 반전反轉'이다. 이는 1944년 10월 25일 쿠리타 타게오栗田健男 중장이 지휘하는 제2함대 주력이 레이테 만 입구의 술루안Suluan 섬 28해리 앞까지 육박하였다가, 돌입하지 않고 되돌아 간 사건이다(〈그림 5〉, 〈표 6〉 참조). 쿠리타 함대는 10월 22일 32척의 진용으로 브루나이Brunei를 출격하여 동쪽으로 나아갔는데, 도중 잠수함의 습격에 이어 역사상 유래가 없는 대규모의 공습空襲을 받아, 25일 반전할 때에는 16척으로까지 감소했다. 전함 '무사시'의 손실을 시작으로, 미끼가 된 제3함대 항모 4척의 침몰이라는 큰 희생을 치르고, 쿠리타 함대는 왜 독단으로 반전했던 것인가?

이 독단전행에는 복선이 있다. 1944년 8월 4일 연합함대 사령부는 '쇼고 작전에 있어서 연합함대의 작전요령捷號作戰に於ける連合艦隊の作戰要領'을 책정하여 예하 각 부대에 하달했다. 8월 10일 마닐라에서 현지 합의를 위한 회의가 열려 제2함대 참모장 코야나기 토미지小柳富次 소장과 연합함대 작전참모 카미 시게노리神重德 대좌가 회견했고, 여기에는 남서방면함대南西方面艦隊 사령장관 미카와 군이치三川軍一 중장도 동석했다.

이 회의의 석상에서 카미 시게노리 참모는 제2함대가 적의 정박지에

〈그림 5〉 레이테 해전

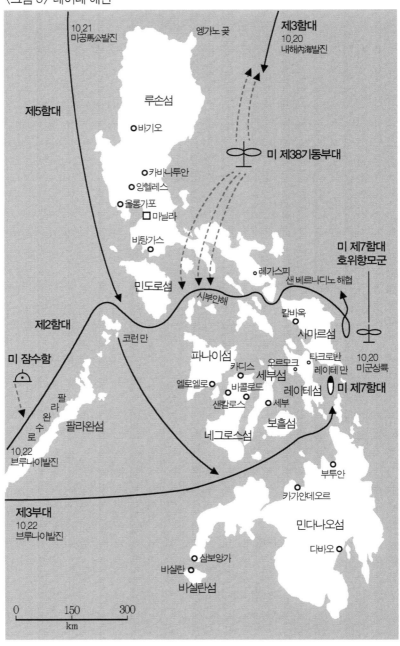

10.21
마공馬公발진

엥가노 곶

제3함대
10.20
내해內海발진

미 제38기동부대

루손섬

제5함대

바기오

카바나투안

잉헬레스

올롱가포

마닐라

비탕가스

미 제7함대
호위항모군
샌 베르나디노 해협

레가스피

칼바옥

사마르섬

제2함대

민도로섬

시부안해

코런 만

파나이섬

카디스

오르모크

타크로반
레이테 만

10.20
미군상륙

미 잠수함

세부섬

엘로엘로

바콜로드

레이테섬

미 제7함대

팔
라
완
수
로

샌칼로스

세부

팔라완섬

네그로스섬

보홀섬

10.22
브루나이발진

부투안

카가얀데오르

제3부대
10.20
브루나이발진

민다나오섬

다바오

삼보앙가

바실란

바실란섬

0   150   300
km

158   일본군의 패인

돌입하여 상륙함대를 격파한다는 방침을 제시했다. 이에 대해 코야나기 토미지 참모장은 적 주력함대를 포착한 경우, 적 수송선단의 공격보다 적 주력과의 결전을 우선적으로 수행하여도 되는지 여부에 대한 답을 요구했다. 적 함대 주력을 격멸하면 수송선단의 격파는 당연히 수반되는 것이므로, 코야나기 참모장의 의문은 이론적으로는 타당한 것이었고, 따라서 카미 참모도 "괜찮습니다"라고 대답할 수 밖에 없었다.

10월 23일 이른 아침 쿠리타 함대는 팔라완Palawan 섬의 동쪽에서 미 잠수함의 공격을 받아 중순양함 3척을 상실했다. 쿠리타 함대가 시부얀 Sibuyan 해에 들어서자 24일 오전 10시부터 항모 4개 군群, 17척으로 구성된 미 제38기동부대의 맹공격을 받아 전함 '무사시'가 격침당한다. 격렬한 공습으로부터 일시적으로 회피하기 위해 쿠리타 함대는 24일 15:35 서쪽으로 반전했다. 이를 요코하마의 히요시다이日吉台에 있던 연합함대 사령부에 보고한 것이 16:00경 그리고 공습이 어느 정도 진정되자 다시 반전하여 레이테 만으로 향한 것이 17:14 였다.

쿠리타 함대가 레이테 만의 반대방향으로 반전한 것을 알게 된 연합함대 사령부가 토요타 소에무豊田副武 사령장관 명의로 "천우天佑를 확신하며, 전군 돌격하라"고 발신한 것이 18:30, 이것이 전함 '야마토'의 사령부에 전해진 것이 18:59이었다. 나아가 19:55에 두 번째 돌격명령이 발신되었고, 뒤이어 쿠사카 류노스케草鹿龍之介 연합함대 참모장 명의로 전군 돌격 명령을 설명하는 전보까지 타전되었다. 이미 재차 반전하여 샌 베르나디노San Bernardino 해협으로 향하고 있던 쿠리타 함대에게 이 전보에 의한 독전이 불유쾌한 것이었음은 용이하게 상상할 수 있다.

이즈음의 쿠리타 함대 사령부는 어떤 분위기가 지배하고 있었던 것일까? 오자와 지사부로 중장이 지휘하는 제3함대(기동부대)가 미끼가 되어 적 함대 주력을 북쪽으로 유인하게 되어 있었지만, 24일 겪은 미군의

〈표 6〉 레이테해전에 참가한 함정 (1944년 10월)

제2함대 (쿠리타 타케오 중장)
　제1부대 (쿠리타 타케오 중장)
　　제1전대= 야마토, 무사시(10. 24. 침몰), 나가토
　　제4전대= 아타고(10. 23. 침몰), 마야(10. 23. 침몰), 타카오(10. 23. 탈락), 쵸카
　　　　　　이(10. 25. 침몰)
　　제5전대= 묘코(10. 25. 탈락), 하구로
　　제2수뢰전대= 노시로(10. 26. 침몰), 시마카제
　　제2구축대= 하야시모(10. 26. 침몰), 아키시모
　　제31구축대= 키시나미, 오키나미 아사시모 나가나미
　　제32구축대= 하마나미, 후지나미
　제2부대 (스즈키 요시오 중장)
　　제3전대= 콘고, 하루나
　　제7전대= 쿠마노(10. 25. 침몰), 치쿠마(10. 25. 침몰), 스즈야(10. 26. 침몰), 토네
　　제10수뢰전대= 야하기, 노와키(10. 25. 침몰), 키요시모(10. 26. 침몰)
　　제17구축대= 우라카제, 이소카제, 유키카제, 하마카제
　제3부대 (니시무라 쇼지 중장)
　　제2전대= 야마시로(10. 25. 침몰), 후소(10. 25. 침몰), 모가미(10. 25. 침몰)
　　제4구축대= 미치시오(10. 25. 침몰), 아사구모(10. 25. 침몰), 야마구모(10. 25.
　　　　　　침몰)
　　제27구축대= 시구레

제3함대 (오자와 지사부로 중장)
　　제3항공전대= 즈이카쿠(10. 25. 침몰), 치요다(10. 25. 침몰), 치토세(10. 25. 침몰),
　　　　　　즈이호(10. 25. 침몰)
　　제4항공전대= 이세, 휴가, 오요도, 타마(10. 25. 침몰)
　　제31전대= 이스즈
　　　제41구축대= 시모츠키
　　　제43구축대= 스기, 키리, 마키, 쿠와
　　　제61구축대- 아키즈키(10. 25. 침몰), 하츠즈키(10. 25. 침몰), 와카츠키

제5함대 (시마 키요히데 중장)
　제21전대= 나치, 아시가라
　제1수뢰전대= 아부쿠마(10. 26. 침몰)
　　제7구축대= 우시오, 아케보노
　　제18구축대= 카스미, 시라누이

대공습을 보면 유인에 실패한 것으로 생각되고, 무엇보다도 제3함대와 연락이 닿지 않고 있었다. 샌 베르나디노 해협을 무사히 통과한다고 하더라도, 레이테 만 도착까지는 지금까지 이상의 공습에 직면할 것이 예상되었다. 레이테 만 입구에는 미군의 전함들이 T자 대형을 갖추고 쿠리다 함대를 기다리고 있을 것이다. 돌입에 성공하여도 상륙개시로부터 이미 5일이나 지났으므로 대부분의 수송선은 비어있을 것이고, 양륙을 마치지 않은 선박도 이미 어딘가로 도피해 있을 것이다. 쿠리타 타케오 중장 이하 모두가 이와 같은 비관적인 "있을 것이다"에 지배되고 있었던 것이다.

10월 25일 심야 쿠리타 함대 23척은 단종진單縦陣으로 샌 베르나디노 해협을 무사히 통과하여 태평양으로 나왔다. 하지만 걱정하던 해협 출구에서의 매복은 없었다. 그리고 06:45 미 호위항모와 조우했다. 일본측은 최후까지 이를 정규항모부대, 즉 적 주력으로 오인하고 있었다. 그렇다면 전멸을 각오하고 철저하게 추격해야 하지만, 중도반단中途半斷적인 상태로 09:11 공격을 중단했고 레이테 만으로의 진격을 재개했다.

정보가 공유되지 못한 결과

여기서 결정적이라고 할 수 있는 정보를 수신하게 되었다. 남서방면함대 사령부가 발신했다는 "적의 정규항모부대 0945 술루안 섬 등대의 방위 5도, 거리 113해리에 있음"이라는 내용이었다. 비어있는 수송선과 함께 죽는 것보다 적 함대 주력과 포화를 주고 받는 것이 낫다고 생각한 제2 함대는 12:36 레이테 만에서 반전했다. 앞서 본 8월 10일의 합의에 기초한 것이었다. 그런데 이날 오전까지만 해도 호위항모부대를 정규항모부대로 오인하면서도 레이테 만 돌입을 우선하고 있다가, 그로부터 불과 3시간 정도가 경과한 시점에서 이번에는 적 항모 발견의 전보를 받자마자 바로 적 주력 격멸로 방침을 변경한 것은 어떻게 생각해도 이치에 맞지 않다.

한편 남서방면함대가 보냈다고 하는 이 전보는 언제 수신했는지 명확한 기록이 없다. 또한 남서방면함대 사령부에서 이와 같은 전보를 발신했다는 기록도 없다. 그렇다면 미군이 발신한 가짜 전보는 아닌가 하는 의문이 생긴다. 하지만 교신에 끼어드는 것은 가능하더라도, 암호를 정확하게 조합하여 발신하는 것은 불가능한 일이다. 그후 다각도로 경위를 조사한 끝에 일본측 정찰기가 쿠리타 함대를 미 함대로 오인하여 통보했고, 이 잘못된 첩보가 확인되지 않은 채 정보로 전파되었다는 것으로 정리되었다. 이것이 사실이라면 쿠리타 함대는 자기의 그림자를 보고 놀라 뒷걸음질친 꼴이 된다.

해군의 쇼고 작전은 1944년 10월 12일부터부터 시작된 대만해협항공전의 전과를 과대평가한 것으로 시작되어, 출처가 불분명한 전보의 수신으로 막을 내렸다. 결국 제2함대와 제3함대 간의 연락불비와 같은 정보공유의 흠결이 독단전행의 여지를 만들었다고 할 수 있다. 더 큰 문제는 연합함대 사령부가 정보의 적절한 통제와 전군의 공통목적 명시를 통한 일관된 작전행동 지도에 실패했다는 점이다. 즉 이 시점의 일본해군은 더 이상 기능집단이 아니었다고 해도 과언이 아니다.

당시의 통신능력을 감안하면 요코하마의 히요시다이에서 필리핀 해역에 광범위하게 전개된 함대를 통제하는 것은 무리였다. 그렇다면 해군의 전통에 따라 연합함대 사령장관 토요타 소에무 대장이 전함 '야마토'에 좌승坐乘하여 직접 지휘를 맡아 레이테 만에 돌입하는 것이 옳았을 것이다. 연합함대는 이때 레이테 만에서 최후를 맞이했겠지만, 나름대로의 전과를 거둔 가운데 명예로운 전멸이라는 영광만은 남았을 것이다.

독단전행과 폭주의 경계

각급 지휘관이 전방까지 진출하더라도 개인의 능력에는 한계가 있으므로, 항상 현장에서 결단을 내릴 수 있는 것은 아니다. 통신의 중요성을 강조하지만, 정보화 사회라는 오늘날에도 전장이라는 특수한 환경에서는 그 능력을 충분히 발휘하지 못하는 경우가 많다. 더구나 태평양전쟁 중 일본 육군의 통신수단은 극히 제한적이었다. 무선통신의 기술적 수준이 낮은 상태에서, 연대본부와 일선부대를 잇는 유선통신은 한 가닥에 불과했다. 전령이 말을 타고 달려 연락하는 경우, 4km에 12분이 걸리는 것을 기준으로 하는 시대였다.

이러한 현실을 직시하고 대폭적으로 현장의 재량권을 인정하지 않는 이상 언제나 대응이 뒤쳐질 수 밖에 없다. 정보화 사회인 현재의 육상자위대조차 『야외령野外令』(1985)의 '지휘의 요결(비결)'에는 "지휘하에 있는 부대에 대한 통제는 필요 최소한으로 하고, 자주재량의 여지를 부여하는 것에 유의하여야 한다"라고 하고 있다. 또한 '명령의 작성'에서는 "명령의 수령에서 그 실행까지의 상황 변화를 예측할 수 없는 경우, 발령자의 의도 및 수령자의 행동의 준거가 될 대강을 제시하고, 수령자에게 자주재량의 여지가 주어질 수 있도록 고려하여야 한다"로 되어 있다. 이와 같은 '자주재량'에 대한 관점은 만국공통의 것이다.

구 육군의 『통수강령統帥綱領』은 '자주재량'이라는 용어 대신에, 보다 강한 의미의 '독단전행'이라는 표현을 사용하고 있다. 제4 '작전지도의 요령'의 21에서는 "고급지휘관이 부하 병단에 내리는 명령은, 전적으로 각 병단 공통의 목적과 공동작전의 준승準繩(준칙)의 명시를 통해, 독단전행의 여지를 부여하여 유감 없이 그 능력을 발휘할 수 있도록 하여야 한다"고 하였다.

'독단전행'은 구 육군의 전매특허처럼 인식되지만, 이는 각국에서 공통적으로 강조되고 있는 것이다. 엄격한 중앙통제로 알려진 구 소련군조차

『야외령野外令』(1936)의 '강령綱領'에서 "최초에 예기할 수 없었던 상황의 변화에 조우한 부하의 독단전행은 위대한 가치가 있다. 지휘관은 모든 수단을 동원하여 부하의 독단전행을 장려하고, 전투목적 달성을 위해 이를 이용하기 위하여 노력하여야 한다"고 강조했다.

'자주재량'의 강조와 '독단전행'의 장려, 이와 같은 발상의 근저에는 '현장에 있는 인간만이 정확한 결정을 내릴 수 있다'는 인식이 있다. 하지만 여기에는 제시된 준승과 상관의 의도라는 명확한 한계가 있다. '독단전행'은 어디까지나 부여된 테두리 내에서 행해져야 한다는 제한이 있지만, 구 육군에서는 특히 이 부분이 매우 애매했다. 원래 『통수강령』은 군이나 방면군과 같은 대군의 통수에 관한 요강이다. 하지만 하급장교까지도 이를 교재로 삼아 배운 때문인지, 모든 레벨에서 일반적인 원칙으로 받아들이는 경향이 있었다.

일본에는 종교적인 속박이 없기 때문인지, 구미에서와 같이 각자의 양심에 따라 행동하고, 그 책임은 신神의 앞에서 진다는 관념이 희박하다. 이기면 관군이고, 결과만 좋으면 과정이야 어떻건 상관 없다는 풍토가 자리잡고 있다. 따라서 '자주재량'이나 '독단전행'은 쉽게 자의恣意와 결합하였고 결국은 '독주', '폭주'로 발전하고 말았다.

폭거, 장작림 폭살사건

오늘날까지 일본에서 독주, 폭주의 대명사로 인식되고 있는 것이 관동군關東軍이다. 러일전쟁이 한창이던 1904년 9월 북상한 만주군의 후방을 담당하는 요동수비군遼東守備軍이 창설되었다. 그 후 관동총독부, 관동도독부 육군부로 명칭이 바뀌었다가, 1919년 4월 관동군이 되었다. 그 임무는 관동주關東州(요동반도)의 방비와 남만주철도의 선로 경비로, 오랜 기간 그 병력 규모는 매 2년마다 교체되는 축소편성의 주차駐箚(주재)사단 1개와 독립수비대 6개 대대로 구성된 합계 1만 명 정도였다. 비록 소규모의 군이었지만 조선군의 2개 사단을 후방부대로 하는 대륙의 첨병이었으므로, 원기가 왕성하지 않으면 근무할 수 없었던 것은 당연했다.

복잡한 중국의 군벌항쟁의 와중에 있었던 관동군에는 "현장에 있지 않은 사람은 상황을 알 수 없다"는 분위기가 있었고, 자주재량을 가지고 움직여야 하는 경우도 많았다. 중국의 국권회복운동이 격화되면서 관동군은 더욱 더 곤란한 입장으로 몰리게 되었다. 하지만 쇼와기에 들어선 이후 관동군의 움직임은 자주재량이 아니라 독주, 폭주로 표현할 수 밖에 없다. 그 상징적인 사건이 1928년 6월 4일 봉천에서 일어난 장작림張作霖 폭살사건, 이른바 '만주모중대사건滿洲某重大事件'이다.

1928년 1월 국민혁명군 총사령總司令으로 복귀한 장개석은 그 해 4월부터 북벌을 재개했다. 동북부에 있는 봉천군奉天軍 등의 군벌을 소탕하여 중국의 통일을 목표로 한 군사행동이었다. 북벌군이 북경으로 향하던 도중인 5월, 제남에서 일본군과의 충돌이 발생했다. 이로 인해 쌍방의 적의가 높아졌고, 이대로 북경과 천진 나아가 만주로 진입하면 심각한 사태로 발전할 것이 예상되었다. 여기에 패배가 예상되는 봉천군 등이 패잔병이 되어 질서를 교란시키게 되면 대규모의 참극이 일어날 가능성도 높아 보였다.

이에 5월 18일 일본정부는 성명을 발표했다. 혼란이 만주로 파급되는 경우 일본은 실력을 동원해 치안 유지를 위한 조치에 나서겠다는 내용으로, 이를 각서로 작성하여 북벌군과 봉천군에 보냈다. 관동군사령부는 이러한 일본정부의 움직임에 따라 기민하게 대응했다. 만주에서의 병란兵亂을 예방하기 위해서는, 봉천군이 무장한 채 만주로 귀환하는 것을 저지하여야 하고, 금주錦州에서 무장해제를 할 필요가 있다고 보았던 것이다. 이에 사령부를 여순에서 봉천으로 옮기고 부대의 철도수송을 위한 준비를 시작했다.

그런데 금주는 장성선長城線의 동쪽 끝인 산해관의 북쪽에 있다. 관동군의 행동이 허용되는 범위 밖에 있는 금주로의 출동은 해외파병이 된다. 따라서 출동에는 천황의 명령, 이른바 봉칙명령이 필요하다. 관동군 사령관 무라오카 쵸타로村岡長太郎 중장은 서둘러 봉칙명령이 하달되도록 참모총장 스즈키 소로쿠鈴木莊六 대장을 재촉했지만, 기다리라는 대답과 함께 시간은 흐르기만 했다.

이 사이에 5월 말 장작림은 자주적으로 경진京津(북경, 천진)지역에서 철수하기로 했고, 북벌군 역시 장성선 이북으로는 진출하지 않겠다는 의사를 일본군에 통고해 왔다. 하지만 관동군은 봉천군의 만주귀환은 장래의 화근을 남기는 것이 된다며 책략을 꾸미기 시작했다. 그 결론이 장작림을 모살謀殺한다는 것이었다. 관동군사령부의 어느 선까지가 음모에 관여했는지는 불명확하지만, 고급참모 코모토 다이사쿠河本大作 대좌가 '독단전행'하는 형태가 되었다. 그리고 이 계획은 실행에 옮겨져 경봉선京奉線과 만철선滿鐵線이 교차하는 지점에서 장작림이 탄 열차를 폭파하여 살해하기에 이르렀다.

사정 여하를 불문하고 이는 '폭주'라고 할 수 밖에 없다. 진상이 명확하게 드러나자 쇼와 천황이 타나카 기이치田中義一 수상을 질책하여 내각이 총사직에 이른 것도 당연한 귀결이었다. 그렇지만 모략을 획책한 자를 군법회의에 회부하게 되면 일본의 범행을 자백하는 꼴이 된다. 결국 인사조치로 사건을 유야무야하는 것으로 끝을 맺고 말았다. 그러자 모략을 추진한 무리는 자신감을 얻었고, "코모토 대좌의 뜻을 이어 계속 나아가자"는 자세가 되었다.

남만주철도를 둘러싼 문제

일본군에 의한 최대의 독단전행이 1931년 9월의 만주사변이라는 점에는 별 다른 이론異論이 없다. 국제협조외교의 한계나 경제불황, 나아가 만몽문제의 위기적인 정세라는 사정이 있었다고 하더라도, 국가의 진로를 관동군과 성부省部(육군성과 참모본부)의 일부 막료가 왜곡한 것은 명확한 사실이다. 이는 반란이나 사전私戰에 가까운 수준의 독단전행이다. 하여간 이들이 1932년 3월 총면적 130만㎢, 인구 4,300만 명의 만주국滿洲國이라는 국가를 만들어내기에 이르렀으니, 그 자체로 놀라운 일이기는 하다.

만주에서 벌어진 중일의 분쟁은 주로 러일전쟁에 의해 일본이 취득한 남만주철도(만철滿鐵)의 권익을 둘러싼 것이었다. 1905년 12월 러시아의 권익인계에 관하여 청나라와 일본이 체결한 조약은 만철과 병행倂行하는 철도의 건설을 금지하고 있었다. 그런데 타이쇼 말기부터 장작림의 봉천정부는 만철을 동서에서 에워싸는 철도의 건설을 시작했다. 동쪽은 길림~해룡, 서쪽은 타호산~통료通遼로, 이를 통하여 중국철도의 경봉선에 접속한다는 것이었다(〈그림 2〉 참조).

이 만철병행선의 건설은 일본을 크게 자극하여 장작림 폭살의 원인遠因이 되었다. 하지만 이러한 자세는 일본인의 협소한 도량을 드러내는 것이다. 일본의 3.5배 면적인 만주에서 항만과 연결된 단 1개의 남북철도 노선만으로는 충분한 경제활동이 어렵다. 중국자본이라고 해도 철도망의 발달은 경제의 활성화를 가져오고, 중장기적으로 만철의 이익, 나아가 일본의 이익이 되는 것이 자명한 이치이다. 이를 고려하지 못하고 조약위반이라고 분개하기만 했던 것을 보면, 일본인은 커다란 장래의 전망을 그리지 못하는 얼마나 근시안적인 민족인가 탄식하게 된다.

장작림을 살해한 하수인이 일본의 군인이라는 것은 공공연한 비밀이었다. 그러니 아버지를 잃은 장학량이 친일적 태도를 취할 리가 없다. 동삼성東三省(봉천성, 길림성, 흑룡강성) 보안총사령保安總司令에 취임한 장학량은 장개석에게 동삼성의 복종을 알렸고, 1928년 12월 29일 '역치易幟(깃발을 바꾸어 다는 것)'를 단행했다. 그 동안 동삼성에서 게양해왔던 5색기를 내리고, 국민정부의 청천백일기를 게양하게 되었다. 이는 반일적 태도를 선명하게 드러내는 것이기도 했다.

그 이후 여객과 화물이 중국철도로 흘러가 만철의 경영은 악화일로를 걷게 되었고, 1931년도에는 결국 340만 엔의 적자가 예상되었다. 참고로 1931년도 당시 일본의 일반회계 예산이 약 15억 엔이었다. 이를 국민정부와 연대한 장학량의 대일압박정책의 결과로 받아들인 일본의 조야는 들끓었다. 물론 배일정책排日政策, 국권회복운동의 결과이기는 했지만, 그 이상의 이유도 있었다. 오늘날 말하는 글로벌라이제이션Globalization의 물결이 만주에도 밀어닥치기 시작했기 때문이다.

제1차세계대전 중 세계 각지에서는 광산개발이 활발히 진행되었다. 전쟁이 끝나자 당연히 광산물의 가격이 하락했고, 특히 은의 하락이 현저했다. 1929년 봄 런던의 은시장에서 하락이 시작되었는데, 은 1온스가 26펜스에서 21펜스로, 만주사변이 시작된 1931년 2월에는 12펜스까지 폭락했다(당시 환율로 1펜스는 7전). 중국철도는 은을 기준으로 운임을 책정했으므로, 2년 사이에 절반 이하가 된 것이다. 반면 만철의 운임은 금 기준이었으므로, 은 폭락의 영향을 받지 않았다. 여객, 화물이 중국철도로 유출되는 것을 저지하기 위해 만철은 운임을 20% 인하했지만 별다른 효과는 없었다.

봉칙명령 없는 해외출병

이와 같은 추세라면 결국 일본은 그 동안 투자한 15억 엔을 포기하고,

만주에서 철수할 밖에 없다는 말까지 나오게 되었다. 군부가 이러한 경제적 상황을 어떻게 인식하고 있었는지는 명확하지 않다. 하여간 "러일전쟁의 영령 5만에 대해 얼굴을 들 수 없다"고 운운하며 독단전행에 나선 것이 만주사변이었다.

1931년 9월 18일 관동군이 직접 만철 선로의 일부를 폭파하여 무력발동의 구실을 만든 모략은 별론으로 하더라도, 관동군과 긴밀하게 연락을 주고받던 조선군이 봉칙명령을 기다리지 않고 압록강을 건너 만주로 진입한 것은 전형적인 독단전행이라고 일컬어져 왔다. 하지만 앞서 설명한 국민당군의 북벌이 재개된 1928년 5월, 관동군의 증강을 위해 조선군에서 편성된 혼성 제40여단은 봉칙명령이 없이 압록강을 건너 안동(현재의 단동)에서 안봉선을 통해 봉천에 진입했다. 이 경로는 모두 일본의 권익 아래 있었으므로 해외파병이 아니고, 따라서 천황의 대명이 필요하지 않다고 할 수도 있다. 만주사변시의 혼성 제39여단의 파견도 마찬가지였다.

봉천이나 장춘에서의 전투는 종래부터 관동군 사령관에게 부여되어 온 임무의 수행이다. 만철부속지滿鐵附屬地에서 발생한 전투가 부속지 밖으로까지 확대되는 것을 자위권의 계속적인 행사에 해당한다고 보면, 이를 곧바로 해외파병이라고 하기도 어렵다. 여기까지는 봉칙명령이 없다고 하더라도 합법적으로 볼 여지가 있다. 하지만 문제는 다음에 벌어진 길림 출병이었다. 9월 21일 오전 3시, 혼죠 시게루 군사령관은 제2사단장 타몬 지로多聞二郎 중장에게 길림으로의 출동을 명령했다. 그리고 오전 6시 "당군當軍의 책임상 그야말로 어쩔 수 없는 응급조치로 간주하여 독단으로 처리함"이라는 전보를 참모본부로 보내 길림 출병을 통고했다.

오전 10시 장춘을 출발한 제2사단 주력은 길림선 철도를 이용하여 당일 길림을 점령했다. 토쿄로부터 중지 명령을 받더라도, 부대가 이미 출동하였으니 되돌릴 수 없다고 하려는 심산이었다. 여기서 더욱 문제가 된 것은 제2사단 주력의 길림 출동으로 봉천, 장춘의 병력이 부족하게 되자, 조선군의 월경越境을 요청한 것이었다. 실제로 압록강의 좌안左岸 신의주에서 대기하던 조선군 예하의 혼성 제39여단은 봉칙명령이 없는 상황에서, 9월 21일 오후 1시 압록강을 건넜다. 이 조선군의 월경은 다음날인 9월 22일 하달된 임참명臨參命 제1호로 추인 받았다.

일본의 권익지역은 장춘의 북쪽 2km에 있는 관성자寬城子까지로, 그 밖은 외국이다. 또한 길림으로의 진출은 자위권의 계속적 행사라고 할 수도 없다. 그러므로 어떻게 보아도 봉칙명령이 불가결하다. 더구나 관동군사령부와 참모본부, 육군성 사이에 연락이 유지되고 있었으므로, 자주재량이나 독단전행의 여지도 없었다. 그런데 길림 출병은 조선군 월경사건의 그늘에 가려져 문제로도 되지 않았다. 이렇게 중대한 월권행위, 사전私戰행위가 만주사변에 의한 만몽문제의 일거해결이라는 선물 앞에 조용히 묻히고 말았던 것이다.

만주사변의 관계자들은 견책을 받기는커녕 영달의 길을 걸었다. 부하의 폭주를 막지 못했던 혼죠 시게루 중장은 1933년 4월 시종무관장으로 임명되면서 대장으로 진급했고, 1935년 12월 남작男爵의 작위를 수여 받았다. 현지에서 모략의 중심으로 활약한 관동군 고급참모 이타가키 세이시로板垣征四郎 대좌는 1938년 6월 육상에 취임하게 되는데, 만주사변이 없었다면 있을 수 없는 인사이다. 한편 관동군 작전주임 이시하라 간지石原莞爾 중좌는 1935년 8월부터 참모본부 제2과장(작전과장), 이어서 제1부장이라는 요직에 취임하는데, 이 역시 만주사변이 있었기에 가능한 영달이었다. 이렇게 이기기만 하면 무슨 짓을 저질러도 상관 없다는 암묵의 룰이 생겨났고, 결국 대일본제국을 장대한 파국으로 인도하게 된다.

노몬한 사건의 하극상 3인방

관동군의 독주, 폭주는 무장집단의 생명인 계급의 권위에 의한 질서를 파괴하는 '하극상'으로 발전한다. 1939년 5월부터의 노몬한 사건은 그 대표적인 예라고 할 수 있다.

이 사건의 발단은 1939년 4월 관동군 사령관 우에다 켄키치植田謙吉 대장이 구처區處하고 있는 각 부대에 시달한 '만소국경처리요강滿ソ國境處理要綱'에 있었다. 1938년 7월부터 8월에 걸쳐 조선 북부의 두만강 좌안에서 조선군과 소련군이 충돌한 장고봉 사건이 일어났다. 이 사건의 교훈을 기초로 작성된 요강의 기본방침은 '침범하지 않고, 침범당하지 않는다'로 여기까지는 매우 상식적인 것이었다.

그런데 구체적인 처리요강이 과격했다. 국경선이 명료한 장소에서 소련군이 침범한 경우 이를 급습하여 섬멸하는 것 자체는 이해할 수 있다고 하더라도, 이때 일시적으로 "소련영토에 진입해도 좋음"이라는 점은 문제이다. 이쪽에서도 상대방의 영역에 진입하면, 상호간에 먼저 침략당했다고 주장하여 결론이 나지 않는 논쟁으로 번지기 때문이다. 이에 소련영토에 진입한 증거를 남기지 말라는 지시가 있었고, 사상자 등을 상대 영내領內에 유류하지 말라는 주의사항도 있었다.

더 큰 문제는 국경선이 명료하지 않은 장소에서 침범사건이 일어난 경우 어떻게 대처할 것인가이다. 국경선이 획정되어 있지 않으니 국경침범 사건 그 자체가 일어날 수가 없다고 하는 것이 논리적이다. 하지만 이 정도로는 미흡하다고 여겼는지 점점 더 난폭한 이야기로 발전하기 시작했다. 국경선이 불명확한 경우 제1선에서 책임을 지는 군사령관 등이 "자주적으로 국경선을 정하고", 여기서 충돌이 발생하면 단호하게 필승을 기한다는 것이었다. 노몬한 사건은 바로 이 같이 몽골과 만주국과의 국경선이 불명확한 장소에서 벌어졌다.

만주국이 국제적으로 국가주권을 주장할 수 있는 국가인지 여부에 대한 특수한 사정이나, 일본이 만주국의 외교권을 대행할 수 있는지의 문제는 있다. 하지만 국경선은 관계되는 국가 상호간의 교섭으로 획정하는 것이다. 이를 현지의 부대장이 정하겠다고 하는 것은 그야말로 독단자의 獨斷恣意라고 할 수밖에 없다. 이 요강은 당시 관동군사령부 제1과 참모였던 츠지 마사노부辻政信 소좌가 기안했다.

강경한 분쟁처리의 매뉴얼을 작성한 사람답게 츠지 마사노부 소좌는 노몬한 사건의 시작부터 끝까지 강경한 자세로 일관했다. 도를 넘어선 현지에서의 작전지도는 물론, 군기를 문란하게 하는 각종 문제를 일으켰다. 또한 패퇴한 부대의 장교에게 자결을 강요하는 등 인간성을 의심할 만한 일까지 벌였다. 물론 소좌 계급의 일개 참모 혼자서 할 수 있는 일은 아니었고, 제1과장 테라다 마사오寺田雅雄 대좌, 작전반장 핫토리 타쿠시로服部卓四郎 중좌의 '트리오Trio'가 짜고 저지른 '하극상'이었다.

중일전쟁 해결이 전망조차 보이지 않는 상황에서, 소련군과의 분쟁을 우려한 성부省部는 관동군의 적극적인 행동을 제어하여 가벼운 국경분쟁 정도로 수습하려고 지도했다. 하지만 관동군은 사건 확대를 위해 분주하게 움직였고, 비밀리에 몽골 영내의 탐삭블리크Tamsagbulag에 있는 항공기지를 공습하는 계획을 세웠다. 이를 알게 된 참모본부는 6월 24일 참모차장 나카지마 테츠조中島鐵藏 중장의 명의로 공습 작전을 중지하라는 전보를 보냈다. 그리고 만일을 대비해 다음 날 참모본부 제2과(작전과) 작전반장 아리스에 야도루有末次 중좌를 신경(장춘)의 관동군사령부로 파견했다.

그런데 관동군사령부 제1과에서는 참모차장이 보낸 이 전보를 숨기고, 참모장 이소가이 렌스케磯谷廉介 중장과 참모부장 야노 오토사부로矢野音三郎 소장에게 전달하지 않았다. 그리고 음모를 제지하기 위해 파견되는 아리스에 야도루 중좌가 신경에 도착하기 전에 일을 벌이기로 하였다. 결국

6월 27일 아침 강행된 탐삭블리크 공습은 커다란 전과를 거두었다. 결과가 좋으니 만주사변과 마찬가지로 '오라이All right'가 될 것이라고 생각한 테라다 제1과장은 희색이 만면하여 참모본부 제2과장 이나다 마사즈미稻田正純 대좌에게 보고했다. 그런데 이를 들은 이나다 과장은 격노했다. 이 두 사람은 육사 29기 동기생으로, 이나다는 육대 37기의 은사, 테라다는 육대 40기의 수석이었다. 거리낄 것이 없는 동기생 간의 관계와 수재 특유의 깐깐한 성격이 결합하여, 서로 조심하거나 양보하지 않는 격렬한 논쟁으로 발전했다. 이렇게 성부와 관동군의 관계는 극도로 악화되었다.

이러한 상황을 수습하기 위해 6월 27일 오후 나카지마 참모차장은 이소가이 참모장에게 힐문하는 내용의 전보를 보냈다. 다음날인 28일 정오 우에다 사령관의 지시에 따라 이소가이 참모장 명의의 답신이 참모본부에 도착했다. 이 전보는 "지나사변의 근본적인 해결에 공헌하려는 것으로, 북방의 사소한 일은 우리 군을 신뢰하고 참모본부는 안심해도 좋을 것"이라는 사람을 깔보는 투의 내용이었다.

이 전보에 격앙된 성부에서는 우에다와 이소가이를 함께 경질하자는 분위기가 비등했다. 하지만 대장과 중장의 인사였으므로 그렇게 간단한 일은 아니었다. 사정을 조사해본 결과 이런 전보는 우에다 사령관은 물론 이소가이 참모장도 알지 못했던 것으로 확인되었다. 츠지 마사노부 참모가 기안한 후, 임의로 우에다 군사령관의 도장을 날인하여 참모장 명의로 발신했던 것이다. 이는 상사인 테라다 과장, 핫토리 작전주임의 암묵적인 양해가 없었다면 불가능 했을 것인데, 진실은 여전히 미스테리로 남아 있다.

이 정도로는 성에 차지 않았던지 츠지 소좌의 진격進擊은 멈추지 않았다. 현지지도를 위해 방문한 부대에서는 불필요한 마찰을 일으켰다. 이런 일들이 묵인되었던 것은 군인사회에 특유한 인간관계의 복잡한 사정이 있었기 때문이다. 츠지 소좌가 카나자와의 보병 제7연대의 연대 기수

旗手이던 당시 연대장은 이소가이 렌스케였다. 또한 츠지 소좌는 제1차 상해사변에 같은 연대의 중대장으로 출정하여 부상을 입었는데, 이 때 소속부대인 제9사단의 사단장이 우에다 켄키치였다. 츠지 소좌는 이 두 사람이 상사로 있는 한, 하고 싶은 일을 마음대로 해도 너그럽게 봐줄 것으로 예상했던 것이다.

철저하지 못했던 노몬한 사건의 사후처리

1939년 9월 15일 모스크바에서 정전협정이 체결되어 노몬한 사건은 종식되었다. 국경선은 몽골 측의 주장대로 확정되었고, 제23사단이 괴멸당한 일본 측의 완패로 끝났다. 문책인사의 태풍이 부는 것도 당연했다. 먼저 관동군의 우에다 켄키치 군사령관과 이소가이 렌스케 참모장이 함께 예비역에 편입되었다. 참모본부는 참모차장 나카지마 테츠조 → 사와다 시게루澤田茂, 제1부장 하시모토 군橋本群 → 토미나가 쿄지富永恭次, 제2과장 이나다 마사즈미 → 오카다 시게카즈岡田重一로 바뀌어 진용을 일신했다.

다음은 문제의 관동군사령부 제1과의 트리오이다. 테라다 마사오 과장은 전차학교부付, 핫토리 타쿠시로 작전반장은 보병학교부付로 좌천되었다. "녀석만은 결코 용서할 수 없다. 반드시 예비역에 편입시켜야 한다"라던 츠지 참모였지만, 어떻게든 목이 날아가는 일은 면해 화중華中의 제11군사령부부付로 좌천되는 정도로 끝났다. 이것으로 하극상 3인방이 중추부에서 제거된 것으로 보이지만, 얼마 지나지 않아 요직으로 복귀하게 된다. 도대체 일본의 군대에는 신상필벌이라는 관념 자체가 없었던 것이다.

테라다 마사오는 태평양전쟁 개전 당시 육대 교관이었고, 중장으로 1차 진급하여 패전 시에는 기갑본부장機甲本部長으로 재직하고 있었다. 핫토리 타쿠시로는 사건 후 얼마 지나지 않은 1940년 6월 참모본부 제2과 작전반장, 다음 해인 1941년 7월 참모본부 제2과장이라는 요직에 취임했다. 그후 육상 비서관으로 전임되어 11개월간 재직했고, 다시 참모본부 제2과장이 되어 합계 18개월간 제2과장으로서 작전의 중추에서 군림했다. 하극상의 원흉으로 지목된 츠지 마사노부는 참모본부 제2과 병참반장을 거쳐, 싱가포르 공격을 맡은 제25군사령부의 작전주임이라는 화려한 무대에 섰고, 말레이 작전이 종료된 후에는 참모본부 제2과 작전반장을 역임했다.

좌관 클래스의 문책인사는 차치하더라도, 노몬한 사건으로 장관 인사에 큰 차질이 생겼다. 1936년에 벌어진 2·26 사건 직후의 숙청인사로 대장 6명이 일거에 예비역에 편입되어, 육군의 장관 인사에 상당한 문제가 생긴 상태였다. 여기에 노몬한 사건의 문책인사는 결정타가 되었다. 특히 육상 후보 1순위로 일찍부터 주목받던 우메즈 요시지로梅津美治郎 중장이 관동군 사령관에 임명되어, 다른 보직으로 옮길 수 없게 된 것이 큰 영향을 미쳤다.

만약 우메즈 중장이 관동군에 묶여있지 않았다면, 하타 슌로쿠 육상의 후임으로 임명되었을 것이 확실했다. 그랬다면 토죠 히데키 육상의 등장도 없었을 것이다. 만약 우메즈가 육상이 되었다면 태평양전쟁으로의 길이 어떤 형태로 전개되었을 것인가? 이는 가정에 가정을 거듭하게 되는 이야기로 쉽게 단언하기 어려운 부분이 있다. 하지만 300만 명의 죽음과 관계된 부분이니 생각해볼 가치가 있을지도 모른다.

독단전행의 의미

지금까지 관동군의 독단전행, 경우에 따라서는 폭주라고 밖에는 표현할 수 없는 사건들을 살펴보았다. 이와 같은 일은 특별히 드문 일도 아니고, 세계의 전사에서 쉽게 찾아 볼 수 있다. 자주재량의 중요성, 독단전행의 좋은 예를 2개만 소개해 본다.

1944년 1월의 동부전선, 도나우Donau 강 중류의 키로보그라드Kirovograd 에서 독일군 4개 사단이 소련 제2우크라이나 방면군에 포위되었다. 히틀러 총통은 사수를 명령했다. 이 때 포위망 안에 있던 제3장갑사단장 프리츠 바이에를라인Fritz Bayerlein 중장은 통신두절을 명목으로 독단전행하여 포위망에서 탈출했다. 그리고 즉시 반전하여 포위망을 해소하기 위한 공격으로 전환하였고, 전선의 파탄을 막아냈다. 히틀러 총통의 엄명에도 불구하고 바이에를라인 중장의 행동은 문책 없이 끝났다.

1955년 10월, 제2차 중동전쟁(수에즈 동란)에서 벌어진 일이다. 이스라엘 군의 아리엘 샤론Ariel Sharon 대령이 지휘하는 제203공정사단은 공중기동을 병행하여 시나이 반도의 미틀라Mitla 고개에 접근했다. 이 곳은 수에즈 운하의 남단으로 나아가기 위한 마지막 고개였다. 고개라고 해도 32Km 에 걸친 와디Wadi(乾谷)로 준비 없이 진입하게 되면 꼼짝 할 수 없게 된다. 이스라엘 군의 계획으로는 미틀라 고개의 동쪽 입구를 장악하여 이집트 군의 동진을 저지하면 족하고, 제203사단은 시나이 반도 남단의 티란Tiran 해협에 면한 샤름엘셰이크Sharm el-Sheikh 공격에 투입하기로 되어 있었다.

그런데 샤론 대령은 고개만 넘으면 수에즈 운하라는 유혹에 빠져 정찰이라는 명목으로 미틀라 고개로 돌입했다. 아니나다를까 이스라엘 군은 와디의 양쪽에서 공격을 받아 160명의 사상자를 내고 퇴각했다. 이는 중대한 명령무시였고, 시나이 반도에서 발생한 손실의 1/3이 이곳에서 발생했다. 따라서 샤론 대령은 엄하게 문책당할 상황이었다. 그런데 참모총장 모세 다얀Moshe Dayan 소장은 "하지 않은 것은 죄가 되지만, 정도를 지나친 것은 처벌할 일이 아니다"라는 견지에서 정찰로 가장한 진격을 견책하는 것에 그쳤다. 항상 위기 상황에 있는 이스라엘과 같은 국가에서는 적극성이 강조될 수밖에 없기 때문일 것이다.

러일전쟁부터 문제였던 막료들

2개의 해외 전례를 살펴보았는데, 여기서 독단전행의 주체는 모두 지휘관이었다는 것을 알 수 있다. 구미에서는 책임은 어디까지나 지휘관이 부담했고, 참모의 무명성이 존중되었다. 아이젠하워 원수의 참모장 베델 스미스Bedell Smith 장군, 맥아더 원수의 참모장 리처드 서덜랜드Richard Sutherland 장군의 이름을 기억하는 사람이 많지 않은 것이 그 좋은 예가 될 것이다. 반면 일본의 경우 참모의 이름이 표면에 드러나는 것이 일반적이다. 만주사변의 주도자는 이타가기 세이시로 고급참모와 이시하라 간지 참모였다. 다소 지나친 이야기일지도 모르지만, 러일전쟁의 하이라이트인 동해해전에서는 토고 헤이하치로東鄉平八郎 연합함대 사령장관과 아키야마 사네유키秋山眞之 작전참모가 동렬에 놓여있는 듯한 느낌마저 있다.

지휘권이 없는, 즉 책임을 지지 않는 참모가 잔재주를 부려 자주재량을 행사하거나, 나아가서는 독단전행하여 결국 사물명령私物命令을 내리기도 했는데, 이를 '막료통수幕僚統帥'라고 불렀다. 이를 대일본제국 패망의 원인으로 드는 경우가 많은데, 만주사변 이후에 나타난 현상이 아니라 실은 러일전쟁 당시부터 문제된 것이었다.

육군대학교는 1885년에 1기생이 졸업했는데, 이것으로 근대적인 군사학을 계통적으로 학습한 참모가 처음으로 일본 육군에 등장하게 되었다. 참고로 해군대학교 갑종甲種 1기생의 졸업은 1898년이었다. 이 육대 1기생부터 16기생 정도까지의 우수한 자원이 만주군 및 예하 각 군의 참모로서 러일전쟁에 종군했다. 예를 들면 육대 1기 이구치 쇼고井口省吾 소장(사관생도제의 구 육사 2기)은 만주군 총사령부 제3과장(후방담당), 같은 육대 1기 후지이 시게타藤井茂太 소장(구 육사 3기)은 제1군 참모장, 육대 2기 오치아이 토요사부로落合豊三郎 소장은 제2군 참모장을 맡고 있었다. 젊은 층을 보면 육대 16기 오타케 사와하루大竹澤治 대위(육사 7기)가 당초 만주군 총사령부의 참모였다(〈표 7〉 참조).

〈표 7〉 만주군 총사령부 직원표 (1904년 6월, 편성 시)

총사령관 오야마 이와오 대장 (카고시마)
총참모장 코다마 겐타로 대장 (야마구치)
제1과장 (작전) 마쓰카와 토시타네 대좌 (미야기, 구 5기, 육대 3기 은사) 　과원 타나카 기이치 소좌 (야마구치, 구 8기, 육대 8기) 　과원 오타케 사와하루 대위 (니가타, 사 7기, 육대 16기 은사)
제2과장 (정보) 후쿠시마 야스마사 소장 (나가노) 　과원 코이케 야스유키 소좌 (이바라키, 구 8기, 육대 9기) 　과원 오카다 시게히사 대위 (고치, 사 4기, 육대 15기)
제3과장 (후방) 이구치 쇼고 소장 (시즈오카, 구 2기, 육대 1기) 　과원 오노 미노부 소좌 (후쿠오카, 구 10기, 육대 10기 수석) 　과원 쿠니시 고시치 대위 (야마구치, 사 5기, 육대 15기 은사)
참모 카와이 미사오 소좌 (오이타, 구 8기, 육대 8기)
참모 호시노 쇼사부로 대위 (니가타, 사 2기, 육대 14기)
참모 아즈마 마사히코 대위 (시마네, 사 6기, 육대 16기)
고급부관 나카가와 코스케 대위 (야마구치, 사 1기, 육대 11기)

※현명縣名은 출신지
※'구舊'는 사관생도제 시대, '사士'는 사관후보생제 시대의 각 사관학교 졸업기수
※육대 은사恩賜는 졸업 성적 상위 6명이 통례

　　그런데 이들 엘리트가 지휘관의 보좌로 일관해야 한다는 막료의 도리
를 실천하여 러일전쟁을 승리로 이끌었는가 하면, 실태는 그렇지 않았
다. 수재 특유의 강렬한 개성으로 사령부내의 융화를 저해한 경우가 적
지 않았다. 심지어는 내부에서 분쟁을 일으켜 귀국한 사례조차 있었다.
사단장 등 상급지휘관을 업신여기거나, 직속 상관을 가볍게 보는 등 태
평양전쟁 때와 동일한 문제점을 보이고 있었던 것이다.
　　이를 가장 고민한 사람이 만주군 총사령관 오야마 이와오大山巖 대장이
었다. 개선 후 무엇이 가장 어려웠는가라는 질문에, 오야마 대장이 "알면

서도 모르는 척 하는 것"이라고 답변했다는 일화에서 그 사정을 짐작할 수 있다. 한편으로 참모의 입장에서는 오야마 대장과 같이 알면서도 모르는 척 해주는 상사, 나아가 로봇Robot처럼 마음대로 조종할 수 있는 사람이 이상적인 지휘관상으로 비쳤을 것이다.

이러한 상황이 발생한 이유에는 먼저 번벌藩閥의 문제를 들 수 있다. 러일전쟁 중 군사령관, 사단장의 대부분은 사츠마와 초슈 출신이었다. 반면 신진기예의 참모는 막부의 편에서 싸워 조적朝敵으로 몰렸던 번의 출신자가 다수를 점하고 있었다. 이구치 쇼고는 시즈오카, 후지이 시게타는 효고, 오타케 사와하루는 니가타 출신이었다. 후지이는 초슈벌에 영합한다는 소문이 있었지만, 이구치는 반反삿쵸薩長의 급선봉으로 어떻게 대장까지 진급할 수 있었는지 묘한 경외감마저 가지게 된다. 이 번벌은 공동사회에 뿌리 깊게 자리잡은 감정의 문제이므로, 객관적인 이치나 이론을 들어 해명하려고 해도 무리이다.

그런데 최대의 문제는 이들 소장 막료들이 독일 병학의 오의奧義를 터득했다는 자신감 과잉의 상태에 있었다는 것이다. 이런 의식을 가진 사람들에게 언제까지나 보신전쟁戊辰戰爭이나 세이난전쟁西南戰爭의 회고담에 빠져 그것만이 전쟁이라고 믿고 있는 군의 장로들은 노망난 늙은이로밖에 비치지 않았다. 여기서 '우리들이 분발하고, 우리들이 가르쳐주어야 한다'는 사고의 맹아가 생겨났다. 그 결과 군대에서 있어서는 안 되는 상사를 얕보는 듯한 태도를 취하기에 이르렀다. 좋은 뜻에서 시작하였지만 나쁜 결과에 이른 것이다.

이와 같은 세대의 갭Gap은 제1차세계대전이 끝난 이후 보다 심각한 형태로 표면화 되었다. 이 전쟁에서 영불로군 측에 선 일본은 동서 양 전선에 파견한 다수의 관전무관觀戰武官을 통해 자료를 수집하여 연구했다. 여기서 확인하게 된 전쟁의 실상은 놀랄만한 것이었다. 러일전쟁 전체

기간 중 일본군이 발사한 포탄의 약 2배에 달하는 170만 발을 겨우 3일 만에 적진에 쏟아 부은 대규모 포격전과 기관총의 대량투입 그리고 항공기와 전차의 등장이 대표적인 것이었다. 부대의 운용 역시 상상을 초월하는 것으로 100만이 넘는 대군을 군단 단위로 편성하여 자유자재로 운용하고 있었다. 러일전쟁 당시의 장비와 편제를 유지하고 있던 일본 육군은 그저 놀란 눈으로 바라볼 따름이었다.

제1차세계대전의 전훈을 심각하게 인식하고 이를 토대로 연구를 시작한 것이 대전 전후에 육대를 졸업한 사람들이었는데, 육사 기수로는 16기 전후가 중심이었다. 제2장에서 설명한 것과 같이 이 16기는 러일전쟁의 종군 경험 여부가 나뉘는 기준이기도 했다. 이들이 소대장 경험과 조직의 최소단위에 대한 체험 여부의 경계선상에 있었다는 것은 의미심장하다.

이들은 제1차세계대전을 연구하면서 구태의연한 종래의 국군으로는 장래의 전쟁을 수행할 수 없다는 위기감에 휩싸였다. 이런 의식을 가진 사람들에게 청일전쟁, 러일전쟁의 영광에만 취해있는 군 상층부가 바보로 비쳤어도 어쩔 수 없을 것이다. 그 일례로 육사 15기, 육대 24기 은사恩賜, 영국 주재 경험이 있는 타니 히사오谷壽夫는 육대의 전사교관으로 재직하면서 당시까지의 러일전쟁사에 비판적인 강의를 하여 물의를 일으켰다. 그 강의록이 현재 출판되어 있는 『기밀일로전쟁사機密日露戰爭史』(原書房, 1996)이다.

일본육군의 스태프(막료) 조직

여기서 육군의 막료조직을 살펴본다. 구 육군의 막료幕僚란 참모와 부관의 총칭이었다. 육상자위대를 포함하여 각국의 군대는 종합적인 부대운용을 맡는 일반참모(General Staff, G1=인사, G2=정보, G3=작전,

G4=후방), 기술적인 문제를 취급하는 특별참모(Special Staff, 공병, 통신 등) 그리고 부관(Personal Staff)으로 구별하고 있다. 구 육군에서는 이를 일괄하여 막료라고 불렀다.

1937년 10월 개편된 참모본부의 조직은 〈표 8〉과 같다. 같은 해 11월 20일 대본영이 설치되면서 참모본부의 주요 부분이 대본영 육군부를 구성하게 된다. 관동군, 지나파견군, 남방군과 같은 큰 단위에는 사령부에 참모장, 참모부장參謀副長, 제1과(작전), 제2과(정보), 제3과(후방)외에도 점령지 통치 등의 필요가 있는 경우에 제4과(정무政務)가 설치되었다.

〈표 8〉 참모본부의 조직 (1937년 10월 현재)

참모총장 (칸인노미야 코토히토 대장)
참모차장 (타다 하야오 중장)

총무부 (나카지마 테츠조 소장)
    서무과庶務課
    제1과(교육과)

제1부 (시모무라 사다무 소장)
    제2과(작전과): 작전반, 병참반, 항공반, 전쟁지도반
    제3과(편제동원과): 편제반, 동원반, 자재반
    제4과(요새과)

제2부 (혼마 마사하루 소장)
    제5과(러시아과): 군정반, 병요지지반兵要地誌班, 문서첩보반
    제6과(구미과): 구주반, 미국반, 종합반
    제7과(지나과): 지나반, 병요지지반, 암호반
    제8과(모략과)

제3부 (츠쿠다 오사무 소장)
    제9과(운수과): 철도반, 선박반
    제10과(통신과)

제4부 (공석)
    제11과(전사과戰史課)
    제12과(전법과戰法課)

육군대학교 (타다 하야오 중장)
육지측량부 (노구치 마사요시 소장)

군사령부도 기본적으로는 이와 유사했지만, 군의 숫자가 증가함에 따라 간소화되는 경향이 있었다. 제국육군의 마지막 결전이 된 오키나와전의 제32군사령부는 참모장, 고급高級(작전), 정보, 항공, 선박, 후방後方, 통신참모가 각 1명, 작전보좌 1명의 작은 규모였다. 사단사령부는 참모장, 작전, 정보, 후방의 4명이 일반적이었다.

그런데 태평양전쟁에서는 참모적격자의 수가 크게 부족했다. 평시의 최후인 1937년도 동원계획은 방면군사령부 2개, 군사령부 8개, 사단 30개를 동원의 최대한으로 했다. 이 정도 규모라면 매년 육대에서 공급되는 참모적격자 50명 정도로 해결할 수 있다는 계산이었을 것이다. 그런데 1941년 12월 현재 총사령부 및 이에 준하는 단위가 5개, 군사령부 21개, 사단 51개로까지 팽창한다(76면, 〈표 3〉 참조). 이 정도면 참모를 배분하는 것만으로도 신의 영역이 된다.

1934년부터 육대에 1년 코스의 전과專科를 설치했고, 1938년부터는 본과의 이수기간을 3년에서 2년 반, 최종적으로는 1년으로 줄였다. 1940년부터는 100명 정도를 육대에 입학시켰지만, 여전히 절대수가 부족했다. 종전 시 사단의 총수는 180개를 넘었다. 육대 과정을 수료한 대좌 계급의 사단 참모장 적격자 180명을 확보하는 것만으로도 지난至難한 일이다. 참모의 양성만을 보아도 확실한 계획 없이 전쟁을 시작한 사실을 엿볼 수 있으니 한심한 일이다.

극단적인 상황에 몰리게 되자 육사를 졸업한 좌관佐官급 장교라면 누구나 참모직에 임명되는 난폭한 일이 빈발하게 되었다. 참모로서의 훈련을 받지도 않았고, 자각도 없는 사람이 손에 How to Book인 『막료수첩幕僚手簿』을 들고, 가슴에 참모식서飾緒를 달고 전선을 뛰어 다녔다. 이런 무리들은 자신과잉이 되어 '나는 두뇌로 봉공奉公하니, 몸으로 봉공하는 자들과는 격이 다르다'는 심리로 자존망대自尊妄大하게 되기 쉽다. 나아

가서는 '내가 기안한 것이니, 내가 명령하는 것과 마찬가지'라고 비약하여 결국에는 사물명령을 내리게 된다. 그 결과 참모參謀(=さんぼう=三ぼう)란 "무모無謀(=むぼう), 난폭亂暴(=らんぼう), 횡포橫暴(=おうぼう)의 3보우(ぼう)"라고 불리기에 이른다.

지휘관이 임무를 완수하기 위해서는 이런 무리들을 조직에서 축출해야 하지만, 제도상 간단하지 않은 문제였다. 라인Line과 스태프Staff의 인사를 별도의 계통에서 담당했기 때문이다. 좌관까지의 인사는 육군성 인사국人事局 보임과補任課에서 담당했다. 하지만 육대를 졸업한 참모적격자는 일반적인 현역정년명부現役停年名簿와는 다른 별도의 명부에 등재되었고, 이 명부는 육군성 인사국이 아닌 참모본부 총무부에서 관장했다. 어떤 참모를 방출하려면 육군성과 참모본부 양쪽과 담판을 벌여야 하는 험난한 과정이 기다리고 있었다. 또한 자신의 참모를 경질하는 것은 스스로의 통솔에 문제가 있다는 것을 폭로하는 결과가 되므로 누구나 주저할 수 밖에 없다.

이렇게 된 이유는 앞에서 설명한 것과 같이 참모의 필요 수를 예상하여 계획적으로 양성하지 못했기 때문이다. 이는 막료조직이 형태를 갖추기 시작했던 러일전쟁 당시부터의 문제였으니 그 악습惡習은 뿌리 깊은 것이다. 단적으로 말하면 그 원인은 일본 육군이 모델로 삼았던 독일 참모본부의 이념과 조직의 의미를 충분히 이해하지 못한 채, 외형적인 부분만을 도입했기 때문이다. 이는 이입문화, 번역문화의 비애라고 할 수 있다. 조직 그 자체의 본연의 모습에 대한 인식이 부족한 상황에서 조직의 관리수법을 확립하지 못하고, 일본의 풍토에 맞게 개량하려는 노력이 부족했던 결과가 태평양전쟁의 패배로 이어졌다.

일본에는 없었던 공동책임의 관념

독일의 참모본부에 관련한 출판물은 다수 출판되어 있으므로 여기서는 간단히 정리하는 정도로 그친다. 프로이센 군이 창시한 참모본부는 중지衆智를 모아 나폴레옹이라는 천재에 대항한다는 취지의 것으로, 오늘날 말하는 싱크탱크였다. 두뇌집단을 조직하여 이를 효율적으로 운용하기 위해서는 무엇이 필요한가라는 문제에 프로이센 군이 내놓은 해답은 '참모과參謀科의 독립', '독단전행의 허가' 그리고 '공동책임'이라는 3가지였다.

시기에 따라 다소의 차이는 있지만, 일반적으로 독일 육군에서는 육대의 과정을 수료하여 참모본부에 근무할 적격자로 인정되면, 원래 소속된 병과를 떠나 '참모과'의 일원이 되어 참모소좌 등으로 불리게 되었다. 그리고 계급장에도 일반참모(Generalstab) 근무적격자의 약어인 iG라는 휘장을 달고, 장군과 동일한 붉은 색 스트라이프Stripe가 들어간 바지를 입는 것으로 차별화하여 쉽게 식별할 수 있게 했다.

제2차세계대전 중 독일 육군 사단의 참모는 Ia(작전주임), Ic(정보주임) 2명만이 있는 경우가 보통이었고, 사단 참모장은 없었다. 군단사령부 이상부터 참모장이 있었는데, 여기에는 '독단전행'의 권한이 부여되어 있었다. 그런데 이는 무제한적인 것이 아니라, 군단장 등이 유고상태로 연락이 닿지 않거나, 직무를 담당할 수 없는 경우에 한하여 참모장이 명령을 내릴 수 있도록 한 것이었다. 계급이나 선임 순으로 지휘권을 승계하는 것이 아니라, 참모장의 전권사항으로 한 것이다.

'공동책임'이란 지휘관이 내리는 명령에 참모장도 책임을 지는 것이다. 대부분의 경우 지휘관과 참모장 사이에 합의가 성립되었다. 하지만 만약 서로 의견이 다르다면 참모장은 상급사령부의 참모장, 나아가 참모총장에게 자신의 의견을 전달하고, 사실관계를 기록으로 남겨둘 수 있었다. 물론 참모장이 자신의 의견을 억지로 밀어붙이거나, 임의로 명령을 변경하는 것은 군대조직의 원칙상 있을 수 없는 일이다.

일본의 육군에도 1880년부터 1883년까지 일시적으로 참모과가 독립된 병과로 존재하고 있었고, 프랑스 유학에서 돌아온 코사카 치히로小坂千尋는 참모대위로 불렸다. 그런데 병제가 프랑스식에서 독일식으로 바뀌고, 또한 육대가 개교된 직후 참모과는 폐지되었다. 그 이유는 명확하지 않지만, 군정과 군령의 분리, 통수권의 독립 등의 문제가 얽혀 있었던 것 같다. 또한 각 병과의 위에 군림하는 별도의 병과의 존재를 탐탁하지 않게 생각했을 것도 예상할 수 있다.

하지만 프랑스 풍의 화려한 참모식서와 육대 졸업휘장, 통칭 '천보전天保錢'[1](타원형인 휘장의 형태가 닮아있었으므로 이렇게 불렸다)은 남았다. 육대를 졸업한 엘리트들은 이 2가지에 이상할 정도로 집착했다. 천보전조天保錢組와 육대를 나오지 않은 무천조無天組의 대립이 2·26 사건의 한 원인이라는 인식에서, 사건 직후인 1936년 5월 천보전은 폐지되었다. 하지만 참모식서는 최후까지 남았다. 혼란한 전선에서 사령부의 참모를 판별할 수 있도록 하기 위해서라는 것인데, 쉽게 납득하기 어려운 이유이다.

구 육군에는 사단 이상의 부대부터 참모장이 있었지만, 사단장 유고 시 참모장이 지휘권을 승계한다는 규정은 없었다. 군, 방면군도 마찬가지로 계급 순, 선임 순으로 지휘권을 승계했다. 따라서 참모장이 독단전행을 할 여지는 없었다. 즉 참모장에 의한 독일식의 독단전행은 일본에는 없는 제도였다.

한편 일본 육군에는 지휘관과 참모장이 공동책임을 진다는 관념이 없었고, 이는 막료의 폭주를 불러왔다. 즉 명령에 대한 책임은 어디까지나 지휘관이 홀로 부담했다. 지휘관과 참모장의 사이에 견해의 대립이 있어

---

1 천보전이란 천보 6년(1835년) 주조되어 에도시대 말기에서 메이지기에 걸쳐 일본에서 유통된 경화硬貨. 정식명칭은 천보통보天保通寶.(역주)

도, 이를 상급사령부의 참모장에게 전달하여 명확하게 해 둔다는 규정이 없었다. 만약 임팔 작전의 입안 시 제15군 참모장 오바타 노부요시 소장이 병참과 관련된 무타구치 렌야 군사령관과의 견해 대립을 버마방면군 참모장 나카 에이타로中永太郎 중장에게 전달할 수 있는 제도적 장치가 있었다면, 그 후의 전개는 꽤 다르게 되었을 것이다.

참모는 지휘관의 의도에 따라 보좌로 일관해야 한다는 점에서 일본 육군의 막료조직은 독일식이 아니라, 참모의 무명성無名性을 존중하는 미국과 영국 타입에 가까웠다. 그런데도 참모의 독주가 만연했던 것은 쉽게 이해하기 어려운 일이다. 이는 지휘관의 명령에 공동책임을 부담하지 않는다는 것을 책임 자체가 없는 것으로 혼동한 것이 원인이었다고 할 수 있을 것이다. 군 전체가 확립된 기능집단이 아니었던 것도 이유이겠지만, 엘리트 집단에 대한 관리방법이 정리되어 있지 않았던 점이 참모의 하극상을 불러왔다.

엘리트 막료에게서도 엿보이는 군집화

일본의 막료집단에는 근본적인 문제가 있었으므로 비참한 결과에 이르게 되었다. 조직 그 자체에 문제가 있었다지만, 앞서 본 츠지 마사노부와 같은 이해하기 어려운 유형의 인물이 중추부에서 계속 활동할 수 있었던 것은 기괴한 일이다. 노몬한 사건 당시 츠지 소좌가 저지른 제멋대로의 행위를 간단히 소개했지만, 사건 후의 문책인사로부터 부활한 그의 경력을 보면 도대체 정상이 아니라는 느낌이다.

1942년 2월 싱가포르를 점령한 제25군 작전주임 츠지 마사노부 중좌는 화교의 집단처형을 지시한 사물명령을 내렸다는 의혹이 있다. 그런데 이와는 어울리지 않게 "나를 중경에 파견해 달라. 일본과 중국의 화평을 구체화하겠다"며 대단한 허풍을 떨기도 했다. 나아가 참모본부 제2과 작전반장으로 재직하면서는, "저를 베를린에 파견해 주십시오. 독소화평을 실현시키겠습니다"라고 하여, 이를 들은 토죠 히데키 수상이 격노하기도 했다고 자서전에서 밝히고 있다. 이 정도의 과대망상이라면 정신감정이 필요하다.

1943년 3월부터 츠지 마사노부 대좌는 지나파견군 제3과장으로 이치고一號 작전(대륙타통작전大陸打通作戰)의 기획에 참가했다. 점령지 행정을 둘러싸고 외무성 및 대동아성大東亞省과 첨예하게 대립했던 것 자체는 직무상 어쩔 수 없다고 하더라도, 중앙에 대동아성의 폐지를 진언하기에 이르렀으니 이는 중대한 월권행위였다. 이것이 문제가 되어 그는 버마의 제33군 작전주임으로 좌천되어 방콕에서 패전을 맞이하는데, 전범으로 추급 당할 것을 자각했기 때문인지 곧 지하로 숨어들었다.

이 같은 일련의 언동을 어떻게 평가해야 할지는 어려운 문제인데, 이처럼 눈에 띄는 인물에게 추종자가 생기고, 이들이 '쁘띠Petit 츠지 마사노부'가 되어 군집화했다. 그리고 제3장에서 설명한 것처럼 이 군집의 수준은 집단의 가장 저열한 구성원의 레벨로까지 추락하는 최악의 결과가 되었다. 오늘날에도 우리 일본 사회에는 이처럼 목소리가 큰 허풍선이가 "훌륭한 기백이다, 의지가 충분하다"라고 높게 평가 받는 경향이 있고, 건전한 집단까지도 여기에 끌려가는 하나의 풍조가 있다. 그렇지 않다면 전쟁의 상흔이 여전히 생생하던 1950년 6월, 츠지 마사노부가 참의원 선거의 전국구에서 당선되어 강연회나 국회 질문에서 갈채를 받은 것과 같은 불가사의한 일은 일어날 수 없었을 것이다.

문제의 근원이 일본 사회 그 자체에 있다고 보면, 제2, 제3의 츠지 마사노부가 나타나 새로운 하극상을 야기하는 것도 이상한 일이 아니다. 무장집단의 하극상은 국가와 사회에 대한 중대한 위협이다. 따라서 계급에 의한 권위와 직무에 의한 권한, 이 2가지로 부하를 통솔하고 부대를 통어統御하는 것이 즉 군대의 '법'이고, 하극상을 벌이는 자를 이에 따라 배제해 나가는 것이 정상적인 군대의 모습이다.

억압위양이 불러온 하극상

일본에서 법은 구체적인 지배의 수단이라는 측면만이 강하게 인식되는 경향이 있다. 그 결과 법의 집행이 상급자에게는 느슨하고, 하급자에게는 엄하게 된다. 앞에서 설명한 임팔 작전 중 항명하고 독단으로 퇴각한 사토 코토쿠 중장은 친보직親補職인 사단장이었으므로 정신장애로 판정받는 것으로 끝났고, 츠지 마사노부와 같은 육대 은사의 엘리트 참모는 무슨 짓을 해도 처벌받지 않았다.

하여간 법을 지배의 구체적인 수단으로 보고 있으므로, 그 집행이 자의적으로 되는 경향이 있다. 마루야마 마사오는 이러한 사회, 조직에서는 억압위양抑壓委讓의 원리가 지배한다고 했다. 이는 "위로부터의 압박감을 아래를 향한 자의恣意의 발휘에 의해 순차로 위양委讓하여 전체의 밸런스를 유지하는 것"이라고 설명된다(마루야마, 앞의 책). 이를 군대에 적용하면 다음과 같이 된다.

사단장이 연대장에게 지나가는 말로 주의를 준다. 그러면 연대장은 대대장에게 잔소리를 한다. 대대장은 중대장을 질책하고, 중대장은 부하들을 집결시켜 고래고래 소리를 지르며 화를 낸다. 결국 최후에는 영문을 모르는 이등병이 구타당하는 것으로 끝나게 된다. 물론 사단장이 연대장에게 지적한 문제는 어느 단계에서도 객관적으로 규명되지 않았기 때문에 전혀 시정되지 않았다. 하지만 이러한 단계적인 의식儀式을 거치면서 문제가 해결된 것 같은 기분이 된다. 그리고 아무 이유도 없이 얻어 맞은 이등병 이외에는 모두가 정체 모를 만족감을 느끼게 되고, 조직은 다시 원활하게 움직인다. 몹시 불합리하다고 생각하는 이등병도 1년만 지나면 그후에는 때리는 입장이 될 것이므로 참게 된다. 이는 고질적인 사적 제재私的制裁의 원인이기도 했다.

이 억압위양의 원리가 윤활유가 되어 조직이 돌아가는 것처럼 보여도, 이 과정에서 발생된 왜곡이나 스트레스가 조직의 어딘가에 침전하기 시작한다. 억압을 자의적으로 아래로 향하는 것만으로 문제가 해결될 리가 없다. 책임을 전가하기만 하는 자신을 부끄럽게 생각하는 양심적인 사람도 있을 것이다. 하지만 가장 큰 불만을 가지게 되는 것이 가중되는 억압을 어디에도 위양할 수 없는 부서에 있는 사람이다. 당하는 상태가 계속되었으므로 감정적인 문제로 발전하게 되고, 결국은 참지 못하고 항거하며 억압에 반발하게 된다. 이것이 하극상이다. 마루야마 마사오는 하극상을 억압에 대한 방패로 정의하고, "아래로부터의 힘이 공연하게 조직화되지 못하는 사회에서만 일어난다"고 한다.

이와 같은 인식에 따르면 하극상은 의외로 군대의 중추부에서 일어나기 쉽다. 중추부에 근무하면서 장관인 고급지휘관과 접하게 되면 여러가지 어려운 문제를 떠맡게 된다. 이 억압을 어딘가에 위양하려고 해도, 사령부 등에는 부대와 같이 이등병에 이르는 계층적 계급구조가 존재하지 않는다. 극히 제한된 동료나 부하에게 억압을 위양하면 악감정만 가지게 하는 결과가 된다. 그렇게 되면 추후의 업무에 지장이 생기므로, 여기서는 조용히 참으면서 인사이동을 기다리는 것만이 상책이다.

이렇게 해서 스스로는 어떻게든 납득시켰지만, 인간은 감정의 동물이다. 따라서 언젠가는 불만이 고조되어 그 화살은 위를 향하게 되고, '어리석은 놈이 잘난 척을 하기는'이라고 생각하게 되는 것도 자연스러운 일이다. 여기서 조금 더 나아가면 '바보에게 모든 것을 맡겨두어서는 위험하다. 내가 힘을 내지 않으면 안 된다'며 팔을 걷어 붙이고 주먹을 쥐게 된다. 이것이 의식 깊은 곳으로부터의 하극상의 시작이다. 나름대로 정당한 이유가 있는 반발이므로 쉽게 판단을 내리기 어려운 이야기가 된다.

고급사령부 등에 근무하는 사람은 육대라는 난관을 돌파하여 선발되었다는 긍지와 자부심이 있다. 여기에 의사결정기능을 독점하고 있는 파워엘리트라는 자신감이 있으므로, 일단 불이 붙으면 걷잡을 수 없는 상황이 된다. 언제나 이치나 이유를 내세우기 좋아하는 시끄러운 무리들이므로 술을 한잔 걸치는 것으로 깔끔하게 잊어버리지도 않고, 언제까지나 마음 속에 담아두고 있으니 큰 문제이다.

군대라는 조직 그 자체에도 하극상의 원인이 잠재하고 있다. 군대는 상명하복의 관계가 기본이 되므로, 마루야마 마사오가 말하는 '아래로부터의 힘을 공연히 조직화'하기 어려운 것이 당연하다. 그렇다면 군대는 항상 아케치 미츠히데明智光秀를 품고 있다는 것이 된다. 가능한 것이라면 하극상의 싹을 찾는 것뿐이다. 하지만 일본군에서는 그 싹을 찾아 뽑아내는 일도 쉽지 않았다.

먼저 하극상을 저지른 자를 처벌할 수 있는 법제 자체가 불비했다. 하극상의 극단적인 형태인 반란은 군 형법의 반란죄로 단죄할 수 있고, 단호한 처분이 가능하므로 문제가 없다. 그런데 하극상이 반란으로까지 발달하는 경우는 매우 드물다. 그렇다면 권력의 남용을 묻는 천권죄擅權罪를 적용할 수 있는지 문제된다. 하지만 법리적으로 지휘권이 없는 참모, 즉 권한이 없는 자에게는 천권죄를 적용할 수 없다. 참모가 사물명령을 내린 것이 일견 천권죄에 해당될 것 같지만, 역시 그렇지 않은 것이다. 그러면 직무를 더럽힌 독직죄瀆職罪인가 생각해보아도 또한 적용에 무리가 있다. 하여간 책임이 없는 자, 즉 책임능력이 없는 자를 어떻게 처벌할 것인가는 어려운 문제이다.

그렇다면 인사이동의 형태로 문제아問題兒를 좌천시키는 것이 유일한 해결책이 된다. 이것으로 성공하여 성가신 존재를 추방하는 데 성공하더라도, 문제아를 받은 측에도 같은 운명이 기다리고 있다. 관리능력의 부족, 통솔력의 결여 등으로 비판 받고, 결국은 문제를 일으킨 자 쌍방을 모두 처벌하는 '켄카료세이바이喧嘩兩成敗'가 되어 또 다시 좌천이라는 일이 일어나게 된다. 더구나 군이 급격히 팽창하여 참모가 부족하게 되면 '일부러 보낸 참모를 사용하지 않고 돌려보내는 것은 무슨 일인가'라는 상황이 되므로, 하고 싶은 일을 마음껏 저지르고 다니는 자를 풀어 놓는 꼴이 된다.

1944년 2월부터 토죠 히데키 대장은 수상, 육상, 참모총장의 직책을 혼자 감당하게 된다. 이렇게 절대적인 파워엘리트에게 억압받고 있다는 감정은 없을 것으로 상상하겠지만, 본인은 그렇게 생각하지 않았다. 그 위에는 통치권을 총람總攬(장악하여 다스리는 것)하고, 군인의 정점에 해당하는 대원수인 천황이 있었다. 따라서 토죠 대장은 항상 조심하는 자세로 사소한 것까지도 상주하였고, 천황의 지시가 없이는 움직이려고 하지 않았다. 그런데 천황은 메이지헌법 제4조의 '이 헌법의 조규條規에 의해 이를 행한다'는 입헌군주로, 그 행동에는 큰 제약이 있었다.

이렇게 보면 대원수인 천황의 지위는 차치하더라도, 모든 군인은 억압된 상태에 있다는 결론이 된다. 그렇다면 군인 모두가 하극상으로 나아갈 가능성을 품고 있었다는 것이다. 이러한 에너지는 정치로 향하게 되었고, 군인은 정치에 개입했다. 이는 쇼와기에 국한된 것이 아니라, 일본 육해군의 건군 이래 80년간의 역사였다.

6장
혼란스러운 정군관계

일상적인 군인의 정치관여

1882년 1월 4일 발포發布된 '군인칙유軍人勅諭'는 제국 육해군 군인 모두에게 최고의 규범이었다. 여기에는 "세론에 현혹되어 정치에 관여하지 말고, 오직 스스로의 본분인 충절을 지킬 것"이라고 되어 있었다. 한편 현역 군인에게는 피선거권은 물론 선거권조차 인정되지 않았으므로, 정치로부터 완전히 차단되어 있어야 했다. 그런데도 "정치가 제대로 굴러 가지 않으니, 이래서는 일본의 국방도 위험하다. 좋다, 그러면 내가 나서서 해결해 보겠다"라는 하극상의 의식이 고양되어 정치에 관여하였던 것이 쇼와기 군인이었다.

'군인칙유'가 있었음에도 불구하고 이러한 상황에 이른 이유에 의문을 가지는 것도 당연하다. 여기서 일본인이 법이나 윤리코드를 어떻게 파악하고 있었는지 다시 한 번 고찰해볼 필요가 있다. 일본에는 이것이 만인을 평등하게 지배하는 것이 아니라, 지배를 위한 도구라는 의식이 강하다. 따라서 '군인칙유'도 하급자만이 적용대상이고, 파워엘리트에게 는 관계없는 것으로 인식하는 경향이 있었다. 정치에 대한 하극상이라는 의식이 있었는지는 차치하더라도, 군의 상층부가 정치에 관여하는 것은 오히려 당연하게 생각했던 것이다.

메이지 헌법 하의 내각(1885. 12. 22.~1947. 5. 2.)에서 수상에 취임한 사람은 33명이고, 여기서 군인 출신은 육군 10명, 해군 6명으로 모두 16명이었다. 이들이 수상의 자리에 있었던 기간도 거의 절반에 가까운 29년 6개월에 이른다. 과문하지만, 정상적인 의회민주주의 국가에서 대장에까지 진급한 군인이 이렇게 장기간 내각수반을 맡았다는 이야기는 듣지 못했다. 특히 야마가타 아리토모, 카츠라 타로桂太郎, 테라우치 마사타케寺内正毅, 타나카 기이치의 초슈 출신 육군대장 4명이 수상을 맡았던 기간은 200개월로 전체의 1/4에 가깝다.

군부에 의한 정치개입의 정점은 1941년 10월 현역 육군대장으로 육상이던 토죠 히데키의 조각이라는 견해가 있다. 이것이 타당한 역사인식이라고 하더라도, 현역 대장이 수상에 취임한 예는 과거에도 있었다. 야마가타 아리토모는 1887년 2월 현역 대장으로 수상의 자리에 앉았고, 1897년 1월 원수부元帥府의 반열에 들어 종신 현역 대장의 신분이 된 후 같은 해 11월 제2차 야마가타 내각을 조각했다. 테라우치 마사타케는 1916년 6월 원수부의 반열에 들었고, 같은 해 10월 수상이 되었다. 이는 흔히 군인이 정치에 관여해서는 안 된다는 명제의 전형적인 예이다.

하지만 조금 더 숙고해보면 정치학 이론을 제시할 필요도 없이, 군인이 완전히 정치의 테두리 밖에 있을 수는 없는 일이다. 징병제도는 전국민에게 강제력을 미치는 것으로 전형적인 정치행위에 속한다. 또한 현역 장관인 육상, 해상은 내각의 일원으로 예산과 외교 등 국정행위에 대한 협의에 참가하는데, 이는 정치적 행위 그 자체이다. 더구나 군사비가 총예산에서 차지하는 비율은 오늘날에 비할 바가 아니었다. 88함대계획(러일전쟁 중의 전함 6척, 장갑순양함 6척의 66함대를 각 8척으로 확장하는 증강계획)이 본격적으로 가동된 1921년도의 총예산은 16억 엔으로, 그 중 해군 예산은 32%, 육군 예산은 17%를 차지하고 있었다.

군부대신 선임에 의한 정치개입

현역군인의 정치개입과 '군인칙유'와의 정합성을 어떻게 확보할 것인가는 문제이다. 이에 대해 육상과 해상은 현역 대장 또는 중장이더라도 문관文官의 신분으로 내각 구성원이 된 것으로 설명되었고, 수상에 취임하는 경우에도 같았다. 그리고 군부대신軍部大臣을 직접 보좌하는 차관 역시 신분은 문관으로, 이 4명만이 예외적으로 정치관여가 허용된 현역군인이라고 했다. 논리를 만들기 위해 상당히 고심한 흔적이 엿보인다. 그 이론적 타당성은 차치하더라도, '군인칙유'에 특례를 인정하는 것이 되므로, 여기에서도 윤리코드의 자의적 집행을 엿볼 수 있다.

육상, 해상의 핵심 스태프 기구가 군무국軍務局으로, 여기에 근무하는 국장 이하 직원은 정치관여가 허용되지 않는 무관武官이다. 1936년 8월 육군성관제陸軍省官制가 개정되어 육군성 군무국은 군사과軍事課와 군무과軍務課로 구성되었다. 그리고 군사과에 편제반과 예산반, 군무과에 내정반內政班과 만주반滿洲班이 있었다. 주로 예산의 집행을 담당하는 군사과는 행정 업무적 성격이 강하므로 정치관여가 아니라고 할 수도 있다. 하지만 내정반과 만주반을 둔 군무과는 정치와 외교의 분야에 직접적으로 관여하고 있으므로, 정치관여가 아니라는 주장은 억지에 불과하다.

문관 신분인 육상, 해상은 어떻게 선임되었는가? 먼저 해군은 사이고 츠구미치西鄕從道, 야마모토 곤베山本權兵衛 시대부터 해상의 권한이 강했고, 대부분은 전임자의 의향에 따라 후임자가 결정되었다. 또한 해군은 군정과 군령의 전문가가 명확하게 구별되어 있었으며, 애당초 대상자도 많지 않았다. 타이쇼大正 군축 전 해상후보는 대장 14명, 중장 35명이었는데, 이것이 군축 후에는 대장 10명, 중장 18명이 되었다.

이에 비해 육군은 상당히 복잡한 상황에 있었다. 먼저 군정과 군령 계통의 전문가가 명확하게 구분되어 있지 않았고, 여기에 교육계통 출신의 장관들도 상당한 세력을 가지고 있었다. 또한 육상 후보인 대장, 중장의 수도 많았다. 타이쇼 군축 전의 21개 사단체제에서는 대장 20명, 중장 63명이었다. 이것이 군속 후 17개 사단 체제로 바뀌면서 대장 14명, 중장 40명으로 되었지만, 이 안에서 선정하는 것도 쉽지 않은 일이다. 게다가 메이지기에는 육상 선정과 관련된 성문의 규정이 없었다. 다만 관례적으로 육군3장관長官(육상, 참모총장, 교육총감)의 합의를 거쳐 수상에게 육상 후보를 추천했다. 하지만 많은 경우 3장관의 합의는 형식적이었고, 전임자가 후임자를 지명하는 것이 보통이었다. 특히 메이지기의 수상은 유신의 원훈元勳으로 그 의향이 절대적이었고, 여기에 청일, 러일전쟁이라는 장기간의 전시내각에서는 육상 포스트에 별다른 변동이 없었으므로 특별한 문제가 없었다.

하지만 후임 육상의 인선이 난항을 겪을 가능성은 여전히 남아 있었다. 만약 육군 측이 명확한 결정을 내리지 않고 있는 경우, 내각에서 선호하는 사람을 육상으로 선임하는 것도 가능할 것처럼 보인다. 하지만 육상은 인사권을 행사하여 이를 저지할 수 있었다. 당시의 육해군관제에 의하면 현역인 대장 또는 중장만이 군부대신에 임명될 수 있었다. 따라서 내각 측에서 원하는 사람이 구체화되었을 때 해당자를 즉시 예비역에 편입시켜버리면, 계획을 물거품으로 만들 수 있는 것이다.

이러한 구조에서는 내각의 안정을 기대하기 어렵고, 또한 후술하는 조선증사문제朝鮮增師問題로 육상 인사를 둘러싼 분규가 발생하기도 했다. 이에 1913년 6월 관제가 개정되어 예비역인 대장 또는 중장도 군부대신에 취임할 수 있게 되었다. 이렇게 수상이 군부대신을 선임할 수 있는 범위가 넓어지자, 육군은 조직방위를 위한 교묘한 계책을 구상했다. 같은 해 8월 육군성, 참모본부, 교육총감부는 정식 협정으로 '인사에 관한 성부각서人事に關する省部覺書'를 주고받았다.

이에 따르면 장교의 인사는 3장관의 협의 결정에 따르게 되었다. 표면적인 이유는 인사에 군정계통뿐 아니라 통수계통과 교육계통의 의견을 반영한다는 것이었다. 하지만 실제 목적은 후임 육상 결정에 3장관의 협의가 필요하게 하여, 예비역 장관의 육상 취임을 저지하려는 것이었다. 실제로 예비역인 장관이 군부대신에 취임하는 일은 일어나지 않았다.

2·26사건 직후로 여전히 계엄령이 선포되어 있던 1936년 5월, 다시 육해군관제가 개정되어 '군부대신현역무관제軍部大臣現役武官制'로 되돌아가게 되었다. 이는 국가총력전체제의 조기구축이 목적이라고 설명되었다. 하지만 실제 의도는 우가키 카즈시게宇垣一成와 같이 정치색이 짙고, 좌관 클래스 정도가 좌지우지할 수 없는 강력한 예비역 장관의 등장을 봉쇄하려는 것이었다. 또한 정계의 총아였던 코노에 후미마로는 이른바 황도파로 지목된 장군들과 가까운 관계에 있었으므로, 코노에 내각이 성립되는 경우 그러한 성향의 육상이 등장하는 것을 미연에 방지하겠다는 목적도 숨겨져 있었다.

육상을 결정하는 매우 정치적인 행위가, 문관 신분으로 정치관여가 허용되는 육상과 그것이 허용되지 않는 현역 장관인 참모총장과 교육총감에 의해 이뤄지고, 게다가 이러한 내용이 성문화되었다는 것은 심각한 문제이다. 문관 1명과 무관 2명의 다수결이므로, 아무리 문관인 육상이 최종적인 인사권을 쥐고 있다고 하더라도, 무관이 우세한 상황에서 육상이 결정된다. 결국 이는 현역군인의 정치관여를 인정한 것과 마찬가지이다.

이성적 판단이 가능하다면 현실을 직시하여 현역군인의 정치관여가 허용되는 범위를 명확하게 제시하고, 군부대신의 적절한 선임방법을 생각해야 했다. 그런데 이러한 고민이 없이 애매한 상태를 그대로 방치하였으므로 문제는 더욱 악화되었다. 청일, 러일전쟁에 종군하면서 전쟁의 무서움을 실감한 세대는 나름대로의 절도節度를 지니고 있었으므로 극단적으로 폭주하는 일은 없었다. 하지만 군의 세대교체가 진행되면서 평시의 군대밖에 모르는 자들만이 남게 되자 상황은 크게 변하게 되었다. 군비를 우선하는 분위기가 만연하고, 이를 저지하려는 정치를 향하여 공격의 창 끝을 겨누는 구도가 타이쇼 말기부터 쇼와에 이르는 기간 육군의 모습이었다.

내각의 생사여탈권을 쥔 육해군

러일전쟁을 전후한 기간까지 대부분의 군인은 자신들이 가지고 있는 정치적 힘을 거의 실감하지 못하고 있었다. 유신의 원훈의 권위와 권력이 절대적이었고, 또한 군부의 요구는 대부분 수용되었으므로 현역의 군인이 정치에 관심을 가질 동기가 없었다. 무슨 일이건 야마가타 아리토모를 통하면 해결되었고, 타이쇼기의 일부에까지 이르는 카츠라 타로의 3기에 걸친 장기정권은 97개월에 이르렀다. 그야말로 초슈벌의 전성시대라고 할 수 있었는데, 그 폐해가 적지 않았지만 군인에게 정치관여의 필요성을 느끼지 않게 했다는 점에서는 평가할만하다.

그런데 메이지와 타이쇼의 경계에서 군부가 내각의 생사를 결정할 위력을 지니고 있다는 것이 증명된 사건이 발생했다. 1912년 12월 조선증사增師문제로 인한 제2차 사이온지 내각의 도각倒閣이다. 1910년 한일합방 후, 조선의 치안유지와 방위를 위해 상설사단 2개를 증설하여 조선에 배치하려는 계획이 진행되었다. 당시의 상설사단은 19개였는데, 이 계획은 1907년 결정된 '제국국방방침帝國國防方針'에 의한 육군 평시 25개사단·전시 50개사단을 달성하기 위한 중요한 단계로 인식되었다.

그런데 사이온지 내각은 러일전쟁 후의 긴축재정을 이유로 2개사단의 증설을 거부했고, 그것도 각의의 단계에서 폐안廢案되었다. 문전박대를 당한 꼴이 된 우에하라 유사쿠 육상은 격분했고, 군부대신에게만 인정되는 유악상주권帷幄上奏權을 행사하여 단독으로 천황에게 사표를 제출했다. 그리고 육군에서 후임 육상을 추천하지 않았기 때문에, 내각은 총사직할 수 밖에 없었다. 이것이 이른바 조선증사문제로, 군부가 정치에 관여한 대표적인 예이다. 참고로 이 문제는 장기간 지지부진한 상태로 있었는데, 조선에 위수衛戍(영구적으로 주둔)하는 제19사단과 제20사단의 편성이 완료된 것은 1920년에 이르러서였다.

육군과 비하면 해군은 정치에 초연했던 것처럼 생각하는 경향이 있다. 하지만 실제로는 그렇지 않았고, 조선증사문제와 거의 같은 시기 내각에 강한 압력을 가하고 있었다. 1906년 1월 제1차 사이온지 내각의 해상에 취임한 사이토 마코토齋藤實는 제2차 내각에서도 유임하는 조건으로 군비긴급충실안軍備緊急充實案의 실행을 요구했다. 그 주된 내용은 7개년 계획으로 총액 3억 5,000만엔을 투입하여, 전함 7척을 건조한다는 것이었다.

물론 이는 긴축재정하의 상황에서 받아들여지지 않았다. 그러자 이야기가 다르다며 사직을 암시하는 사이토 마코토 해상을 정재계政財界가 총동원되어 설득한 끝에, 전함 7척을 3척으로 삭감하여 겨우 타협점을 찾았다. 그리고 앞에서 설명한 제2차 사이온지 내각이 총사직하고, 제3차 카츠라 내각이 조각되면서 사이토 해상은 다시 유임을 요청받았다. 그러자 사이토 해상은 '제국국방방침'에 제시된 88함대 구상의 실현 촉진을 조건으로 하여 유임을 승낙했다.

그런데 1912년도 예산안에는 사이토 해상의 요구가 수용되어 있지 않았다. 이에 크게 반발한 사이토 해상은 해군의 총의總意로 유임을 거부하면서, 후임 해상을 추천하지 않겠다는 강경한 자세를 보였다. 여기서 곤경에 처한 카츠라 수상은 타이쇼 천황에게 사이토 해상의 유임을 지시하는 취지의 '우조優詔(천황의 간곡한 말씀)'를 내려줄 것을 부탁했다. 이것으로 사임소동은 막을 내려야 했지만, 사이토 해상은 1912년도 예산의 개산서概算書에 해군의 군비확충안을 기재하지 않으면 서명날인을 거부하겠다고 하며 다시 사직을 암시했다. 결국은 카츠라 수상의 양보로 88함대로의 길이 열리게 되었다.

1914년 7월부터 1918년 11월까지의 제1차세계대전의 결과 러시아가 사라지고 이를 대신하여 소련이 등장했다. 일본은 북방의 위협이 사라진 것으로 생각했고, 영국과 프랑스가 주도하는 협조적 분위기를 배경으로 더 이상 대규모 전쟁은 일어나지 않을 것이라는 낙관론도 나타났다. 베르사유 회의에 일본전권대표로 출석한 사이온지 킨모치는 이 같은 노선의 신봉자였다. 그리고 이는 군사력의 축소론으로 연결되었다.

국내의 정치세력도 군, 특히 육군에는 역풍이 되었다. 보통선거법普通選擧法이 처음으로 중의원을 통과한 것이 1911년 3월이었으나 이는 귀족원에서 부결되었다. 이 문제를 축으로 한 움직임이 타이쇼 데모크라시였다. 1918년 9월 하라 타카시原敬 내각의 성립으로 본격적인 정당정치의 시대가 열렸다. 1925년 3월 보통선거법이 성립되었고, 1928년 2월 이 법에 의한 최초의 총선거가 열렸다. 야마가타 아리토모(1922년 2월 사망), 카츠라 타로(1913년 10월 사망), 테라우치 마사타케(1919년 11월 사망)가 주도했던 강력한 군인내각은 더 이상 기대할 수 없게 되었다. 이는 곧 군사비의 감소를 의미했다. 한편으로 군인들은 군이 사회로부터 고립되는 상황에 대한 위기감을 가지게 된다.

사회로부터 소외된 군대의 행방

이와 같은 위기감은 타이쇼기 일본에 특유한 것은 아니었다. 고도로 무장한 국가가 밀집해 있어 군국주의가 지배하고 있던 중부유럽의 독일이나 프랑스와 같은 국가들은 차치하더라도, 군대가 사회로부터 경원시되고 고립된 사례는 그렇게 드문 일이 아니다. 남북전쟁(1861년 4월~1865년 4월) 이후 미서전쟁(1898년 4월~8월)까지의 미 육군은 그 대표적인 사례라고 할 수 있었다. 또한 크림Crimean전쟁(1853년 10월 ~1856년 3월), 보어Boer전쟁(1899년 10월~1902년 5월) 이후의 영국 육군 역시 사회의 역풍을 맞아 고립된 상황에 있었다.

그렇다면 이 두 나라의 육군은 어떠한 길을 거쳐 제1차, 제2차세계대전의 승자가 될 수 있었던 것인가? 이에 대하여는 나카무라 요시히사中村好壽, 『21세기로의 군대와 사회21世紀への軍隊と社會』(時潮社, 1984)에 잘 정리되어 있으므로, 이에 따라 고찰해 본다.

남북전쟁에서는 양군 합쳐 62만 명의 전사자가 발생했다. 참고로 러일전쟁의 전사자는 러일 양국을 합쳐 22만 명으로 추산된다. 전사자의 숫자만 보아도 이 전쟁으로 미국 전체에 염전 분위기가 확산되는 것이 무리가 아닌 것으로 생각되고, 이는 곧 반군사조로 연결되었다. 게다가 미국 사회 자체가 19세기의 영국 철학자 허버트 스펜서Herbert Spencer가 옹호한 '자유경쟁과 자본주의' 그리고 이에 따른 '강제적인 군사형軍事型 사회의 대척점에 있는 자발제自發制를 중시하는 산업형 사회'로 급속히 변화되어 가고 있었다. 군대는 민주주의와 유물적 상업주의에 지배되는 사회와 어떻게 타협하면서 군사력을 유지해나갈 것인지에 대하여 고민하게 되었다.

19세기 후반 이후 미 육군의 선택은 사회와의 타협을 거부하고, 자발적으로 일반 사회의 영역과 담을 쌓아 자기완성형의 군대를 만들어 나간다는 것이었다. 웨스트 포인트West Point에 있는 육군사관학교도 극단적으로 폐쇄적인 태도를 취해 돈의 사용이나 학교 밖으로의 서신 왕래까지도 금지시켰다. 그리고 각 부대는 국내에서는 변경지대의 포트Fort(요새), 해외에서는 캠프Camp(기지)에 틀어박혀, '수도원적 생활양식'에 만족하면서 스스로의 전문직화를 추진했다. 이와 같은 환경에서 존 퍼싱John Pershing, 더글러스 맥아더, 조지 패튼George Patton과 같은 유형의 군인들이 태어났다.

일반 사회의 영역 밖에서 전문직화되어 지원제로 운용되는 군대의 경우 평시에는 그 규모가 크게 제한된다. 미서전쟁이 시작된 때 미 육군은 정규부대가 장교 2,000명과 병력 2만 8,000명이었고, 여기에 주방위군이 10만 명 정도 있었다. 대규모의 전쟁이 일어난다면 소수의 병력으로 어떻게 대응해야 할 것인지에 대한 고민이 시작되었다. 이 경우 총기와 말, 나아가 자동차에 익숙한 시민을 동원하고, 이들을 프로페셔널한 장교단이 지휘하면 문제가 없다는 결론에 이르렀다. 이러한 대응책은 미서전쟁에서 일응의 성공을 거두었고, 제1차세계대전에서 테스트를 마쳤으며, 제2차세계대전에서 동원을 본격적으로 발동하여 결정적인 승리를 거둘 수 있었다.

대영제국의 최전성기에 일어난 크림전쟁과 보어전쟁은 참담한 결과로 끝났다. 크림전쟁에서는 러시아군의 세바스토폴Sevastopol 요새를 점령하는 데 성공했지만, 지리멸렬한 지휘계통으로 인해 고전한 장병들의 모습이 이 전쟁에서 최초로 파견된 종군기자들에 의해 전해져 여론을 들끓게 했다. 이를 계기로 영국 육군은 많은 권한을 박탈당했고, 최종적으로는 1872년 통수권 자체가 내각, 즉 의회의 아래 놓이게 되었다. 또한 남아프리카의 보어전쟁도 비참한 결말로, 게릴라를 상대로 하여 3만 명에 이르는 전사자가 발생했을 뿐 아니라, 일반 민중을 강제수용한 일로 국제적인 비난을 받기에 이르렀다.

이 같은 각종 불상사는 영국 사회의 비난의 표적이 되었고, 결국 영국 육군은 혐오의 대상이 되기에 이르렀다. 여기서 영국 육군은 3가지의 길을 생각하게 되었다.

① 사회로부터 받아들여질 수 있도록, 자발적으로 조직과 체질을 개선하는 길.
② 사회로부터의 고립을 감수하면서, 특유의 문화를 가진 자기완결형의 군대를 만들어 사회의 변화를 기다리는 길.
③ 군대에 호의적인 일부의 그룹과 강한 유대관계를 맺고, 이를 이용하여 자기의 존재를 확보하는 길.

여기서 영국 육군은 세 번째의 길을 선택했다. 역사적으로 군의 중핵적 존재였던 왕실과 귀족계급을 중심으로 하는 보수층과 제휴하여, 군인의 존재가치와 엘리트 의식을 유지하려 했던 것이다. 이로 인해 지식이나 기능을 높게 평가하는 중산계급의 가치관이나 신조를 1세기 가량 배제하게 되어, 군인의 전문직화에 뒤쳐지게 되었다는 지적도 있다. 그럼에도 영국 육군은 압도적인 전력과 사회의 폭넓은 지지를 받고 있던 영국 해군과 양호한 관계를 유지하였으므로, 두 번의 세계대전에서 승자가 될 수 있었다.

자기 몸을 베어내야 하는 상황에 몰린 육군

그렇다면 타이쇼에서 쇼와기의 일본 육군은 사회로부터의 역풍에 어떻게 대처하려 했던 것일까? 먼저 해군은 만국공통의 수단대로 일반 사회로부터의 격리된 세계를 구축하여 전문적인 지식과 능력을 갈고 닦는 것에 전념하려 했고, 또 그것이 가능하기도 했다. 해상근무는 수도원의 생활 그 자체로, 때때로 뭍에 올라 기분전환만 가능하다면 그것으로 만족한다는 기풍이 전체를 지배하고 있었다. 게다가 일본 해군은 지원제를 기본으로 하고 있었으므로, 세상으로부터 초연할 수 있었다.

그런데 육군은 해군과 같은 태도를 취할 수는 없었다. 국민들의 자식을 모아 유지되는 징병제에 입각하고 있었으며, 치안유지와 재해대처의 임무까지 맡고 있었으므로, 사회 일반과 떨어질 수 없는 것이 육군이다. 그러므로 사회로부터의 역풍을 어떻게 해결할 것인지는 자기의 존재의의가 결부된 중대한 문제가 된다. 아마도 육군 당국은 앞에서 설명한 미국과 영국의 육군이 걸어간 길을 따르는 것도 검토했었던 것으로 생각된다. 하지만 상황과 환경에 근본적인 차이점이 있었으므로 쉽게 결론을 낼 수 없었다. 미 육군과 같이 사회로부터 격리되어 자신들만의 세계를 구축하려고 하여도, 그럴만한 공간적 여유가 없었다. 또한 일본에는 확립된 귀족계급이 존재하지 않았으므로, 영국 육군처럼 귀족계급과의 제휴를 통한 조직의 안정이라는 방법도 생각하기 어려웠다.

이러한 와중이던 1921년 11월 워싱턴 회의가 시작되면서 세계적인 군축의 바람이 불었고, 해군은 열망하던 88함대구상을 포기했다. 해군이 군축을 결정한 이상, 육군도 이를 본받아야 한다는 목소리가 커졌다. 육군은 소련의 군비 증강과 중국에서의 국권회복운동의 격화를 이유로 대륙국방의 강화가 급무라고 주장했다. 하지만 정부 내에서는 이러한 주장에 대한 아무런 반응이 없었다. 워싱턴 회의 당시의 수상으로 재정 전문가인 타카하시 코레키요高橋是淸는 "가난한 사람이 커다란 대포를 끌고 다녀봐야 무엇에 쓰겠는가"라고 입버릇처럼 말하곤 했다. 그리고 결국은 참모본부의 존재 그 자체에 의문을 나타내기에 이르렀다.

군축을 바라는 목소리가 높아지는 한편, 제1차세계대전을 연구한 육군의 중견 막료들은 세계대전에서 나타난 선진적인 편제와 장비를 갖추지 않은 군대로는 장래의 전쟁에 대응할 수 없다고 주장하며 상층부를 압박했다. 이에 육군 당국은 군축이라는 포즈를 취해 사회와의 절충을 꾀하면서도, 군축으로 절약되는 병력운영비로 군의 현대화를 추진하려고 했다. 이는 1922년 7월과 1923년 4월의 2차에 걸친 군비정리로 나타났다. 군축 당시 카토 토모사부로加藤友三郎 내각의 육상이던 야마나시 한조山梨

半造 대장의 성을 따 '야마나시 군축山梨軍縮'으로 불렸다. 이 군비 정리의 핵심은 보병대대마다 1개 중대를 폐지하여 3개 중대편성으로 바꾸는 것으로, 실제로 5개 사단 규모에 상당한 병력이 정리되었고, 절약된 병력 운영비는 연간 3,500만 엔으로 추산되었다.

야마나시 군축으로는 군의 근대화를 추진하기 어렵다는 불만의 소리가 육군 내부에서 높아지던 1923년 9월, 관동대지진關東大震災이 발생했다. 수도 토쿄의 복구가 최우선이었으므로, 군사비 비율은 감소일로를 걸었다. 이렇게 육군은 본격적으로 자기 몸을 베어내야 하는 상황에 처하게 되었다. 1924년 1월부터 키요우라 케이고淸浦奎吾 내각의 육상으로 취임한 우가키 카즈시게 중장은 부내에 '군제조사회軍制調査會'를 설치하여 연구를 진행시켰고, 1925년 5월 제1차 카토 타카아키 내각에서 상설사단 4개의 폐지를 결정했다. 이른바 '우가키 군축宇垣軍縮'이다.

어쩔 수 없는 시책이라고 머리로는 이해했어도, 심리적 상실감은 컸다. 천황이 보병과 기병연대에 수여한 군기 20개를 반납하는 것에 상당한 굴욕감을 느꼈다. 특히 자신이 소위로 임관한 연대, 즉 원대原隊가 사라진 것은 몹시 슬픈 일이었다. 더구나 퇴직으로 내몰리거나 각 학교의 배속장교로 돌려진 사람의 가슴속 통절함은 쉽게 상상하기 어려울 것이다. 이런 비상수단을 통해 군의 근대화가 추진될 것으로 생각했음에도 예상과 다른 결과에 직면하게 되면, 군비 정비에 대한 불만이 폭발하고, 불만과 분노는 사회 전반을 향하게 된다.

사회에 대한 반격을 준비한 사쿠라카이

이러한 일련의 사건들을 겪은 끝에 육군의 대세가 선택한 길은 적극적인 정치개입이었다. 사회를 관리, 운영하는 정치의 수단 중 하나가 군사라는 방정식을 부정하고, 정치와 군사의 일체화, 나아가서는 정치 그 자체를 삼키려는 반전공세로 나온 구도였다. 정치관여를 금지한 '군인칙유'도, 군대가 있고 난 연후의 '군인칙유'라는 논리였다. 이러한 의식이 높아지던 상황에서 등장한 것이, 하시모토 킨고로 중좌의 주도로 1930년 10월 결성된 군 내부의 결사 '사쿠라카이櫻會'였다.

사쿠라카이의 취의서趣意書는 "국가개조를 종국적인 목적으로 삼고, 목적 실현을 위해서는 무력의 행사도 불사한다"고 하여, 정치관여는 물론 국민에게 총을 겨누겠다고 선언하고 있었다. 이는 '군인칙유'의 여러 항목에 위배되는 것임은 물론, 군 형법과 일반 형법에도 저촉되는 것이다. 당연히 헌병이 엄중하게 단속할 일이지만, 그 헌병조차도 사쿠라카이에 참가하여 기세를 올리고 있었으니 어쩔 도리가 없는 상황이었다. 그리고 얼마 지나지 않아 성부의 중견막료를 중심으로 수십 명을 규합하기에 이르렀으니, 당시 군부를 지배하고 있던 폐색감閉塞感의 정도를 알만하다.

사쿠라카이는 국제협조노선을 타파하여 만몽문제를 일거에 해결하고, 타이쇼 데모크라시에 의한 반군사조를 일소하며, 충분한 군사예산을 확보하여 국군의 근대화를 추진하는 것을 목적으로 했다. 이를 위해 인위적으로 소란상태를 야기하여 계엄령을 선포하고, 당시의 육상 우가키 카즈시게 대장을 수상으로 추대하려고 했다. 이것이 불발로 끝난 1931년 '3월 사건'의 시나리오였다. 실패의 원인으로는 우가키 육상에게 이를 실행할 의사가 없었던 점, 소란상태를 야기하기 위해 외부의 힘을 빌리려 했지만 기대가 어긋난 점 등을 들 수 있다.

그러자 이번에는 교육총감부 본부장 아라키 사다오 중장을 전면에 내세우고, 외부에 의존하지 않은채 군의 힘으로만 수행하기로 했다. 각의閣議 석상에 난입하여 각료를 살해하려면 성부의 막료만으로는 감당할 수 없었다. 따라서 젊은 대부隊付장교로까지 범위를 넓혀 동지를 확보하기 위해 노력했다. 그러자 정식 명령계통을 통해 부대를 움직이는 행위의 중대성을 인식하는 사람들은 모임에서 떨어져 나가거나, 밀고하여 결기決起를 중지시키려 했다. 또한 쿠데타의 장기말로 취급당한 젊은 층의 불만이 쌓였고, 여기서도 분열이 시작되었다. 결국 사쿠라카이는 결속을 유지하지 못했고, 이 두 번째 쿠데타 계획인 1931년의 '10월사건'도 미수에 그쳤다.

10월사건은 사쿠라카이의 중핵분자 12명이 헌병에 검속檢束되면서 막을 내렸다. 그런데 처분은 매우 온정적으로 대부분의 구성원들이 지방이나 만주로 좌천되는 정도였다. 각료를 모두 살해하겠다는 매우 과격한 행동의 직전까지 나아갔음에도, 이렇게 가벼운 처분으로 끝난 것은 분명히 비정상적이다. 하지만 1931년 9월부터의 만주사변과 같은 하극상이나 정치관여를 저지른 집단을 처벌하지 않는 이상, 사쿠라카이의 소행도 불문에 부칠 수 밖에 없었던 것이다.

한편 성부의 막료들은 만주사변의 진행 추이에 대응하는 것만으로도 분주했고, 또한 사실상 정치에 개입하게 되었으므로, 군혁신운동의 열기도 식고 말았다. 그런데 수그러들지 않은 것이 10월사건을 위해 조직되었던 대부장교, 사관학교생도 및 해군사관이었다. 그들은 군혁신운동에서 일찌감치 손을 씻은 성부의 막료들을 '타락한 간부'로 규정하고, 여러 문제는 어느 것도 해결되지 않았다고 하며 급진적으로 변해갔다. 그리고 그 종착점이 1932년의 5·15사건과 1936년의 2·26사건이었다.

정식 명령계통을 이용하여 부대를 움직인 2·26사건은 각계에 강렬한 공포감을 선사했다. 그리고 성부의 막료들은 이 공포감을 활용하여 정치에 개입했다. 사임한 오카다 케이스케岡田啓介 수상의 후임으로, 사이온지 킨모치는 코노에 후미마로를 추천했지만, 코노에는 이를 고사했다. 여기서 이치키 키토쿠로一木喜德郎 추밀원의장은 외무성 출신인 히로타 코키廣田弘毅를 밀었다. 히로타는 이를 받아들였고, 자신의 외무성 입성入省 동기로 전후 수상에 취임하는 요시다 시게루吉田茂를 참모로 삼아 조각을 진행했다.

그런데 육상 후보인 테라우치 히사이치 군사참의관軍事參議官이 조각에 개입했다. 실제로는 육군성 군무국 군사과 고급과원高級課員 무토 아키라 중좌를 중심으로 한 성부의 막료가 개입했다고 하는 것이 정확할 것이다. 육군은 구화주의자歐化主義者인 마키노 노부아키牧野伸顯의 사위인 요시다 시게루가 외상, 아사히朝日신문 출신의 시모무라 히로시下村宏가 척무상拓務相, 민정당 출신으로 정당색이 짙은 카와사키 타쿠키치川崎卓吉가 내무상, 천황기관설 문제에서 모호한 자세를 취했던 오하라 나오시小原直가 법상에 내정된 각료인사안을 문제로 삼았다. 이러한 내각 구성으로는 2·26사건의 사후 정리가 어렵다는 것이 표면적인 이유였다. 이에 무토 중좌의 지시에 따라 테라우치 대장은 조각본부에 압력을 가하였고, 카와사키 타쿠키치가 상공상商工相으로 이동하고 그 외의 3명은 입각을 고사하기에 이르렀다. 결국 육군은 조각을 좌지우지하게 되었다.

육상 추천을 무기로 한 조각저지

군부의 정치개입 제2라운드는 생각보다 일찍 찾아왔다. 히로타 코키 수상의 후임 문제였다. 1937년 1월 제70차 의회에서 하마다 쿠니마츠浜田國松 중의원 의원이 군부의 정치관여를 예리하게 비판했다. 그리고 이에 대한 테라우치 히사이치 육상의 답변에 부적절한 부분이 있어, 이것으로 히로타 내각은 1937년 1월 총사직하게 되었다. 육군을 제지하여 이와 같은 사태의 재발을 방지하기 위해 강완强腕으로 불리던 우가키 카즈시게의 등장을 바라는 목소리가 높아졌다. 군축을 단행하고, 자발적으로 예비역에 편입된 후에는 '미니Mini 수상'이라고도 할 수 있는 조선총독으로 정치적 센스를 갈고 닦은 우가키는 그야말로 적임자라고 할 수 있었다.

여기서 나선 것이 만주사변의 주모자로 당시 참모본부 제2과장이던 이시하라 칸지 대좌였다. 우가키 군축 당시, 중장인 우가키 육상은 대장 계급인 선배 3명을 필두로 군비정리에 난색을 표시하는 장관을 모조리 예비역에 편입시키는 등, 과감한 인사를 단행했다. 이렇게 강압적인 사람이 수상의 자리에 오른다면, 성부의 좌관급 따위는 눈 하나 깜짝하지 않고 모조리 날려버릴 것이 당연했다. 또한 겨우 어느 정도 정리된 대소군 비충실계획 역시 "돈이 없다"는 한 마디와 함께 휴지 조각으로 만들어버릴 가능성이 있었다. 이에 이시하라 대좌는 성부의 중견급을 결집하여 상사들에게 압력을 가해 우가키 수상 저지에 나섰다. 방법은 간단한 것으로, 후임 육상을 추천하지 않으면 되는 것이다.

하지만 조각의 대명大命이 내려진 이상 형식은 지켜야 했고, 즉시 3장관회의가 열려 후임 육상의 선정작업에 착수하였다. 3장관은 육상 테라우치 히사이치 대장, 참모총장 칸인노미야 코토히토閑院宮載仁 대장, 교육총감 스기야마 하지메杉山元 대장이었다. 여기서 스기야마 하지메 대장, 교육총감부 본부장 나카무라 코타로中村孝太郎 중장, 근위사단장 카츠키 키요시香月清司 중장의 3명을 육상 후보로 결정했다. 개별적으로 의사를 타진하기는 했지만, 부내 중견층의 반발을 알고 있는 3명은 모두 고사했고, 이에 후임 육상을 추천할 수 없다고 조각본부에 통고했다.

이에 우가키 카즈시게는 '우가키 4천왕四天王' 중의 1명으로, 당시 조선군 사령관으로 재직 중이던 코이소 쿠니아키 중장에게 전화를 걸어 육상에 취임하도록 요청했다. 하지만 코이소 중장은 "가령 제가 손을 들었다고 하더라도, 즉시 예비역으로 편입시킨다는 인사발령이 내려지면 육상이 될 수 없으니, 무의미한 일입니다"라며 거절했다. 앞서 본 것처럼

1936년 5월 관제가 개정되어 '군부대신현역무관제'로 돌아가 있었으니, 코이소 중장의 말은 일리가 있는 것이었다.

그렇지만 우가키 카즈시게는 결코 포기를 모르는 사람이었다. 육상이 미정未定인 상태로 조각을 마친 후 수상이 당분간 육상사무취급陸相事務取扱을 맡거나, 혹은 예비역 중의 적임자를 현역으로 복귀시켜 육상에 임명하거나, 또는 현역의 장관에게 천황이 육상 취임의 칙어勅語를 내린다는 3가지 안을 생각했다. 그리고 이를 유아사 쿠라헤이湯淺倉平 내대신에게 제안했지만, 천황에게까지 문제가 파급될 가능성이 있으며, 또한 입헌군주로서 육상 인사에 관한 칙어를 내릴 수는 없다는 이유로 거부당했다. 천황에게 누가 미친다고 하면 아무리 강압적인 우가키 카즈시게도 물러설 수 밖에 없었다. 결국은 대명을 배사拜辭하게 되었고, 우가키 내각의 성립은 유산流産되었다. 이렇게 군부, 특히 중견막료는 천황의 대명을 받은 사람조차도 배제하는 것에 성공했다.

이전까지는 문관인 육상, 차관을 표면에 내세운 상태에서 중견막료가 정치에 개입하는 형태였지만, 이제는 정치색을 띠어서는 안 되는 군령조직까지도 정치 관여가 가능하도록 개조되었다. 2 · 26사건 직후인 1936년 6월, 이전부터 "일본에 작전계획은 있어도, 전쟁계획은 없다"고 비판해온 이시하라 칸지 대좌의 주도에 의한 것이었다. 이에 따라 참모본부 제1부 제2과(작전과)는 총무부 제1과(편제동원과)와 합쳐져 제3과가 되었고, 새로운 제2과는 속칭 '전쟁지도과戰爭指導課'로 불리게 되었다. 초대 과장으로 이시하라 대좌가 취임했다.

아무리 정식명칭이 아니라고 하더라도, 전쟁지도라고 하는 것은 그야말로 정치의 영역에 속하는 사항이다. 이를 참모본부라는 군령기관의 중추부에서 다루겠다는 것이니, 정치에 관여하지 않는다는 원칙 따위는 아랑곳 하지 않는 자세가 분명하게 드러난다. 이러한 의문은 부내에서도 문제가 되었다. 결국 이시하라 칸지 소장이 제1부장에서 물러난 직후인 1937년 10월, 제2과는 작전지도반作戰指導班으로 격하되어 예전의 조직으로 돌아간 제2과 아래로 편입되었다.

이 의미 불명의 전쟁지도를 담당하는 부서는 1940년 10월 독립하여 참모차장 직속의 제20반이 되었고, 1942년 1월 대본영 제15과로 승격되었다. 제15과는 1943년 10월 폐지되는데, 1945년 4월 제12과로 부활하는 등 어지러운 일들이 거듭되었다.

총력전구상의 캠페인

'군인칙유'가 경계하는 정치관여의 길을 걸은 군인, 특히 성부에 근무한 엘리트 막료의 의식구조를 엿볼 수 있게 하는 자료가 있다. 앞에서 살펴본 사쿠라카이의 취의서의 말미는 "오인吾人은 이전부터 군인이 국정에 직접 참획参劃해야 할 것은 아니라고 생각해 왔지만, 교교皎皎한 보공報公의 지성至誠은 때에 따라서는 그 정신을 드러내어 위정자의 혁정革正, 국세의 신장伸長에 공헌하도록 해야 한다"고 되어 있다. 이는 토쿄제국대학 문학부에 파견될 예정이었던 육군성 조사반調査班의 타나카 키요시田中淸 대위가 작성한 것이다.

1934년 10월 육군성 신문반新聞班이 발간한 '국방의 본의本義와 그 강화의 제창', 통칭 '육군 팸플릿Pamphlet(판후렛토パンフレット)' 이른바 '육판陸パン'에서도 엘리트 막료들의 사고 방식이 선명하게 드러난다. 이는 토쿄제국대학 경제학부를 졸업한 이케다 스미히사池田純久 소좌가 군사과에 근무하면서 우파의 이론가인 야츠기 카즈오矢次一夫가 주도하고 있던 국책연구회 등 외부의 지혜를 빌려 작성한 것이다. 이케다 스미히사는 중장까지 진급하여, 패전 시에는 내각총합계획국內閣總合計劃局 장관長官의 직에 있었다.

이 육군 팸플릿은 "싸움たたかひ은 창조의 아버지, 문화의 어머니이다"라는 자극적인 프레이즈Phrase로 시작되어, 장래 예상되는 총력전을 수행할 수 있는 '고도국방국가高度國防國家의 건설'을 제창했다. 그리고 이를 주도하는 것은 육군이라고 하였다. 육군이 사회 전체를 장악하겠다는 선언으로, 게다가 모두冒頭에서부터 전쟁을 찬미하는 것에는 상당한 비판이 있었다. 그런데 이를 계획경제의 제창으로 이해한 탓인지, 좌파진영의 일부도 찬동했다고 하니 세상은 복잡한 것이다.

찬부贊否에 대해서는 차치하더라도, 난해한 한자 성어를 그렇게나 좋아하던 당시의 군인이 왜 야마토大和시대의 표현인 'たたかひ'를 사용하여 글을 시작하였는지 의문이 생긴다. 팸플릿의 도입부의 설명은 다음과 같다. 지금까지의 전쟁은 패도覇道와 야망의 귀결이었다. 하지만 만물이 가지고 있는 생명을 존중하고, 그 발전에 기여하는 것을 본분으로 하는 일본민족과 일본국은, 그와 같은 전쟁에는 관여하지 않는다. 정의의 추구를 방해하는 세력을 제어하여, 청아하고 관용에 넘치는 황도皇道에 부합하도록 하는 것이 일본에 주어진 사명으로, 황군은 그 중책을 맡고 있다고 소리 높이 외치고 있었다.

지금까지의 전쟁의 개념을 크게 바꾸는 것이므로, 일부러 야마토 시대의 단어인 'たたかひ'로 표기했던 것이다. 이는 문명 그 자체의 혁신을 도모한다는 선언이었다. 이전까지의 행동이 통수권의 독립을 무기로 하여 국가를 좌지우지하는 정도의 작은 것이었다면, 앞으로는 훨씬 더 심원深遠한 대망을 추구하겠다는 과시적 표현으로 해석할 수도 있을 것이다. 이것이 진심이었는지 여부는 별론으로 하더라도, 이렇게까지 행동하지 않으면 육군의 사회적인 존재의의가 사라질 수도 있다는 심각한 위기의식이 기초가 되었다는 것은 이해할 수 있다.

온실에서 순수배양純粹培養된 엘리트는 자신의 생각이나 말에 쉽게 도

취되는 경향이 있다. 이를 목적과 슬로건의 혼동이라고 할 수도 있을 것이다. 국정의 총람자로 신성한 천황과 동일한 군복을 입은 자신들이 정치에 관여하는 것은 곧 국민에 대한 책임을 다하는 것일 뿐 아니라, 전세계적인 정의를 구현하는 것이라고 생각하기에 이르렀으니 과대망상도 이 정도면 중증이다. 그러니 고도국방국가의 건설 정도는 간단한 것으로 보고 이 팸플릿의 작성을 시작했을 것이다.

그런데 터무니 없는 큰일을 벌였다는 것을 깨닫기까지는 그리 많은 시간이 필요하지 않다. 육군 팸플릿을 정독하다 보면 각종 과제에 대한 논의과정에서 국가를 움직이는 어려움에 대해 인식하기 시작하는 부분을 확인할 수 있다. 국가의 방침을 변경하는 곤란함, 나아가 비생산적인 군비증강에 국력을 투입하여 발생하게 되는 일본 경제의 왜곡 등을 토쿄제국대학 경제학부에서 공부한 이케다 스미히사가 몰랐을 리가 없다.

이렇게 그들은 사회란 군대와 같이 단순하고 쉽게 파악할 수 있는 생물이 아니라는 점을 이해하게 되었고, 이 장대한 계획은 여러가지 벽에 부딪히게 된다. 예를 들어 무기와 탄약의 생산에 민간기업을 동원하는 경우 뒤따르는 세제상의 우대조치 및 가격과 이익률의 산정에서부터 시작하여 자재의 분배, 나아가 종업원의 병역의무의 처리에 이르기까지 해결해야 하는 문제는 산적해 있었다. 국가가 경영하는 공창工廠과 민간공장은 본질적으로 다른 존재였다. 간단히 말하면 단식부기조차 이해하지 못하는 사람이 복식부기를 접했을 때의 당혹스러움이라고 할 수 있을 것이다.

사회적 분업의 의미를 이해하지 못한 군부

육군유년학교, 육군사관학교, 육군대학교를 거치며 선발된 군인의 능력은 탁월한 것이다. 하지만 이는 명령과 복종으로 구성된 단순한 세계에서만 통용되는 것으로, 복잡한 유기체인 사회 전체를 움직이는 것은 차원이 다른 문제이다. 그런데 이를 이해하지 못했기 때문인지, 아니면 필요 이상의 위기의식이 원인이었는지 쇼와기의 군인은 여기에 도전했다. 이는 사회적 분업의식의 결여를 드러내는 것이다.

이를 다른 측면에서 본다면 다음과 같이 설명할 수 있을 것이다. 가장 혹독한 사회현상인 전쟁과 전투에 대비해야 하는 무장집단의 관리, 운영, 통솔, 통제에는 고도의 기능과 지식이 요구된다. 따라서 이를 수행하는 장교, 사관이 습득해야 할 내용은 방대한 분량이었고, 일생에 걸친 수련이 요구되었다. 그렇다면 세상에 울분을 품거나 외부의 수상한 인물과 교류할 여유 따위는 없을 터이다.

통상적으로 현역 군인은 복무 기간의 1/3 이상을 군 내부 또는 외부의 학교 교육을 받는 것으로 보낸다. 전전의 일본에는 일선 부대에서 실무를 통한 교육(OJT=On the Job Training)이 주를 이루었지만, 교육에 할당된 시간의 비율 자체는 오늘날과 큰 차이가 없었다. 전문적인 교육이 필수적인 군인에게 정치, 일반행정, 경제, 외교의 지식까지 주입하려고 하면, 아무리 우수한 사람도 능력의 한계치를 초과할 수 밖에 없고, 무엇보다도 그럴만한 시간적 여유가 없다.

여러 가지로 일을 벌리다 보면 본업에 소홀하게 되는 것은 당연하고, 이는 군인의 세계도 마찬가지이다. 단적으로 설명하면 제2차세계대전에서의 전투형태는 보다 많은 탄약을 전선으로 옮기고, 보다 효율적으로 투사하여 적을 격파하는 것이었다. 말로는 간단하지만 이를 실현하기 위해서는 오랜 기간의 수련을 통해 얻어진 관리운영의 기능이 필요하다. 이것은 제4장에서 설명한 임팔 작전의 예를 보아도 쉽게 알 수 있다.

군인이 정치에 관심이 쏠려 군인에게 요구되는 전문적인 기능을 결여하게 되면, 탄약이 전선에 도달하지 못하고, 도달한 포탄도 적을 맞추지 못하며, 그 결과 전투에 패배하게 된다. 그리고 이것이 누적되어 국가는 패망에 이르게 된다. 이는 그야말로 태평양전쟁에서 일본군이 보인 모습이었다. 군인에게 군수생산에 관한 지식이 없더라도, 즉 복식부기를 이해하지 못하더라도, 적정한 양의 탄약을 확보하고, 이를 효율적으로 사용하는 기술에 숙달되어 있다면 쉽게 전쟁에서 패배하지는 않는다.

한 가지 원리에 숙달한 사람에게 다른 영역에 이를 응용하여 적용하는 것은 그다지 어려운 일이 아니다. 1940년 12월 루즈벨트 대통령은 라디오를 통해 국민들에게 미국을 민주주의의 병기창으로 만들겠다고 호소했다. 정치가 결심하고 제반 환경이 정비되어 있다면, 대군을 관리·운영하는 수법을 응용하는 것으로 일은 어렵지 않게 진행된다. 이는 제4장에서 설명한 웨드마이어와 둘리틀의 업적이었다. 이러한 일은 고급군인에게 필요한 기술과 능력을 충분히 연마하지 않은 자에게는 절대 불가능한 것이다.

직업군인이라는 말을 모욕적 표현으로 느끼는 심정

그렇다면 쇼와기의 군인은 자신들을 무엇에 종사하는 사람이라고 생각했던 것일까? 아마도 군인들이 세계공통으로 갖고 있는 '직업(Job)'이 아니라, '천직天職(Calling)'이라는 의식이었을 것이다. 또한 해군사관의 대다수에게는 '전문직(Professional)'이라는 인식도 있었을 것이다. 따라서 군인들은 '직업군인'이라는 표현을 매우 모욕적으로 생각했다. 자녀들이 다니는 학교에 제출하는 서류의 보호자의 직업란에 일부러 '직업'이라는 두 글자를 지우고, '군인'이라고 크게 쓴 사람도 있었다.

천직이란 무엇인가? 성직僧職을 단순히 직업이라고 하면 어쩐지 불경스런 심정이 되고, 경우에 따라서는 벌을 받을지도 모른다는 느낌은 누구에게나 있을 것이다. 또한 전도라는 숭고한 미션을 띠고 세계의 오지를 누비는 선교사를 샐러리맨으로 취급하는 사람도 있을 리 없다. 인류와 세계를 위해 정신세계에 관여하는 일을 직업이 아니라 천직이라고 하는 이유가 여기에 있다.

마찬가지로 조국과 전우를 위해서라면 목숨을 초개와 같이 바치는 것이 군인이므로, 이를 천직으로 생각하지 않으면 그 직무를 감당하기 어려운 것이 당연하다. '그저 생계를 유지하기 위해 하는 일이 아니니 조금은 존경해달라', '아무리 데모크라시를 운운하는 상황이라도 해도 월급쟁이로 취급하는 것은 받아들이기 어렵다'며 사회의 사조에 반발한 것이 타이쇼에서 쇼와에 이르는 기간 군인들의 모습이었다.

특히 태어날 때부터 군인의 길을 걷는 것이 결정되어 있어, 천직이라는 표현이 명실상부했던 부류의 사람들도 있었다. 테라우치 마사타게의 아들 테라우치 히사이치가 그런 경우였다. 유럽의 고급군인들에게는 이런 사례가 많다. 제2차세계대전 굴지의 명장인 에리히 폰 만슈타인Erich von Manstein 원수는 에두아르트 폰 레빈스키Eduard von Lewinski 대장의 10번째 아들로, 게오르그 폰 만슈타인Georg von Manstein 중장의 양자가 되었다. 이두 가문 모두 300년 이상에 걸친 군인의 가계였으니 놀라운 일이다.

일본에는 이 정도의 이야기는 없었지만, 메이지의 건군 초기에는 가록家祿을 잃은 사족士族의 자제가 군인의 길을 택한 경우가 많았으므로 가업을 잇는다는 측면에서 천직의식이 농후했다. 하지만 사족의 후예만으로는 그 수를 충족할 수 없게 되었다. 육군사관학교, 해군병학교海軍兵學校 모두 응모자격에 학력 요건은 없었지만, 전자는 중학 3년, 후자는 중학 4년 수료에 상당한 학력이 요구되었다. 따라서 사실상 군인은 자식을 중학까지 진학시킬 수 있는 여력이 있는 가정에서 나오게 되었다. 여기서 가업이라는 의식이 사라지게 되었다. 하지만 군사 학교에 진학하는 것 자체는 자유의지로 결정한 것이므로 천직이라는 의식은 있었을 것이다.

천직의식과 일반적인 직업의식의 차이에 대해서는 다양한 논의가 있다. 금욕적으로 자기희생을 마다하지 않는 사조에서 나타난 천직의식을 군대에 있어 가장 중요한 요소로 보는 것이 일반적이다. 그리고 이는 일(Job)의 대가로서 급여(Salary)를 받는다는 보통의 직업의식과는 서로 대립되는 관념으로 보는 것이 유력한 견해였다. 따라서 직업군인이라는 표현에 신경질적으로 반응했던 당시 군인들의 사고방식은 어떤 측면에서는 정당한 것이었다.

하여간 구 군의 장교, 사관이 사회로부터 유리된 원인이 지나치게 강렬한 천직의식에 기초하여, 일반적인 직업의식을 기피하였기 때문이라고 단정할 수는 없다. 어떠한 의식에 기반하고 있는지와는 별개로 사회로부터 격리된 조직, 집단이 있을 수 없다는 것이 자명한 이치이기 때문이다. 다만 천직의식만을 강하게 드러내고 마치 성직자와 같이 행동하며 사회로부터의 존경과 경의를 요구하면서, 여기에 후술하는 국가의 간성干城, 번병藩屛이라는 특권의식이 더해져 완고하고 경직된 자세를 취한 것에 문제가 있었다.

장교, 사관에 요구되는 것

한편 장교, 사관에게 무엇이 요구되는지에 대한 정확한 인식의 결여는 문제를 더욱 심각하게 만들었다. 육군의 장교, 해군의 사관은 모두 영어로는 Commissioned Officer로 표현한다. 즉 '임명된', '위임된', '권한을 부여받은' 무관이라는 의미로 이러한 정의는 만국 공통의 것이다. 그렇지 않은 무관은 Non Commissioned Officer, 약칭하면 NOC로 하사관을 의미한다. 따라서 부여된 권한을 주체하지 못하여 사명을 다하지 못하는 장관을 '고액의 급여를 받는 하사관'이라고 야유하는 것은 이러한 이유에서이다.

그렇다면 장교, 사관에게 부여된 권한, 기대되는 기능이란 무엇인가? 이는 오랜 기간 지극히 당연한 것으로 여겨지며 논의의 필요도 없는 것으로 인식되어 왔다. 미국의 정치학자 해럴드 라스웰Harold Lasswell은 1948년 출간한 『Power and Personality』[『權力と人間』(中央公論社, 1954)]에서 이를 '폭력의 관리'(Management of Violence)라고 정의하였다. 미국의 역사학자 새뮤얼 헌팅턴Samuel Huntington은 1964년 출간한 『The Soldier and the State』[『軍人と國家』(原書房, 1978)]에서 이를 인용하였는데, 대체로 정설로 받아들여지고 있다. 제4장에서 설명한 AGIL 도식에 의한 유능한 장수는 거대한 조직을 관리·운영하는 적응형 엘리트라는 견해와도 합치된다.

다만 이 '폭력'이라는 용어의 해석은 분야에 따라 제 각각으로, 오해의 소지가 있다는 점에 문제가 있다. 가령 법학이나 정치학에서는 '정당성이나 합법성을 결한 물리적 강제력'을 폭력이라고 하는데, 이것이 일반적인 정의이기는 하다. 하지만 이러한 의미에서 장교나 사관에게 기대되는 역할을 '폭력의 관리'라고 하면 강한 위화감을 느낄 수 밖에 없다. 군대는 합법적인 조직이고, 또한 그 실력의 발휘는 정당성에 기반한 것이므로, 이를 폭력조직, 폭력의 행사라고 하는 것은 쉽게 납득하기 어렵기 때문이다.

사회학이나 사회심리학에서의 '폭력'이란 '공격(Aggression)'의 한 형태를 의미한다. 여기서 공격은 타자에 대한 유해한 자극으로, 어떠한 목적 달성을 위한 수단인 경우와 그 자체가 목적인 경우로 구별된다. 그리고 의도적이고 직접적이며 물리적인 공격이 폭력(Violence)이다. 그런데 폭력에는 의지를 강제한다는 수단성이 현저하게 드러난다. 한편 제어할 수 없는 공격성이 폭력이고, 따라서 폭력은 인간만의 특유한 것이라는 견해도 있다.

라스웰과 헌팅턴은 사회학, 사회심리학에서의 정의를 원용하여 '폭력의 관리'라고 표현했을 것이다. 하지만 이러한 시각에는 여전히 위화감이 남는다. 공격(Aggression)이라는 단어에 Negative한 뉘앙스가 있으므로, '군인=침략자'라는 오해가 생길 수도 있기 때문이다. 나아가 이 공격이라는 개념 내에서, 격정에 사로잡혀 본래 있어야 할 모습에서 일탈한 것이 '폭력'이라는 이미지조차 있다.

라스웰, 헌팅턴처럼 세계의 사조를 선도한 석학의 견해에 이견을 주장하려는 것은 아니지만, 이해에 혼란을 야기할 수 있는 부분이 있는 것은 사실이다. 따라서 '폭력의 관리'보다는 '무장집단의 관리·운영'이라는 표현이 보다 온당하고 이해하기도 쉬울 것 같다.

하여간 군인에게 사회의 다양한 모든 현상에 대응할 것이 요구되는 것은 아니다. 사회적 측면에서 군인은 제네럴리스트가 아니라, 어디까지나 군사에 특화된 스페셜리스트이기 때문이다. 이를 간과한 것이 쇼와기 군인의 문제점의 근원이라고 할 수 있다.

군인봉급에서 나타나는 사회적 대우

지금까지 정군관계와 군인의 사회적 위치에 대해 고찰해보았다. 그런데 자신의 직무를 천직으로 여기면서 군에 근무하는 형태로 국가에 공헌하고 있다는 개개인의 의식이 군을 지탱해 왔던 것은 부정할 수 없는 사실이다. 돈벌이를 위한 것이 아니므로, 직업군인이라는 표현은 부당하다는 긍지와 기개가 없이는 자신을 희생해야 하는 군인으로 살아가는 것은 어렵기 때문이다. 이는 급여의 액수라는 관점에서 살펴보아도 쉽게 수긍할 수 있는 부분이다.

러일전쟁까지는 장관과 소위 이외의 계급은 등급봉제等級俸制의 적용을 받았다. 각 계급에 등급이 있어 승진과 무관하게 근무연한에 따라 봉급의 액수도 오르는 제도였다. 그런데 러일전쟁 후의 긴축재정의 실시로 좌관급佐官級의 등급봉제가 폐지되어, 같은 계급은 같은 봉급을 받는 것으로 바뀌었다. 평시에는 육사 출신자라도 육대에 진학하지 못한 이른바 '무천無天'(천보전이 없는)인 사람은 소위 임관 16년 후에 소좌로 진급하고, 다시 6년 후에 중좌로 진급하여 중좌의 계급정년인 53세를 맞이하는 것이 보통이었다. 장년기인 40대에 급여가 2번 밖에 오르지 않는 현실에서, 좌관급 군인들이 가지게 된 폐색감, 정체감은 상당한 수준이었다.

특히 좌관급에서 발탁인사가 실시되면, 봉급액의 격차가 커지므로 불만을 크게 느낄 수 밖에 없다. 이에 1937년 6월 좌관급에도 등급봉제가 도입되어, 고참 소좌와 발탁인사로 승진한 최신참의 중좌가 같은 액수의 급여를 받게 되었다. 이는 〈표 9〉에 나타난 것과 같다.

〈표 9〉 군인봉급 (연봉, 1939년)

대장		6,600엔
중장		5,800엔
소장		5,000엔
대좌	1등 2등 3등	4,400엔 4,080엔 3,720엔
중좌	1등 2등 3등 4등	3,720엔 3,360엔 3,000엔 2,640엔
소좌	1등 2등 3등 4등	2,640엔 2,400엔 2,220엔 2,040엔
대위	1등 2등 3등	1,860엔 1,650엔 1,470엔
중위	1등 2등	1,130엔 1,020엔
소위		850엔

이 급여를 일반사회와 비교하면 어떠했을까? 연간 수입이 600만 엔이나 되는 대재벌의 당주當主와의 비교하는 것은 별다른 의미가 없을 것이다. 1930년대 샐러리맨으로 가장 급여 수준이 좋았던 것이 일본은행의 행원으로, 신입사원의 연봉이 2,000엔 정도였다. 일반회사원의 평균 월급은 100엔 전후였다. 따라서 군인의 급여도 크게 적지는 않은 것으로 보이지만, 군인에게는 보너스도 없고 별도로 지급받는 수당도 거의 없었다. 특히 물가 수준이 높은 도시에 거주하는 위관급은 항상 급여가 부족하다고 느꼈을 것이다. 게다가 제복부터 시작하여 각종 군장軍裝까지 모두 자비로 마련해야 했으니, 보통은 '냉수 먹고 이 쑤시는' 격으로 억지로 버틸 수 밖에 없었다.

이러한 사회에 반발하였던 것인지, 군인 사이에서는 민간을 '지방地方', 민간인을 '지방인地方人'으로 부르며 업신여기는 사조가 생겨났다. 그런데 군의 구성원을 공급하는 기초집단인 일반사회를 멸시하는 것은 이치에 맞지 않는다. 여기에는 금전만능주의로 더럽혀진 사회의 밖에서 자기완결형의 조직을 추구하겠다는 확고한 의식도 보이지 않는다. 사회에 눈을 돌리지 않고 자신들의 이상을 추구하며 한 길만을 간다는 자세라면, 일반사회를 멸시하거나 비하할 이유가 없다. 단순한 소외감으로 뒤틀려 사회에 반발하는 듯한 행태를 보일 필요도 없는 것이다.

이러한 의식의 근저에는 당시 일본에 뿌리 깊게 자리한 관존민비官尊民卑라는 사조가 기반이 되었고, 여기에 별다른 근거도 없는 우월감과 자만심이 큰 영향을 미쳤다. 즉 '우리는 현대의 사무라이'이므로, 일반 시민들과는 다르다며 으스대고 있었던 것이다. 여기서 "어째서 당신들만 사무라이인가? 사민평등四民平等의 사회에서 무슨 사족士族이 있다는 것인가? 게다가 당신은 원래 농민 출신이 아니던가?"라며 약을 올리기라도 하면, 허리에 차고 있는 군도를 두드리며 "이것을 보라"며 큰소리를 쳤을 것이다.

"사족만이 칼을 차는 것은 아니다"라고 반론하면서 다른 근거를 요구하면, 이번에는 '간성', '번병'과 같은 어려운 말을 꺼냈을 것이다.

간성과 번병이라는 자부심

'간성干城'의 간은 방패라는 의미로, 성과 합쳐지면 '나라를 지킨다'는 뜻이고, 결국은 무사를 의미하게 되었다. 출전은 『시경詩經』의 '赳赳武夫 公侯干城'(용맹한 무사는 공후의 간성이다)이다. 사무라이의 후예는 아니지만 국방이라는 중책을 맡고 있으니 "나야말로 제국의 간성이다"라고 의기양양했던 것이다. 나아가 의식의 근저에는 '번병藩屏'이라는 말도 자리하고 있었다. 보통은 코노에近衛가家로 대표되는 당상堂上(공가公家)화족華族, 토쿠가와德川가나 마에다前田가 등의 무가武家화족이 황실의 번병이라고 여겨졌으므로, 평민 출신의 군인은 입에 올리는 것을 삼가는 표현이었다. 하지만 스스로가 번병이라고 생각하는 군인은 많았다.

'번병'은 상당히 유서 깊은 표현이다. '번藩'이라는 글자는 울타리라는 의미로, 여기서 의미가 전이되어 '지방을 진수鎭守하여 왕실을 지키는 제후'라는 뜻이 되었다. 여기에 '병屏'을 붙여 의미를 강조하고 있다. 출전은 『춘추좌씨전春秋左氏傳』의 '並建母弟以蕃屏周'(널리 동모제들을 세워 이를 주나라의 번병으로 삼았다)이다. 제후라고 하면 현대의 군대에서는 장관이 이에 해당되겠지만, 확대해석을 거듭한 끝에 신품新品 소위도 번병의 일원이라는 의식을 갖게 되었던 것 같다.

일본에서 번병이라는 개념은 율령제도가 만들어진 때부터 존재했지만, 여기서는 에도 시대부터 살펴보기로 한다. 천체天體를 예로 들어 에도 막부의 구조를 설명하면, 3백여주州라는 고리가 쇼군가를 중심으로 공전하고 있는 토성과 같은 형태였다. 이를 상징하는 것이 에도 성내의 풍경이었다. 각 다이묘는 등성登城하면 토쿠가와 고산케御三家는 오로카大廊下, 토쿠가와 가문은 타마리노마溜の間, 유력한 토자마外樣 다이묘는 오히로마大廣間로 위치가 정해져 있었는데, 쇼군을 중심으로 하는 동심원을 그리고 있었다.

각 번 역시 번주를 중심으로 하는 동심원으로, 그야말로 작은 토성과 같은 구조였다. 쇼군과 각 다이묘는 명령과 복종의 관계에 있었지만, 각 번에서는 가문과 지위에 기초하여 형성된 의사가족적 구조가 유대관계의 핵심이었다. 번 전체로는 공동사회의 색채가 강했다고 할 수 있다.

메이지 유신은 지방에 산재한 작은 토성을 해체하여 하나로 통합했다. 즉 쇼군가를 대체하여 등장한 천황가의 주위를 공전하는 커다란 고리로 재편성한 것이다. 한편 봉건적인 신분구조 자체는 사라졌지만, 토성의 본체인 천황과의 거리의 원근에 따라 사회적 지위의 우열이 결정되었다. 구 관제의 친임親任, 칙임勅任, 주임奏任, 판임判任의 구별은 동심원 형상의 구조를 잘 나타내는 것이다.

대장은 친임관, 그 이외의 장관은 칙임관, 좌관과 위관은 주임관, 하사관은 판임관으로 군인도 관제官制에 따라 관리되는 관리官吏였지만, 무관은 특수한 지위에 있다는 것이 널리 인정되고 있었다. 군인은 무력을 가지고 국체, 황실을 지키므로 이는 '번'이고, 따라서 스스로를 '번병' 그 자체로 의식하고 있었다. 한편 천황 자신이 대원수로 현역 육군대장, 해군대장의 계급을 가진 군인이었고, 성인이 된 남자 황족은 원칙적으로 전원이 군적軍籍에 등재되어 있었다. 요컨대 수호의 대상이 되는 존재까지도 번병의 일원이 되어 국체를 호지한다는 구조였다.

이러한 구조였으므로 군인은 토성을 에워싼 고리에서 토성 본체와 가장 가까운, 또는 본체 그 자체라고까지 할 수 있다는 결론이 된다. 이 논리를 발전시키면 번병이 지켜야 하는 것은 번병 그 자체라는 기묘한 결론에 이르게 된다. 세이이타이쇼군征夷大將軍을 임명하던 천황이 군인의 정점에 서게 되었으므로, 이와 같은 상황에 이르게 된 것도 이해할 수 있다. 하지만 권위와 권력의 일체화가 어떤 결과를 초래할 것인지에 대한 검토의 기회를 갖지 못한 채 태평양전쟁의 패전을 맞이했고, 1946년 1월 천황은 '인간선언'을 하게 되었다.

근본적인 부분에 문제가 있었다고 하더라도, 군의 구성원들에게 자신들의 보편적인 지위와 역할에 대한 자각이 있었다면 중대한 파탄은 피할 수도 있었을 것이다. 막번 체제하에서 간성, 번병으로 자부하던 계급은 사족이었다. 메이지 유신으로 인하여 가족을 잃은 사족들이 새로 창설된 국군에 다시 취직하여 복무하는 구조가 형성되었다면, 새롭게 형성된 토성의 고리를 구성하는 무장집단도 오랜 기간 형성되어온 전통을 계승하면서 나름대로의 절도를 지킬 수 있었을 것이다.

그런데 사민평등의 실현으로 능력만 있다면 누구라도 간성과 번병의 일원이 될 수 있는 세상이 열렸다. 이 자체는 민주적인 시스템으로 별다른 문제가 없는 것이다. 하지만 군문을 두드리는 모두에게 국가와 민족을 위한 희생이 군인의 긍지라는 자각이 있었을지는 의심스럽다. 이러한 의식을 체화시키기 위해서는 먼저 가정에서의 훈육과 양질의 교육을 받게 할 수 있는 경제적인 여유, 대대로 지역과 주민들을 위해 봉사해왔다는 긍지를 갖게 하는 가문 등의 존재가 필수적 전제가 된다. 이러한 의미에서 장교, 사관은 진정한 의미에서의 귀족이어야 한다.

그런데 유감스럽게도 메이지 유신을 주도하고, 건군의 중핵이 된 집단에는 이러한 계급의 가문에서 태어난 사람이 극히 적었다. 또한 삿쵸도히薩長土肥[1]와 같은 시골 출신자들이 '화려한 에도花の大江戶'에 들어서면서,

---

1 에도시대 말기幕末 웅번雄藩으로 불리며, 메이지 유신을 추진한 사츠마薩摩, 초슈長州, 도사土佐, 히젠肥前의 4개번을 총칭하는 표현.(역주)

군인의 체질이 처음부터 고정되었다고 할 수 있다. 하타모토旗本나 각 번의 가로家老 클래스의 자제들이 시골 무사, 또는 무사계급도 아니었던 자들의 밑에서 복무할 수 없다고 반발하며, 군을 경원시하였던 마음도 이해하지 못할 것은 아니다. 하지만 오랜 역사를 지닌 기존 세력이 군으로 진출하였다면 또 다른 형태로 역사가 전개되었을 것이라는 안타까움을 금할 수 없다.

시간의 경과에 따라 군 자체의 교육체계가 정비되면 지역적인 특질에서 나타난 차이도 시정될 것이다. 하지만 이번에는 교육 편중이 야기한 보다 심각한 문제가 발생했다. 해군에서는 병학교의 졸업서열, 이른바 해먹넘버Hammock Number가 절대적인 기준이 되어, 유연한 인사제도의 운용을 저해했다. 한편 육군에서는 육대 진학여부와 육대에서의 성적이 군인으로서의 일생 전부를 결정했다.

면학을 통한 학문의 연마 자체는 바람직하지만, 현실은 점수가 지배하는 경쟁사회로 성과주의가 판치는 세상이었다. 다른 사람을 밀어내면서라도 핵에 가까운 번병의 고리에 진입하려는 치열한 경쟁이 있었다. 따라서 동기생조차 영원한 라이벌로 인식하게 되었고, 사회나 조직은 수평적으로 확대된 분업에 의해 성립된다는 것을 이해하지 못하게 되었다. 이것이 육군과 해군의 협동, 나아가서는 통합을 가로막는 원인遠因이었고, 태평양전쟁의 패인이 되었다.

국군인가 황군인가

그런데 간성과 번병이라는 의식에도 강약이나 이해 방식에 따른 미묘한 차이가 있어, 굳건한 단결이 필수적인 군에 균열을 야기했다. 그 상징적인 예가 군의 호칭을 '국군國軍'과 '황군皇軍' 어느 쪽으로 할 것인지의 문제였다. 1945년 11월 30일 육군성과 해군성이 폐지될 때까지 정식명 칭은 '국군'이었다. 이는 '대일본제국군'의 약칭이지만, '국민의 군대'라 는 뉘앙스가 내포되어 있는 것으로 이해해도 좋을 것이다.

'황군'이라는 호칭은 중일전쟁의 시작과 함께 전의를 고양시키려는 목적 으로 주로 미디어에서 널리 사용되었다. 일견 유서 깊은 호칭으로 보이지 만, 한적漢籍에서 유래한 출전도 없는 의외로 등장한지 얼마 되지 않은 표 현이었다. 1919년 7월 아라키 사다오 대좌는 쿠마모토의 보병 제23연대장 으로 부임했다. 아라키는 제1차세계대전 이후 침체된 육군의 분위기에 활 력을 불어넣기 위해 열심히 정신론을 전파하기 시작했다. 일본의 군대의 목표는 '황덕皇德의 선양과 국덕國德의 포시布施'에 있다고 하면서, 황덕을 지키는 것이 군의 사명이므로, 육군은 황군이라고 결론지었다. 즉 간성, 번 병의 의식을 더욱 고양시키려 한 것이었다.

이러한 황군 캠페인이 도시지역이나 토호쿠東北의 농촌에서 펼쳐졌다 면 별다른 반응이 없었을 것이다. 그런데 상무尙武의 기상이 높고, 세이 난전쟁을 일으켰다는 부담감을 가지고 있는 큐슈라는 지방의 성격과 맞 아 떨어져, 군대는 물론 민간에까지도 널리 퍼졌다. 그리고 1929년 8월 의 정기이동에서 아라키 중장은 제6사단장이 되어 다시 쿠마모토에 모 습을 드러냈다. 이것으로 다시 한 번 불이 붙어올라 황국皇國, 황도皇道, 황모皇謨(천자의 계책), 황은皇恩 등의 표현이 널리 사용되기에 이르렀다. 그리고 만주사변 직전인 1931년 8월 아라키 중장은 교육총감부 본부장 으로 임명되어 상경했다. 그리고 이 황군 캠페인을 중앙에 가지고 들어 와 널리 전파했다. 이것이 사쿠라카이에 의한 10월사건에 영향을 미쳤 고, 나아가 5·15사건, 2·26사건의 정신적인 배경이 되었다.

이런 열광적인 분위기에서도 종래와 같이 국군으로 충분하다거나, 오 히려 국군이라고 하는 것이 옳다고 생각하는 군인도 적지 않았다. 국가

존립의 기반은 농촌에서 생산된 쌀을 먹고 살아가는 국민에게 있고, 무장집단은 군에 입대하는 국민이 존속의 기반이 된다. 생사生絲를 수출하여 벌어들이는 외화가 없이는 병기와 연료도 살 수 없다. 이와 같은 현실을 직시하면 국가가 있고 난 연후의 군대, 국민이 있은 후의 군대, 즉 국군이 되는 것이다. 따라서 이러한 사조가 전군을 지배하는 기본적인 관념이 되는 것이 당연하다. 그런데 이렇게 온건한 사고방식은 요란하고 시끄러운 소리에 묻혀버리는 경향이 있다. 이는 그야말로 일본 민족성의 한계라고 체념해야 하는 것인지도 모른다.

7장
사회에 대한 희박한 책임감

전후가 되어 강조된 '국민의 요청에 부응한다'

군적軍籍에 들어서며 국가와 원수元首에 충성을 서약하는 통과의례는 만국공통의 것이다. 이를 단순한 의식儀式이 아니라 서로의 의무를 확인하는 계약의 체결로 보는 견해도 있지만, 제1장에서 설명한 퇴니에스의 본질의지, 즉 전통, 양심, 신앙 등의 공유를 확인하는 것에 더 큰 의미를 부여하는 것이 일반적이다. 서구에서는 보통 왼손을 성경에 올리고 오른손을 들어 선서를 하는데, 이는 신앙의 공유를 확인하는 것이다.

전전의 일본에서는 입영 직후 선서서에 기명날인을 하는 것으로 군적에 들게 된 것을 확인했다. 일본에는 형이상形而上의 존재에 맹세한다는 관습은 없었으므로, 관청에서의 일반적인 사무처리와 같이 기명날인의 형식을 취한 것이다. 또한 실제로는 충성을 서약한다는 정신적인 측면보다도, 군형법의 적용 대상이 되거나 봉급을 지불하는 법적 근거를 갖춘다는 사무적인 성격이 강하기도 했다. 정신적인 요소는 '군인칙유'의 정기적인 봉독奉讀이나 암기를 통해 확인하는 것으로 생각했다.

오늘날 일본의 무장집단인 자위대의 통과의례는 다음과 같다. 자위대법(1954. 7. 1. 시행) 제52조 '복무의 본지本旨'를 읽는 것으로, 이 법 제53조 '복무의 선서'를 마친 것으로 보는 것이다. 제52조 후단은 '일에 임해서는 위험을 살피지 않고, 온몸으로 책무의 완수에 힘쓰며, 이로써 국민의 요청에 부응한다'라고 규정되어 있다. '위험을 살피지 않고'는 전 세계적으로 보아도 쉽게 찾아 보기 어려운 고강도의 표현이다.

자위대법이 제정된 지 이미 반 세기 이상이 지났고, 제정에 관여했던 사람들도 대부분 작고했다. 국가의 무장집단으로서는 당연한 규정이라고도 할 수 있겠지만, '위험을 살피지 않고'를 요구하면서 '국민의 요청에 부응한다'라는 부분을 추가한 이유가 무엇이었는지 확인할 방법은 없다. 굳이 추측해본다면 태평양전쟁에 대한 통절한 반성이 담긴 것으로 볼 수 있을 것이다.

구 일본군은 국민의 요청에 부응하지 못했던 것인지, 아니면 부응하려 하지도 않았던 것인지를 확인하기 위해서는 건군 당시로 거슬러 올라가야 한다.

외정만을 위한 군대

1871년 4월 메이지 정부는 토산도東山道의 이시노마키石巻와 사이카이도西海道의 코쿠라小倉에 각 진대鎭台를 설치했다. 1873년 1월에는 토쿄, 센다이, 나고야, 오사카, 히로시마, 쿠마모토의 6진대 체제로 확충했다. 해군은 1876년 8월 요코하마에 토카이 진수부東海鎭守府를 두었는데, 1901년 10월 요코스카, 구레, 사세보, 마이즈루의 4진수부로 개편되었다. 진대, 진수부의 '진鎭'은 '진정시키고 지킨다'는 의미로, 진대란 치안부대이고 진수부는 연안해역의 경비부대이다. 건군 당시의 일본군은 전체적으로 방어적 태세를 취하는 내정군內征軍의 색채를 강하게 띄고 있었던 것이다.

이와 같은 치안전력으로 1877년 2월 시작된 세이난 전쟁을 극복하면서 메이지 유신을 추진했다. 그런데 통일국가로서의 체제가 완비된 후

새삼스럽게 일본열도를 바라보면서 일말의 불안함을 느끼게 되었다. 1872년 9월 류큐琉球왕국이 오키나와현이 되어 일본에 편입되면서, 일본의 정면폭은 치시마 열도에 이르는 4,000km에 달했다.

그런데 본토방위작전에 필수적인 종심은 토쿄에서 니가타까지의 200km 정도가 최대였다. 주요한 도시와 도로가 연안에 위치해 있었으므로, 적이 본토 어딘가에 상륙하면 곧 일본의 국토는 분단되고 만다. 따라서 본토방위작전은 매우 어려운 것이었다.

여기서 당시의 군이 내놓은 해답은 외정外征, 즉 일본의 영역 바깥에서 싸우는 전략으로 전환한다는 것이었다. 정면이 넓고 항구가 많은 일본의 특성을 살린다면, 효율적인 해상수송으로 신속한 분진합격分進合擊이 가능하다. 이는 헬무트 폰 몰트케Helmuth von Moltke가 만든 방정식의 응용이었다. 해군도 같은 발상에서 진수부에서 출격하는 외양함대外洋艦隊를 정비하여, 공격해 오는 적의 함대를 본토에서 보다 멀리 떨어진 곳에서 영격迎擊하자는 생각을 하게 되었다.

이러한 구상에 기초하여 1888년 5월 진대가 사단으로 개편되었다. 여기서 '사師'란 많은 것을 모은다는 의미로, 구 육군의 사단은 전략단위였다(육상자위대의 사단은 작전단위). 이 개편에서 수송을 담당하는 부대로 치중병대대가 새롭게 편성되었고, 보병연대와 포병연대에는 단레츠段列(연대가 보유한 탄약과 자재를 수송하는 부대)가 설치되어 일정기간 독자적인 작전이 가능한 야전부대로 변신했다. 해군도 1889년 7월 상비함대常備艦隊를 편성하여 외양함대로의 첫걸음을 내디뎠다.

이와 같은 커다란 변화는 일본이 팽창주의 또는 제국주의로 기울었기 때문이라기보다는, 일본 본토의 지세地勢라는 측면에서 필연적이었다고 할 수 있을 것이다. 러일전쟁 후인 1907년 4월 결정된 '제국국방방침帝國國防方針'에서는 이 전략을 '개국진취開國進取'라고 표현했다.

군이 외부로 눈을 돌리게 되면서 문제가 된 것은 군인이 '지방'으로 표현한 민간인과의 관계가 희박해졌다는 것이다. 물론 육군은 징집병의 향토배치를 원칙으로 했고, 해군도 해병단海兵團[1]에는 큐슈 출신자는 사세보, 칸토 출신자는 요코스카와 같이 지방단위로 배치했다. 그런데 전장으로 상정된 곳은 이와 전혀 관계가 없는 곳이었다. 해군은 오가사와라 제도에서 마리아나 제도로 이어지는 제2열도선부터 미크로네시아 Micronesia의 해역에 눈을 번뜩이고 있었고, 육군은 만주에서부터 연해주 그리고 시베리아에서의 지상전을 예상하고 있었다.

1945년 본토결전을 각오하고 있던 시점에서도 부대의 편성지, 즉 향토를 고려하여 배치할 수 없었던 경우가 많았다. 미나미큐슈南九州에 배치된 사단의 대부분은 큐슈에서 편성되었다고 하지만, 쿠루메에서 편성된 제86사단이 시부시志布志만灣 정면에 배치되었던 것처럼, 상정된 전장과는 아무런 인연이나 관계도 없는 경우가 많았다. 특히 칸토는 완전히 제각각으로 사가미相模만 정면을 담당하는 제53군 예하 3개 사단의 편성지는 각 히메지, 토쿄, 쿄토였다. 이처럼 본토를 전장으로 하는 상황에서도 지역에 밀착된 부대배치는 이루어지지 못했다. 그런 부분까지 고려할 여유가 없었다고는 하더라도, 동포의 안녕을 위해 자신들이 태어나서 자란 산하를 지킨다는 무장집단의 원점인 사명감, 책임감이 옅어지는 것은 부정할 수 없다.

철저하게 외정만을 지향하게 되면(이를 전일專一이라고 표현한다), 유리한 점이 많다. 일단 적지에서는 혼자만 살아남는 것은 불가능하므로, 부대원의 공고한 단결을 확보할 수 있게 된다. 일본군의 탈영병 비율이 세계 최저수준이었던 까닭이 여기에 있다. 또한 적지에서의 행동은 군사

---

1 해병단은 일본 해군에서 군함의 경비, 하사관이나 신병의 보충 및 교육을 위해 각 진수부에 설치된 육상부대로, 후에는 경비부警備府에도 설치되었다.(역주)

적 합리성만을 고려하여 결정할 수 있게 된다. 무제한적인 화력의 투사를 위해 민간인을 소개疏開시키는 것과 같이 전장의 태세를 사전에 정비해야 하는 귀찮음에서 해방되는 것만으로도 큰 이점이 된다.

물론 불리한 점도 있다. 작전과 전투 이외의 사항을 고려할 필요가 없게 되므로, 제약이나 책임이 따르지 않는 자유를 얻었다는 감각이 생기게 되고, 이는 전횡이나 자의로 연결될 가능성이 높다. 또한 민간인의 존재를 염두에 두지 않게 되므로, 적국의 민중을 어떻게 대해야 하는지에 대해 무지한 상황에서 난폭한 행위로 나아갈 위험성이 있고, 여기에 군 집심리가 가세하게 되면 오늘날까지도 여전히 지탄의 대상이 되는 것과 같은 불상사에 이르게 된다.

한편 군과 함께 행동하는 군속이나 민간인의 보호에도 별다른 관심을 기울이지 않게 되었다. 여기서 최대의 희생자는 징용된 선원들이었다. 이들이 없으면 해상수송 자체가 불가능하게 되는 것을 인식하면서도, 일회용품과 마찬가지로 취급했다. 특히 해군의 함정은 대피시키면서, 벌거벗은 상태와 마찬가지인 수송선단은 적지로 돌입시킨 사례도 적지 않았다. 민간인을 지켜야 한다는 의식이 조금만이라도 있었다면 이와 같은 일은 결코 일어나지 않았을 것이다. 그 결과 태평양전쟁에서 징용된 선원의 43%(6만 2,000명)가 바닷속으로 가라앉았다. 참고로 개략적인 전몰자의 비율은 육군 20%, 해군 16%였다(1937년 7월 이후, 군속을 포함).

종군간호사의 처우에도 문제가 있었다. 어느 나라의 군이나 포위된 상황에서는 간호사를 후방으로 피난시키는 것을 1순위로 생각하는 것이 일반적이다. 적병의 수욕獸慾에 노출되는 것을 피하게 하려는 의미도 있지만, 그 이상으로 동포의 모성母性을 보호해야 한다는 본능적인 의식이 있기 때문이다. 그런데 일본군에는 그와 같은 배려가 거의 없었다. 버마 전선의 말기에는 오히려 간호사를 내버려둔 채 고급사령부가 도주하는 사태가 벌어지기도 했다. 만주사변 이래 패전에 이르기까지 일본 육군의 종군간호사는 연 3만 5,000명으로, 그 중 1,120명이 사망했다.

존립의 기초가 되는 '기초집단'에 대한 경시

가장 큰 문제는 압도적인 다수를 차지하는 징집병에 대한 군수뇌부의 태도였다. 1872년 11월 28일 전국에 징병을 실시한다는 조서가 내려졌고, 1873년 1월 10일 징병령徵兵令이 발포되었다. 전국의 징집병 입영 일자가 일률적으로 1월 10일이었던 것은 여기서 유래하는 것이다. 한편 1883년 12월의 개정 이전까지는 대인료代人料 270엔을 국고에 납부하면 징병이 면제되었다. 고학력자에게는 희망에 따라 통상 복무기간 2년의 절반인 1년만을 복무할 수 있는 지원병제도가 있었다. 이것이 선발에 의한 갑종甲種과 을종乙種의 간부후보생제도로 바뀐 후에도, 오랜 기간 돈을 납부하고 퇴영退營할 수 있었다. 하지만 당시 사람들이 병역 의무를 금전으로 계량할 수 있는 것으로 보았던 것은 아니었다. 군이나 민간 쌍방에 그러한 의식은 희박했다.

이러한 사조의 배경에는 일본적인 논리가 자리하고 있었다. 병역은 법률로 정해진 의무인 동시에 국방에 참여할 수 있는 권리로, 이는 세계적인 통념이기도 하다. 그런데 그 다음 단계가 매우 일본적이다. 중세의 병농분리兵農分離 이래 일반대중이 참가할 수 없었던 국방의 영역에 사민평등 시대의 도래와 함께 문호가 개방되었다. 1~2년이라는 짧은 기간이지만, 사무라이가 된 듯한 기분을 느낄 수 있었다. 육군은 매우 성가신 손질手入이 필요한 긴 총검이 부착되는 소총, 이른바 '검이 장착된 철포劍付鐵砲'에 과도한 집착을 보였다. 이는 소총을 화기火器라기보다 전국시대 아시가루足輕가 장비했던 창과 같은 것으로 인식했기 때문이다.

한편 "이등병도 국가의 간성, 황실의 명예로운 번병의 일원이다"라며 최대한 추켜세웠다. 소총에 천황을 상징하는 국화 무늬를 새겨 넣기도 했다. 하지만 징집된 병사들에게는 매우 큰 부담이 지워졌다. 병역이라는 물리적인 부담을 사무라이 체험이라는 정신적인 이득으로 상쇄시키려 했다고도 할 수 있을 것이다. 또한 이등병에게도 월액 5엔 50센(1939년)이 지급되었으므로, 의무에 대한 반대급부는 충분히 제공되었다는 생각도 있었다. 결국 징병에 응한 국민에게 국가가 일정한 책임을 져야 한다는 관념은 처음부터 존재하지 않았던 것이다.

에도시대의 막번체제와 신분제도를 몸으로 겪은 세대는 사무라이를 한 등급 위의 인종으로 생각하였다. 따라서 각 가정에 큰 부담이 되는 징병제도나 갑종합격²도 가문의 영광으로 받아들이거나, 최소한 어쩔 수 없다고 생각하고 감수했을 것이다. 한편 청일전쟁, 러일전쟁의 승리는 자신들의 참여에 의한 결과라는 만족감도 있었다. 그런데 세대교체와 함께 찾아온 타이쇼 데모크라시의 대두에 따라 이것은 국민의 총의總意라고는 할 수 없게 되었다.

이처럼 역사를 개관해보면 군대라는 집단에 대한 인식 자체에 근원적인 문제점이 있었던 것을 알 수 있다. 앞에서 설명한 일본의 육해군이 특정한 목적을 추구하여 운영된 기능집단인지 아니면 기초집단에서 분화된 파생집단인지의 문제와는 별개로, 집단과 조직의 구성원자체는 기초집단에서 공급된 것이다. 즉 다양한 사람들이 모인 집단은 혈통에 기반한 가정에서 아이를 키워내야만 성립될 수 있다. 따라서 군대는 어떠한 국면에서도 동포 여성의 보호를 의식하지 않을 수 없다.

---

2 징병검사에 따른 판정기준은 甲, 乙, 丙, 丁, 戊로 구분되어 갑종과 을종은 현역복무 대상자, 병종과 정종은 현역복무 부적합자, 무종은 재검사의 대상이었다.(역주)

군인과 군대의 사회적 지위의 고저高低와 무관하게, 사회구성원의 집단인 군대는 기초집단에 종속되는 것을 피할 수 없다. 따라서 군대의 가장 큰 사명은 기초집단의 안녕을 도모하는 것이다. 이는 군대의 사회적 책임인 동시에 그 집단의 존속을 위한 것이기도 하다. 물론 군대 본연의 목적은 전장에서의 승리를 추구하는 것이지만, 이는 어디까지나 기초집단의 존속을 전제로 하는 것이다. 그런데 역사적 사실을 살펴보면 일본의 육해군은 이 근원적인 측면에서 문제를 내포하고 있었다.

사이판에서 시작된 비극

청일전쟁 이래 외정만을 상정해 온 일본군은, 1944년 6월 15일 시작된 사이판공방전에서 처음으로 자국민이 살고 있는 전장을 배경으로 전투에 임하게 되었다. 1943년 8월 현재 사이판 섬의 인구는 3만 3,000명으로, 그 중 일본인은 2만 9,000명이었다. 1944년 3월 '절대국방권구상'에 따른 중부태평양의 방비 강화를 위한 제31군의 전개, 이른바 '마츠수송松輸送'이 시작되었다. 당시에는 마리아나 제도 수비대의 옥쇄를 생각조차 하지 않았겠지만, 군도 예상되는 전장에 거주하는 자국민에 대한 대책은 고려하고 있었다.

남방청南方廳과 제31군이 내린 결론은 군에 징용될 예정인 16세 이상, 60세 이하의 남자는 사이판에 잔류시키고, 부녀자는 본토로 소개시킨다는 것이었다. '마츠수송'의 수송선이 사이판에서 본토로 귀환할 때 수송하면 될 것으로 생각하겠지만, 민간인의 이동은 그렇게 간단한 일이 아니다. 섬에 있는 재산을 어떻게 처분할 것인지부터가 어려운 문제이고, 가재도구를 정리하는 데에도 시간이 필요하다. 한 집안의 기둥인 가장을 남겨두고 부녀자만 섬을 떠나라고 하면, 더욱 더 주저할 수밖에 없다. 특히 사탕수수의 재배가 주요한 산업이었던 사이판 섬에는 그 경험이 풍부한 오키나와 출신자가 다수를 차지하고 있었던 점도 문제를 더욱 복잡하게 했다. 고향으로 돌아간다면 모르겠지만, 의지할 곳 하나 없는 본토로의 이동에는 불안한 심정일 수 밖에 없는 것이 당연했다.

1944년 3월 6일 사이판 섬의 부녀자 511명을 태운 소개 제1선인 '아메리카마루亞米利加丸'가 이오지마 부근에서 격침되어 탑승자 대부분이 수장되는 비극이 발생했다. 이로 인해 소개 예정이던 사람들이 두려움에 빠져 이동을 거부하게 되었다. 1944년 6월에 들어서 2일 '치요마루千代丸', 4일 '하쿠산마루白山丸'가 각 미 잠수함에 격침되었고, 이것으로 본토와의 항로는 두절되었다. 사이판에 남은 일본인 약 2만 명 중 약 1만 명이 미군에 수용되었으므로, 8,000~1만 명에 이르는 민간인이 전화戰火에 쓰러져 간 것이다. 이 비극은 오늘날 Suicide Cliff(자살절벽), Banzai Cliff라는 지명으로 기억에 남아있다.

여기서 이러한 비극을 회피할 방법은 없었는지 의문이 생긴다. 만약 사이판전에서 민간인의 희생을 막을 수 있었더라면, 오키나와전沖繩戰에서 이 경험을 활용하여 보다 큰 비극을 예방할 수 있었을 것이기 때문이다. 일본인을 사이판 섬의 수도인 가라펜Garapan 등에 집결시킨 후, 세계를 향해 Open City(무방비도시)로 선포하고, 상륙해 온 미군에 군사軍使를 보내 "귀군이 인도적인 책무를 다할 것을 기대한다"라고 통고한다. 미군이라면 이를 받아들여 나름대로의 방법을 찾아 적절한 조치를 실행할 것이다.

제31군 사령관 오바타 히데요시小畑英良 중장은 영국에 주재한 경험이 있는 사람으로 영미권 군대의 성격을 잘 알고 있었을 것이니 이런 계책을 생각했어야 했다. 실제로 사이판 섬을 점령한 미군은 1만 명 이상의 일본인을 수용하여, 2년 이상 생활을 유지할 수 있는 물자를 공급했다.

그러니 일본측이 처음부터 민간인의 처리를 미군에 맡겼더라면 불필요한 유혈사태는 피할 수 있었을 것이다.

철의 폭풍에 휩쓸린 오키나와현민

1945년 4월 1일 시작된 오키나와전에서는 더욱 더 큰 비극이 벌어졌다. 1944년 현재 오키나와현의 인구는 59만 명으로 오키나와 본도本島에 49만 명, 최대 도시인 나하那覇의 주민은 6만 9,000명이었다. 많은 인구에 더하여 문제를 더욱 어렵게 만든 것은 식량사정이었다. 당시 오키나와현의 연간 쌀 수확량은 11만 석 정도로, 대만에서 20만 석 정도가 유입되어 수급의 밸런스를 유지했다. 따라서 항로가 두절되면 곧 바로 기아상태에 빠진다는 결론에 이르게 된다.

오키나와에 상륙한 미 제10군은 이와 같은 오키나와의 식량상태에 대해 심각하게 고려하고 있었다. 미군은 점령한 지역에 곧바로 군정軍政을 포고하고, 민간인을 전장으로부터 격리시킬 필요성을 통감하고 있었다. 미군의 특기인 자유로운 화력의 발휘를 위해서는 전장의 태세를 정리하는 것이 급선무였기 때문이다. 한편 점령할 지역에는 30만 명의 민간인이 있을 것으로 예상되었고, 이에 대한 당면한 식량배급이 문제가 되었다.

여기서 미 제10군은 오키나와 본도에 상륙하는 6개 사단에 민간인에게 배급할 7만 식食의 식료를 휴대시켰다. 이 7만 식의 총량은 쌀 28톤, 대두 7톤, 생선 통조림 2톤, 사탕 1톤, 식염 1톤으로 상당한 분량이었다. 게다가 이는 즉시 배급할 응급적인 것으로, 이후에는 제10군의 병참부대가 하와이로부터 보급선을 확보하여 민간인과 포로를 수용할 준비를 마치고 있었다. 실제로 제10군은 오키나와에서 28만 명 이상의 민간인을 수용하고, 1년 이상에 걸쳐 생활을 유지할 물자를 공급했다. 이렇게까지 준비를 갖추고 나서야 진격을 시작하는 미군에게는 경외敬畏의 감정마저 품게 된다.

일본은 사이판에서 교훈을 얻어, 민간인에 대한 대응은 오키나와현청을 중심으로 현민을 본토에 8만 명, 대만에 2만 명을 소개시키는 계획을 세웠고, 1944년 7월부터 실행에 옮겼다. 그런데 1944년 8월 22일 나가사키로 향하던 소개선疏開船인 '츠시마마루對馬丸'가 아쿠세키지마惡石島 부근에서 격침되어, 집단 소개되던 어린이 767명 등 1,500명이 수장되는 대참사가 벌어졌다. 이것으로 소개를 꺼리는 풍조가 확산되었다. 하지만 1945년 4월 1일 미군 상륙까지 8만 명이 섬 밖으로 소개되었다. 또한 본도 북부의 쿠니가미國頭 지역에 10만 명을 소개시키는 계획이 진행되어, 미군 상륙 시까지 5만 명이 섬 안에 소개되었다.

1944년 10월 법 개정에 따라 제2국민병역國民兵役의 의무를 지게 된 17세부터 45세까지의 남자는 현 외부로의 소개대상에서 제외되었고, 이른바 '아오가미青紙소집'(현지에서의 응급적인 징모)을 통해 군에 편입되었다. 정확한 숫자는 여전히 불분명하지만, 오키나와현 출신의 군인, 군속 전몰자는 2만 8,000명으로 추산된다. 여기에는 남학생으로 구성된 '철혈근황대鐵血勤皇隊', 여학생으로 구성된 '히메유리ひめゆり부대'의 전몰자가 포함되어 있다. 한편 전투부대와 구별되지 않아 민간인 전투종사자로 간주되어 전몰한 5만 5,000명, 일반인이라는 것이 명확함에도 불구하고 전화에 말려들어 전몰한 2만 9,000명으로 묘비명은 이어진다.

여기서 현재에 이르기까지 사라지지 않고 있는 오키나와현민의 본토에 대한 원망이 발생했다. '본토결전 준비를 위한 시간을 벌기 위해 힘써 달라, 우리도 본토에서 옥쇄하겠다'고 하며 희생을 독려했다. 그런데 얼마 지나지 않아 정세가 급변했다는 이유로, 포츠담 선언을 수락하고 승조필근承詔必謹을 외치며 간단히 항복해 버렸다. 오키나와현민들이 마음

속으로 쉽게 납득할 수 없었던 것도 당연하다. 그 당시 정부, 대본영, 제10방면군, 현지의 제32군이 지혜를 짜내 비극을 회피할 방법을 강구했더라면 아마도 다음과 같은 2가지 정도의 방책이 있었을 것이다.

먼저 첫 번째 방책은 사이판 섬의 경우에서 본 것처럼, 일정한 지역에 민간인을 집결시켜 미국에게 인도하는 것이다. 제32군 고급참모 야하라 히로미치八原博通 대좌는 주미무관보좌관을 역임한 사람으로, 미군이 민간인을 수용하여 보살필 것을 알고 있었을 것이다. 특히 쿠니가미 지역에 소개되어 있던 민간인은 사실상 미군에 넘겨진 것과 마찬가지였으므로 이 시책을 보다 빨리, 철저하게 실행했어야 했다.

또 하나 생각해볼 수 있는 방책은 나하에서 슈리首里, 요나바루與那原에 이르는 주진지主陣地 선을 고수하는 것이다. 실제로는 이와 반대로 5월 22일 제32군은 이 선을 버리고 남쪽으로의 후퇴를 결정했다. 진지를 벗어나 포격과 폭격을 받으며 후퇴했으므로, 6월에 들어서자 제32군의 손해는 급증했다. 여기에 군을 믿고 따라 나선 민간인의 손해도 많았다. 한편 남부에는 20만 명에 이르는 민간인이 피난해 있었는데, 여기에 부대가 후퇴해왔으니 그 혼란상은 상상할 수 있다(〈그림 6〉 참조).

제32군은 6월까지 끈질기게 저항하였으므로, 본토결전 준비를 위한 귀중한 시간을 확보할 수 있었다. 하지만 고립된 상태에서도 슈리를 중심으로 하는 견고한 진지를 고수했다면, 미군도 소탕에는 상당한 시간이 필요했을 것이다. 그렇다면 시간 확보라는 측면에서 남부로 퇴각한 것과 별 다른 차이가 없었을 가능성도 있다. 실제로 보병 제32연대는 이토만絲滿의 남쪽으로 몰린 상태에서도 8월까지 조직적인 저항을 계속했다. 진지를 계속하여 사수했더라면 장기간 저항이 가능했을 것이고, 그렇다면 남부에 피난해 있던 민간인의 손해도 최소한으로 그쳤을지 모른다.

〈그림 6〉 오키나와전투

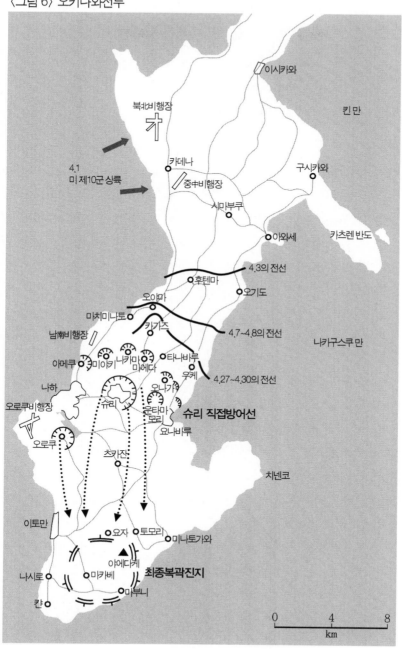

북北비행장

4.1
미 제10군 상륙

이시카와

킨만

카데나

구시카와

중中비행장

시마부쿠

카츠렌 반도

이와세

4.3의 전선

후텐마

오기도

오야마

마치미나토

키가즈

4.7~4.8의 전선

남南비행장

나카구스쿠만

아메쿠

미야키

나카마

타나바루

마에다

우케

4.27~4.30의 전선

나하

오나가

슈리

오로쿠비행장

운타마
모리

슈리 직접방어선

오로쿠

요나바루

츠카잔

치넨코

이토만

요자

토모리

미나토가와

야에다케

최종복곽진지

나시로

마카베

마부니

칸

0   4   8
km

자국민 보호에 무관심했던 관동군

사이판, 오키나와에서 주민보호를 위한 아무런 대책을 세우지 않은 군이었지만, 1945년 8월 소련군의 만주 침공에 대한 대응은 후세에 악평을 남기는 결정적 사건이었다. "이쑤시개 하나 들어가지 않을 정도로 완벽한 방어"라고 호언장담하던 관동군은 만주에 거주하던 일본인들을 버려둔 채 도망쳤지만, 결국은 일망타진되어 시베리아로 압송되었다. 글로 옮기기조차 부끄러운 일이 벌어졌던 것이다.

1945년 당시 만주국에 있던 일본인은 155만 명으로, 여기서 만주개척단이 27만 명이었다. 귀환까지의 사망자수는 17만 6,000명으로, 만주개척단 소속은 7만 8,000명으로 기록되어 있다. 개척단은 955개소, 보국농장報國農場이 73개소로 넓은 지역에 산재되어 있었으므로, 상황에 대응하여 신속하게 피난시키는 것은 매우 어려웠다. 게다가 개척단의 보호, 관리, 행정은 만주개척총국의 관할로, 관동군의 명령으로 움직일 수도 없었다.

더욱 큰 재앙을 야기한 것은 1945년 봄부터 '만주총동원根こそぎ動員'이었다. 만주에 있는 장정壯丁(성인남자) 25만 명이 소집되었고, 개척단에서도 5만 명이 입영했다. 정작 중요한 시기에 개척단에 남자가 없었으므로, 마차가 있어도 마부가 없었고, 소총이 있어도 조작할 사람이 없는 상황에서 소련군의 침공을 맞이했다. 결국 약탈에 광분한 소련군과 적의로 가득한 현지인들의 사이를 뚫고 도피해야 했고, 8만명에 가까운 일본인이 만주의 광야에서 사망했다.

이 커다란 비극에 대한 책임은 누구에게 있는가? 공허한 슬로건에 스스로가 심취하여 만주사변을 일으킨 일부 군인과 일본인, 여기에 만주를 먹이감으로 삼아 사리사욕을 추구한 이권 모리배 등을 추급할 수 있겠지만, 지금에 이르러서는 그것도 공허한 이야기에 지나지 않을 것이다.

하여간 계획상으로는 개척단을 100만 호, 500만 명으로까지 확대하려고 하였는데, 이는 과대망상이라고 할 수 밖에 없다. 치안과 피난의 준비가 없는 500만 명의 입식入植은 그야말로 기민정책棄民政策이라고 할만한 것으로, 동포가 아무리 죽어나가도 상관 없다는 것과 다를 것이 없다. 군사적 측면에서 생각해보면 외지에서 500만 명이나 되는 사람들을 떠안아야 하는 관동군은 야전군에서 내부 지향형의 치안군治安軍으로 그 형태를 전환해야 했겠지만, 이와 같은 발상은 전무했다.

상상도 할 수 없는 본토결전시의 참상

본토결전이 벌어진 경우 어떤 상황이 되었을지는 상상에 의존할 수 밖에 없다. 그런데 계획과 준비 과정을 살펴 보면 오키나와전 이상의 비극이 발생했을 것이 틀림없다. 해안에 설치된 진지에서의 전투라면 군대와 민간인의 분리가 가능하겠지만, 내륙으로 한 발자국만 들어서면 군민이 섞여 수습할 수 없는 참상이 벌어졌을 것이다. 애초부터 일본의 국방은 국내에서의 전쟁을 상정할 수 없었으므로, 군 역시 적극적으로 외국에서 전장을 찾는 외정군外征軍으로 정비되었다. 이러한 군에게 갑자기 그것도 전세가 크게 기운 상황에서 본토에서 적을 상대하라는 것은 매우 무리한 주문이다.

오키나와의 전투가 종결된 후 연합군의 진격 목표는 카노야鹿屋, 치란知覽, 코쿠부國分 등의 비행장과 시부시 만(아리아케 만有明灣)과 카고시마 만과 같은 정박지가 있는 미나미큐슈, 시기는 태풍 시즌이 끝나는 10월 말 이후로 예상되었다. 이 예측은 연합군이 세운 올림픽 작전의 상륙지점 및 시기와 대체로 일치하는 정확한 것이다. 이 시기에 이르면 동포를 떠안고 싸우는 것이 얼마나 어려운 일인가를 군도 자각하고 있었고, 주민을 소개시켜 전장의 태세를 확립하는 것이 순수한 작전상의 문제 이상으로 선결적으로 해결되어야 한다는 인식이 공유되고 있었다.

오키나와전이 한창이던 1945년 5월 큐슈 전역을 담당하는 제16방면군은 미나미큐슈 일대의 비전투원을 키리시마霧島 산지의 북사면北斜面으로 소개시키는 것을 검토하고 있었다. 주로 히사츠 선肥薩線, 킷토 선吉都線 철도를 이용해 수송한다는 계획이었다. 그런데 실시요령을 구체적으로 검토한 결과 수용시설, 식량, 위생, 수송 등 병참능력만으로도 실시가 불가능하다는 판단이 내려졌다. 결국 전장의 태세를 정비하지 않은 채 연합군의 진격에 맞서 싸울 예정이었던 것이다. 물론 일반 민중의 처치를 연합군에 맡긴다는 발상도 없었다.

1945년 7월 23일 '국민의용병역법國民義勇兵役法'이 공포되었다. 이에 따르면 15세~60세의 남자, 17세~40세의 여자로 국민의용전투대를 편성하게 되었다. 지급할 소총도 없어 대신에 죽창을 장비한 것으로 오늘날까지 혹평을 받고 있는 시책이다. 어디까지나 추측이지만 이 법률은 민간인을 군의 명령체계에 포함시켜, 상정된 전장으로부터의 피난과 소개를 원활히 진행시키기 위한 것으로 생각된다. 민중을 생활기반에서 떼어내기 위해서는 상당한 강제력이 필요하기 때문이다.

한편 칸토평야에서의 최종결전, 연합군측이 명명한 코로넷Coronet 작전이 전개되는 경우에는 더욱 곤란한 상황이 예상되었다. 인구가 적은 미나미큐슈에서조차 집단적인 민간인의 소개는 무리로 보아, 비전투원을 전장 근방의 비교적 안전한 지역으로 피난시키는 정도가 고작이었다. 그런데 이번에는 일본에서 가장 인구밀도가 높은 지역인 수도권 일대였으니, 할 수 있는 것은 별로 없었을 것이다.

계획으로는 적의 상륙이 임박하면 토쿄도 270만 명, 카나가와현 100만 명, 치바현 50만 명을 피난시키게 되어 있었다. 그나마 상륙 직전까지는 생산활동에 종사하여야 했으므로, 상당히 욕심을 부린 계획이었다. 토쿄와 카나가와로부터의 피난처는 사가미가와相模川 상류부와 코후 분지로 예정되어 있었는데, 당시 일본의 상황에서 100만 명 단위의 민중을 수용하여 식료품을 제공하는 것이 가능했을지는 의문이다. 이는 오늘날의 일본에서도 불가능에 가까울 것이다. 미나미큐슈와 마찬가지로 계획을 검토하는 시늉을 낸 것에 불과한 것으로, 결국은 일반민중들도 전투에 말려드는 결과가 되었을 가능성이 높다. 그리고 '1억옥쇄'라는 슬로건만이 공허하게 울려 퍼졌을 것이다.

앞에서 본 오키나와에서와 마찬가지로 미군은 일본 본토에서의 민간인 보호라는 문제를 심각하게 인식하고 연구했다. 개전 시부터 일본어 요원의 육성을 시작하여, 일본인의 식생활에 관한 조사에 이르기까지 주도면밀하게 준비했다. 그리고 사이판전, 오키나와전은 물론 유럽에서의 경험을 가미하여 올림픽 작전, 코로넷 작전을 결행하려 했다. 일본군과 마찬가지로 외정군이었지만, 적국민까지도 보호하는 자세야말로 궁극적인 승리로 연결된다는 것을 알고 있었기 때문일 것이다.

확립된 사상을 공유하지 않는 집단

제2장에서 본 것과 같이 부상당한 전우를 버리도록 명령하거나, 제7장에서 실례를 들어 설명한 것처럼 구성원을 공급하는 '기초집단'(일반민중)의 보호에 무관심했던 일본군은 비정한 집단이라고 할 수 있다. 이는 인도人道라는 관념의 결여가 원인이고, 보다 심층적으로 관찰해보면 신앙이 확립되어 있지 않았기 때문으로 정리할 수 있을 것이다. 여기서는 먼저 사상의 문제에서부터 살펴본다.

군인은 상하관계가 엄격한 조직에서 살아가면서, 자기를 희생하여야 하는 상황에 직면하기도 한다. 따라서 이성理性보다는 오성悟性(추상적 인식능력)에 눈을 뜨게 되고, 자연히 우경화 되는 경향이 있다. 그런데 타이쇼에서 쇼와에 이르는 기간 사상적으로 좌경화된 끝에 분연히 군을 떠나 '노동중위'나 '마르크스소위'로 대변신한 군인도 적지 않았다. 관동대지진 당시 코지마치麴町의 헌병분대에서 살해당한 사회주의자 오스기 사카에大杉榮는 나고야 유년학교 제3기생이었다.

한편 소련이 추진하는 계획경제의 5개년 계획을 보면서, 이것이 합리적이고 효과적으로 국력을 결집시키는 수단이라고 생각하는 집단이 군내에 생겨났다. 제6장에서 본 육군팸플릿을 작성한 그룹에는 이와 같은 경향이 농후했다. 이들은 사회주의, 공산주의를 연구하는 과정에서 사상적으로 경도되어 갔던 것이다.

물론 쇼와기의 군인 대다수는 타이쇼 데모크라시에 대항하는 국수적인 사상에 공명하고 있었다. 그런데 불가사의하게도 데모크라시를 외치는 사람과 복고적인 국수주의자 모두 실제로는 같은 뿌리에서 나온 것으로, 내세우는 슬로건 역시 그저 두 글자가 다를 뿐이었다. 전자는 사회 '주의', 후자는 사회'정의'를 외친 것이다. 양자의 차이점은 논리적으로 정리되어 있지 않았으므로, 양쪽을 왕복하는 자유로운 사상적 편력을 거듭했다. 전중戰中, 전후에 걸쳐 나타났던 특히 과격한 우파는 의외로 극단적인 좌파로부터의 전향자가 대부분이었다.

좌파에는 『자본론』이나 『공상에서 과학으로Die Entwicklung des Sozialismus von der Utopie zur』와 같은 이론적 기초를 제공하는 책이 있었다. 하지만 우파에는 이런 기반이 없었다. 여기서 우파는 실로 다양한 가면과 복장을 모아 그럴싸한 체계를 꾸미려 했다. 우파의 무기로는 먼저 한적漢籍이 있었다. 출전이 무엇이건 듣도 보도 못한 한자를 늘어 놓고 성어를 자유자재로 구사하여 이치를 만들어내면, 대부분은 "그렇구나"라며 받아들였다. 동양사상에서도 양명학은 별로 연구되지 않은데다가, 실행을 중요시하였으므로 군인에게는 안성맞춤이었다. 이를 조금만 연구하면 누구라도 유이 마사유키由井正雪나 오시오 헤이하치로大鹽平八郎가 된 듯한 기분을 느낄 수 있었다.

보다 복고적인 우파는 한적을 인용하는 것이 지나치게 중국문화에 심취唐心된 것이라고 배척하면서, 일본 민족의 고유한 정신大和心을 강조하고 일본사에서 그 사상의 근원을 찾았다. 여기에는 남북조南北朝시대라는 단순 명쾌한 소재가 있었다. 무엇이나 고다이고後醍醐 천황과 쿠스노키 마사시게楠木正成를 들어 결론을 이끌어냈다. 이는 쿠스노키 마사시게와 아시카가 타카우지足利尊氏의 선악2분론이었다. 설명이 곤란한 막다른 길에 몰리면 "미나토가와湊川로 가라", 즉 대의를 위해 죽어야 한다고 얼버무렸다. 어떻게 평가해야 할지 망설이게 되는 사상이지만, 일상적인 한문조의 표현을 사용하였고, 매일 매일을 단순하게 보내며 단세포적인 상태에 놓여 있는 군인에게는 상당한 소구력이 있었다.

직업적인 선동가는 확립된 종교의 교의를 망설임 없이 왜곡하여 무기로 사용했다. 특히 행동적인 성격이 강한 니치렌종日蓮宗은 좋은 수단이었다. 입정안국론立正安國論을 현대풍으로 바꾸면 훌륭한 정치이념이고, 안전보장론으로 전용轉用할 수도 있다. 원나라군의 침입과 오버랩되는 본토결전은 이에 들어맞는 상황이었다. 예리한 질문을 받아 답변이 궁하게 되면, '나무묘법연화경' 7자를 외며 얼버무렸다. 이것으로도 충분치 않으면 토속적인 점술이나 무당의 공수를 동원하기도 했다. 이에 이르면 더 이상 사상이나 신앙이라고 할 수도 없다. 여기에는 보편성과 객관성이 결여되어 있으므로, 선택의지로 나아갈 수가 없다. 이는 이익사회, 기능집단으로의 발전을 저해했다.

참된 의미의 신앙심을 지니지 못한 군대의 위험성

타이쇼 말기에서 전시체제로 들어서는 1937년까지의 일본은 매우 기묘한 시대였다. 타이쇼 데모크라시에 대한 반동으로 황국사관皇國史觀이 풍미한 세상으로, 국가신도가 절대적 위치를 차지한 종교탄압의 시대였다는 것이 일반적인 인식이다. 이러한 시각 역시 분명 일면의 진실을 내포하고 있지만, 한편으로는 제1차 신흥종교의 붐Boom이라고 할 수 있는 시대이기도 했다. 이들 대부분은 관헌의 탄압을 피하기 위해서였는지, 종교단체로 공인되어 있던 신도13파에서 파생된 것과 같은 형태를 취하고, 여기에 불교의 교양을 가미하였다.

이러한 풍조는 1868년 3월의 신불판연령神佛判然令, 이른바 배불훼석排佛毁釋 이전의 상황으로 회귀한 것으로 보이고, 절의 경내에 신사가 있는 것처럼 본래 종교에 너그러운 일본의 풍토로 생각되기도 한다. 하지만 신흥종교의 난립은 내무성內務省을 크게 자극했다. 신도는 종교가 아니라고 하여 내무성의 소관, 그 외의 종교는 문부성文部省의 소관이었던 상황은 쉽게 이해하기 어려운 부분인데, 이러한 행정기관 상호간의 줄다리기도 탄압의 한 이유가 되었을 것이다. 특히 이즈모 오오야시로出雲大社 계통이 문제되었는데, 미륵보살신앙에서 찾아볼 수 있는 종말사상이 결부된 것이 주된 탄압의 사유였던 것으로 보인다.

내무성의 설명에 따르면 이는 황실에 반역하려는 대역교단, 불경교단이었다. 그런데 도대체 이해하기 어려운 것은 그 신자명부에 장관이 당당히 이름을 올리고 있었다는 것이다. 메이지 헌법하에서도 신앙의 자유가 있었으므로, 군인이라도 무엇을 믿는지는 그 사람의 자유이다. 하지만 출처가 불명확한 남조南朝의 계보가 비보秘寶인 교단, 야마토 조정보다 훨씬 이전부터 왕조가 존재했다고 주장하는 교단, 일본인과 유태인의 뿌리가 같다고 하는 교단과 같이 어떻게 생각해도 괴이한 교단에 귀의하고, 게다가 그 선전모델이 된 장관이 있었다는 것은 믿기 어려운 일이다. 오랜 역사를 가진 믿을 만한 가치가 있는 종교가 얼마든지 있었는데도, 왜 이렇게 황당무계한 이야기를 신앙의 대상으로 삼았는지 불가사의한 일이다.

고명한 장군, 제독도 이러한 꼴이었으니 군인 전반이 어떠했을지는 쉽게 추찰할 수 있는 일이다. 이렇게 정신적으로 불모의 상태가 된 이유는, 군인에 대한 교육이 어학과 이공학에 지나치게 경도되어 있어, 형이상의 것을 생각하는 능력을 배양시키지 못했기 때문이다. 또한 군인은 순수배양되어 군대라는 폐쇄적인 환경에서 서식하고 있었으므로, 거친 세상의 병균에 면역력이 없었기 때문에 쉽게 감염되어 발병해 버렸다고 할 수 있을 것이다.

이처럼 진정한 의미에서의 신앙심이 없었으므로, 사회에 대한 봉사와 이에 수반되는 자기희생이 체화되어 있지 않았다. 이것은 집단으로서의 윤리코드가 존재하지 않는다는 것을 의미했다. 이 때문에 말도 안 되는 짓을 저지르고도 자기반성이 없었다. 만주사변과 같이 결과만 좋으면 만사 '오라이All right'라는 세계가 되어 버렸다. 국민에게 엄청난 희생을 강요하고도 참패로 끝난 태평양전쟁에서조차, 대본영 등 중추부에 있던 군인들은 대원수의 명령을 충실히 지켜 큰 희생 없이 항복한 것에 자부심을 가졌고, 여기에 통절한 자기반성은 찾아볼 수 없었다. 전후에도 참모본부나 군령부에 근무한 경력을 큰 자랑으로 여기는 사람이 적지 않았다. 쉽게 이해하기 어려운 부분이지만, 신앙심의 유무라는 측면에서 생각해보면 어느 정도 납득할 수 있는 일이다.

신앙심이나 신앙의 대상이 없는 상황에서는 정신적인 공허함으로 인한 편력을 거듭하게 된다. 헤매고 헤맨 끝에 찾은 것은 군인의 길을 걷기 시작하면서 가진 간성, 번병이라는 의식이었다. 보통은 여기에 기대는 것으로 정신적 평형을 유지했다. 그런데 제6장에서 설명한 것과 같이 번병이란 개념은 권력 및 권위의 중추와 스스로가 있는 위치와의 거리감의 문제로, 이것이 신앙이 대상이 될 수 있는지 의문이 생긴다. 물론 방황하던 마음의 종착지라고 하면 신앙이라고 할 수 있을지도 모른다. 하지만 간성이나 번병은 의식의 문제이므로, 영원이나 절대적인 권위와 같은 의미의 신앙의 대상이 될 수 있는지의 의문은 여전히 해소되지 않는다.

번병이라는 의식은 결국 거리감의 문제이다. 따라서 군인보다 여러 면에서 천황에 가까운 화족, 특히 궁극의 번병인 고셋케五攝家(코노에, 쿠죠九條, 니치죠二條, 이치죠一條, 타카츠카사케鷹司의 다섯 가문으로 칸파쿠關白를 맡아온 문벌)의 정점인 코노에가에는 무조건의 경의를 표하게 된다. 이것이 쇼와의 군부가 코노에 후미마로에게 지속적으로 휘둘리는 주된 이유가 되었다. 그렇다면 코노에를 필두로 하는 지배계층은 군인을 어떤 시각으로 바라보고 있었던 것인가? 1945년 2월 14일의 코노에 상주문上奏文은 다음과 같다.

　… 직업군인의 대부분은 중류 이하의 가정 출신자로, 그 다수는 공산주
　의적 주장을 받아 들이기 쉬운 환경에 있고, 또한 그들은 군대의 교육과
　정에서 국체관념만을 철저하게 교육받았는데, 공산분자는 국체와 공산
　주의가 양립할 수 있다는 논리로 이들을 끌어들이고 있습니다….

예상과는 달리 궁극의 번병인 코노에는 군인을 황실의 번병으로 인정하기는커녕, 당시의 일본에서는 치명적 낙인이었던 공산주의자와 같은 부류로 취급하고 있었던 것이다. 이는 제국군인에게 있어 희비극喜非劇 그 자체였다. 한편 그 상주문을 정서淨書한 사람이 전후 수상에 취임하여 일본재무장을 계획한 요시다 시게루였다는 사실을 알게 되면, 암담한 기분에 빠지게 된다.

하사관이 주도했던 일본 육해군

프로페셔널이라는 자격이 전제가 되는 분야에서 일정한 규모 이상의 프로젝트에 임하는 경우 사람들은 집단을 형성하게 된다. 변호인단, 의사단 등이 전형적인 예이고, 아름다움을 추구하는 교향악단과 같은 것도 있다. 군대의 경우 이에 상응하는 것이 장교단將校團으로, 삼엄한 정치적 통제에 있었던 공산권의 군대에도 장교단은 존재했다. 장교단은 계급에 의한 종적 연결고리를 보다 견고하게 함과 동시에, 무기질적으로 냉혹한 인간관계가 형성되기 쉬운 기능집단 내부에 본질의지에 기반한 일가의 식을 병존시키는 것을 목적으로 했다.

구 육군의 경우 사관학교를 졸업하면 견습사관見習士官으로 부대에 소속되고 여기서 소위로 임관했는데, 이때 그 연대 또는 독립대대에 있는 장교단의 구성원이 되었다. 이 부대가 그 사람의 원대原隊로, 계속되는 전근에도 불구하고 평생 동안 그 장교단의 구성원의 지위는 유지되었다. 또한 소위로 임관할 때 명과포달식命課布達式(연대 전원이 집합한 자리에서 연대장이 신임 소위를 소개하는 식전)을 거행하는 장교단의 단장인 연대장, 독립대대장과의 관계 역시 영원한 것이었다. 연대장이 장래 육군대장大將으로까지 진급하더라도, "연대장님連隊長殿"이라고 부를 수 있었다.

이처럼 끈끈한 관계였으므로 1925년 5월의 우가키 군축은 원성의 대상이 되었다. 4개 사단이 폐지되면 연대만으로도 24개[3]의 장교단이 역사 속으로 사라지는 결과가 된다. 이 장교단에 속한 사람의 입장에서 보면 후배의 공급이 끊어지고 전통을 승계할 수 없게 되었으므로, 원한이 골수에 미치는 것도 무리는 아니었다. 이것이 쇼와 육군 혼미의 한 원인이 되었으니 합리주의만으로 설명하기 어려운 군대의 난해함을 실감할 수

---

3 4단위 사단에는 보병연대×4, 기병연대×1,포병연대×1의 6개 연대가 예속되어 있었음.(역주)

있는 부분이다.

　장교단에 대한 애착에는 심정적인 부분 외에 실리적인 측면도 있었다. 장교단의 선배가 성부의 요직에 오르게 되면 여러 가지로 편의를 돌보아 줄 것이니, 후배의 입장에서는 손해될 것이 없다. 한편 선배로서도 마음을 터놓고 교류할 수 있는 후배는 큰 자산이다. 이러한 관계는 정실이나 연고에 의한 불투명한 인사를 야기할 소지가 있었다. 하지만 그렇게 심각하게 생각하지 않고 미소를 짓게 되는 훈훈한 광경으로 받아들이면서, 한편으로는 경직되기 쉬운 조직의 윤활유가 되었으니, 어떤 의미에서 이는 일본인 특유의 미덕이라고 할 수도 있다.

　하지만 장교단이 주는 편안함에 젖어 들고 특권의식에 빠지게 되면, 장교에게 위임된 권한과 여기서 발생하는 책임을 망각하기 쉽다. 징집된 병사들에 대해 부담하는 책임과 담당하고 있는 부대에 대한 관리책임을 다하지 않게 되는 것이다. 결국 일상적으로 불가결한 부대의 관리, 통제는 권한과 책임이 없는 하사관에게 맡겨지게 되었다. 그 실태는 제2장에서 설명한 것과 같다.

　마루야마 마사오는 이 점을 주의 깊게 관찰하여 다음과 같이 설명하고 있다. "… 하사관은 실질적으로 병兵에 속하면서도, 의식 자체는 장교적 의식을 지니고 있었습니다. 이 의식을 이용하여 병을 통제한 것이 일본 군대의 교묘한 측면이었습니다. 병과 기거를 함께하면서 실제를 장악하고 있는 것은 그들이었고, 장교는 '내무'로부터 멀어지게 되었던 것입니다"(마루야마 마사오, 앞의 책).

　석학의 설명에 이견을 제기하려는 것은 아니지만, 이는 '교묘한 점'이었을뿐만 아니라 그 자체가 구군의 근본적인 결함이었다. 마루야마 마사오의 이 지적은 그가 징집되어 조선에서의 병영생활을 보낸 때의 체험에서 나온 것이다. 육군보다 해군에서 하사관이 더 철저하게 주도권을 쥐고 있었던 사실을 알았다면 그는 이를 어떻게 설명했을까?

해군의 하사관은 함내 생활의 전반을 장악하는 것은 물론, 실질적으로 전투의 지휘까지 맡았다. 다소 극단적인 이야기이지만 전투상보의 작성 시에도 하사관의 증언을 모아, 사관이 이를 윤문하는 것이 보통이었다고 한다. 해군의 전투는 기계가 개재된 것이었으므로 이것도 무리는 아니었다. 아무리 전문교육을 받고 지식과 기능을 갈고 닦은 사관도, 오랜 기간의 실무경험으로 단련된 하사관을 능가하기는 어렵다. 이것을 알고 있는 사관은 스스로를 장식품으로 관념하고, 관리와 운영의 책임을 방기했던 것이다.

원래 하사관은 조직의 관리와 운영을 담당하는 전문가가 아니고, NOC로 약칭되는 것처럼 이에 관한 권한도 위임되어 있지 않다. 그런데 일본의 육해군에서는 실질적으로 그 권한이 하사관에 있었고, 누구도 이상하다고 생각하지 않았다. 그것이 장교, 사관에게 편리하기도 했고, 직인職人에게 맡겨두면 틀림 없다고 생각하는 일본의 사조도 관계가 있었을 것이다.

하지만 이 구조에는 중대한 문제가 숨어있다. 근거가 없는 권한은 곧 자의적 행위로 이어지고, 제어장치가 없는 무제한의 권한 행사로 발전한다. 그 전형적인 폐해가 불합리한 사적제재 행위였다. 육군에 비해 해군에서 훨씬 가혹했던 것은 앞에서 설명한 해군 사관의 자세에서도 이해할 수 있다.

사적제재의 횡행을 알면서도 장교와 사관은 "사적제재를 엄금한다", "사적제재를 당한 사람은 신고하라"고 훈시를 할 뿐이었다. 관리운영권을 행사하여 적극적인 방지책을 시행한 사람은 극히 소수에 불과했다. 각 가정의 소중한 자식들을 군무와는 관계 없는 일로 불합리한 일을 겪게 한 것은 장교와 사관이 '사회적 책임'을 다하지 않은 결과였다.

확립되어 있지 않았던 관료제

이렇게 보면 일본군은 목적 달성을 위한 활동을 합리적으로 분업화하는 관리시스템을 갖추고 있지 못했던 것으로 생각된다. 일반적으로 이 시스템을 관료제라고 하고, 이는 대규모의 조직운용에 불가결한 것이다. 이에 대해서는 오늘날에도 막스 베버Max Weber의 이론이 자주 인용된다 [『支配の社會學』(創文社, 1960/1962)]. 이에 따르면 확립된 관료제, 이른바 '생명이 있는 기계'로 작동하려면 다음과 같은 4가지의 요소가 필요하다.

① 규칙의 체계: 정통성을 바탕으로 제정된 합리적인 규칙에 의해 전체가 지배되는 것.
② 권한의 히에라르키Hierarchy의 존재: 상명하복이라는 표현과 같이 명령과 복종의 관계가 명확하게 규정되고, 또한 엄수 될 것.
③ 비인격성: 조직 안의 지위와 역할이 직무에 의해 계통화되고 이를 통해 구성원 상호 간의 관계가 결정되므로, 비인격성 또는 몰개성이 생겨날 것.
④ 전문화: 직무에 따라 책임과 권한이 부여되고, 각 직무마다 전문적인 기능과 지식이 요구될 것.

제국 육해군에 관련된 법률은 메이지 헌법을 근거로 하여 그 대부분이 의회를 통과한 것이었고, 예산 역시 의회의 협찬協贊을 얻어 성립되었다. 이 점에서는 정통성을 구비하고 있었으므로, ①의 규칙의 체계는 존재하고 있었다. 하지만 법을 지배의 구체적 수단으로 보는 의식이 문제였다. 이에 따르면 법의 지배로부터 벗어난 특권계급의 존재를 암묵적으로 인정하게 되었고, 반면 어떤 사람에게는 법을 엄격하게 적용하게 되었다. 그렇다면 진정한 의미에서의 규칙의 체계가 존재했는가에 의문이 생기지만, 이는 군의 고유한 문제라기보다는 일본 사회 전반의 문제였다.

일본군에서 ②의 권한의 히에라르키는 지나치게 엄격했다는 인상이 있을 정도로 확실하게 실행되었다고 생각하는 것이 일반적이다. 하지만 이는 어디까지나 표면적인 관찰로, 이를 악용하여 개인이 제멋대로 행동한 경우를 일본의 전사에서 쉽게 찾아 볼 수 있다. 명령을 내릴 권한이 없는 참모가 사물명령을 내렸던 것이 그 전형적인 예이다. 또한 후배가 상사가 된 경우에는 명령을 무시하거나, 독단전행을 장려한 것처럼 그야말로 일본적인 상황이 벌어졌다. 여기에 이르면 더 이상 권한의 히에라르키가 확립되어 있다고는 할 수 없게 된다.

군대에는 조직의 유지와 운영을 위해 직무상의 직위와 역할 외에도 계급이 존재한다. 계급의 상하, 동일계급 상호간에는 선임 순이라는 규범도 마련되어 있다. 직무상의 지위와 역할보다도 계급이나 선임 순이라는 서열이 우선된다. 어떠한 관계에서도 자기보다 상위계급자에게는 무조건적으로 경례를 하고, 그 명령에 복종할 것이 요구되므로 군대에서는 ③의 비인격성과 몰개성이 두드러진다.

일본군에서는 이것이 철저히 지켜졌을 것 같지만, 일본 특유의 풍토나 사조에서 생겨난 별도의 규범이 암묵적으로 양해되고 있었다. 실제로는 사관학교나 병학교의 기수의 선후에 의한 질서가 크게 의미를 지니고 있었다. 이는 군의 중추를 순혈純血로만 구성하였기 때문에 나타난 현상이었다. 특히 어느 기수의 최선두인 1차 진급자를 다음 기수의 1차 진급자가 추월할 수 없다는 내규는 이러한 기수 중시를 증명하는 상징적인 예였다. 나아가 이 육사, 해병의 기수에 더해 육대, 해대의 기수와 성적에 의한 서열이 얽혀 있었으므로 비인격성, 몰개성이라는 단어로는 표현할 수 없는 상황이었다.

평시에는 대체로 계급과 기수가 대응하고 있었지만, 전시에 예비역을

대량으로 동원하면 그렇게는 되지 않는다. 태평양전쟁에 임박해서는 대장과 육사 동기인 중좌, 사단장의 육사 선배인 대대장의 존재도 그다지 이상한 일은 아니었다. 이러한 상황에서는 그야말로 일본인답게 중좌가 대장을 반말로 부르거나, 사단장이 대대장에게 '씨さん'를 붙여 불렀다. 여기에 "선배, 힘드시겠지만 잘 부탁 드립니다"라고 사정하기에 이르렀으니, 본래 존재해야 할 비인격성이나 몰개성은 사라진 것이 된다. 전후 미군을 보며 "이렇게까지 계급의 상하관계에 엄격한가"라고 놀란 구 군인이 많았다는 일화에서 일본군의 실정을 엿볼 수 있다.

해군에서 사관의 교육체계는 포술, 수뢰, 항해 등으로 분화되어 있었고, 현장의 훈련체계도 그렇게 구성되어 있었다. 당연히 ④의 전문화가 진척되어 있어야 했지만, 사관에게는 각 분야에서 엑스퍼트Expert가 되겠다는 의식이 희박했고, 이를 하사관이나 특무사관特務士官에게 요구하는 경향이 있었다. 다만 항공기의 탑승원은 직무의 성격상 그것이 불가능했으므로, 항공의 세계에는 전혀 다른 분위기가 지배하고 있었다. 이것이 항공과 다른 분야의 관계를 소원하게 하였고, 해군부내에서의 발언력을 저하시켜 항공의 발전을 뒤처지게 하는 요인이 되었다.

육군에서 육대 출신의 엘리트는 참모교육을 받았기 때문인지 제네럴리스트를 지향했고, 고담준론에는 열중했지만 현장의 파악은 등한시했다. 또한 다수를 점하는 대부장교들 역시 현장에 정통한 스페셜리스트를 목표로 하기는 커녕, 실무의 대부분을 하사관에게 던져두고 있었다. 즉 해군과 육군 모두 전문화의 진행은 불충분한 상황이었다. 이 역시 일본의 풍토와 사조에 기인한 것으로, 몸으로 봉공奉公하는 것보다 머리로 봉공하는 것이 더 대단한 것이라는 사고방식에 문제가 있었던 것이다.

베버의 이론은 대규모 조직의 관리와 운영의 방정식으로 인식되고 있다. 다만 그가 기독교 문명이 확립된 중부 유럽에서, 1차세계대전 이전의 독일의 전성기에 활동했다는 사실을 염두에 둘 필요는 있다. 또한 이는 조직 전반에 걸친 이론으로 군대에 초점을 맞춘 고찰은 아니므로, 이를 그대로 쇼와기의 일본군에 적용하여 반드시 올바른 결론에 이르게 된다고 단정하기는 어렵다.

하지만 위의 4개 항목이라는 관점만을 보아도, 군을 관리하고 운영하는 조직 자체에 문제가 있었던 것은 쉽게 확인할 수 있다. 다양한 문제점을 내포하고 있으면서도, 군인의 마음 속에서 근거도 없는 우월감과 특권의식만이 비대화되면 무슨 일이 벌어지는가? 어떠한 희생을 치르고라도 전장에서의 승리를 추구하는 것이 군인의 사명이지만, 또한 맡고 있는 국민의 자제인 병사들을 한 명이라도 더 무사히 가정으로 돌려보내야 한다는 책임도 있다는 것을 망각하기에 이르렀다. 오히려 국민 그 자체, 군대의 구성원을 공급하는 '기초집단'을 방치하고 말았다. 이것이야말로 제국 육해군의 궁극적인 패배라고 할 수 있을 것이다.

후기

군사와 관련된 도서의 편집이라는 직업상 나름대로 전사에 관련된 적지 않은 수의 책을 읽어 왔다. 페이지를 넘기며 언제나 생각하게 되는 문제가 있었다. 태평양전쟁에서 싸운 당사자들에게는 대체로 패전에 대한 심각한 반성이 없었고, 역사가들은 군사적인 부분에 대한 평가를 내리지 않는다는 것이다. 일본은 그렇게 큰 희생을 치르면서도 왜 태평양전쟁에서 완패하게 되었는지, 이 소박한 의문에 납득할 만한 해답이 없는 것에 답답하게 생각한 것은 비단 나 한 사람만은 아닐 것이다. 승리와 패배의 원인은 무엇인지 심사숙고하지 않은 상태에서, 전쟁의 전체상을 떠올리는 것은 어려울 것이다.

일본은 왜 태평양전쟁에서 패배한 것인가? 이 질문에는 "물량에 진 것이다"라는 답변이 돌아오는 것이 보통이다. 일본과 미·영과의 국력의 차이는 전쟁 이전부터 수치에 의해 명확하게 인식하고 있었다. 전쟁이 시작된 1941년 철강 생산량은 미국 7,500만 톤, 영국 1,200만 톤에 비해 일본은 700만 톤 이었다는 것으로 충분할 것이다.

나아가 패인을 물으면 "과학에 졌다"라고 할 것이다. 레이더, 소나, 2,000마력 급의 항공기 엔진 그리고 핵병기이다. 이것들은 번역문화를 기초로 한 나라에서 독자적으로 개발할 수 있는 물건이 아니라는 것은 이미 알고 있었던 것이다. 분명히 일본은 물량과 과학에서 패배했다. 하지만 이는 본질적인 패인 위의 잔물결에 불과했다. 환언하면 물량과 과학의 빈약함은 일본 그리고 일본군이 지니고 있던 본질적인 문제가 야기한 것이라고 할 수 있다.

이 본질적인 문제는 일본이라는 사회, 일본군이라는 집단의 미성숙에서 기인했다는 것이 이 졸저의 결론이다. 만사에 객관성이 있는 설명이나 설득이 없어 그저 큰 소리로 슬로건만을 외쳐서는 전쟁에 이길 수 있을 리가 없다.

일본인은 전쟁에 진 것과 천재지변을 겪은 것을 동일시하고 있는 것처럼 보인다. 여기에 잠재된 것은 "어쩔 수 없었다"라는 체념이다. 이것이 일본의 전통적 사조라고는 해도, 자연현상과 전쟁이라는 인위적인 현상을 동일하게 인식하는 것은 잘못이다. 사람이 주체인 문제라면, 사람의 노력 여하에 따라 그 전개도 달라지는 것이 아니겠는가?

앞으로의 나아갈 길을 밝혀주는 교과서는 메이지 유신 이래의 역사, 특히 전사일 것이다. 이러한 생각으로 보다 평이하고, 보다 왕성한 비판 정신에 입각하여 서술하려고 노력했다.

최근 '국난'이라는 말이 자주 귀에 들어오는데, 그와 같은 인식이 있다면 더욱 자주 전사라는 교과서를 펼쳐 보아야 할 것이고, 그 중의 하나에 졸저가 끼일 수 있다면 망외의 기쁨일 것이다.

마지막으로 꽤 색다른 책임에도 불구하고 흥미를 가지고 출판의 기회를 주신 각켄퍼블리싱의 여러분, 특히 편집을 담당해 주신 쥬토리 후미히로 님께 깊은 감사를 표한다.

2012년 7월
후지이 히사시

역자후기

1.

75년 전의 오늘, 즉 1941년 12월 8일 03:10(현지 시각 12월 7일 일요일 07:40), 항공모함 6척을 기간으로 한 대일본제국 해군 제1항공함대航空艦隊(사령장관: 나구모 츄이치南雲忠一)의 함재기 171기가 미합중국 해군 태평양함대의 근거지인 하와이Hawaii 오하후Oahu섬의 진주만Pearl Harbor을 기습했다. 이 공격으로 미국은 전함 4척 포함 각종 함정 18척 침몰 또는 손상, 항공기 343기 파괴, 군인 2,345명의 전사라는 피해를 입었다. 세계적으로도 선구적인 해군 항공대의 집중적인 운용에 의한 대전과는 '대함거포주의大艦巨砲主義'의 조락과 함께 '항공주병주의航空主兵主義'의 도래를 나타내는 상징적 사건이었다(다만 미 해군의 항모와 기지의 유류저장고 등 각종 지원시설 등에 피해를 입히지는 못했으므로, 전술적으로 큰 의미는 없었다는 것이 현재의 주류적 견해이기는 하다). 이것으로 드넓은 태평양을 무대로 추축국과 연합국이 격돌한 태평양전쟁의 막이 올랐다.

그리고 이로부터 45개월 후인 1945년 9월 2일 09:02 토쿄만東京灣에 정박한 미 해군 전함 미주리Missouri 함상에서 연합국 17개국의 대표단이 임석한 가운데, 일본국 정부 전권全權 외무대신 시게미츠 마모루重光葵, 대본영 전권 참모총장 우메즈 요시지로梅津美治郎가 항복문서에 서명했다. 이것으로 일본의 군인 1,740,955명, 민간인 393,000명이 희생된 태평양전쟁이 종결되었다.

대승리로 서전을 장식한 대일본제국의 참담한 패배로 전쟁이 막을 내리게 된 이유에 대해 지난 70년간 백화제방百花齊放이라는 말이 무색하지 않게 다양한 견해가 제시되었고, 셀 수 없이 많은 서적이 출간되었다. 그런데 많은 사람들이 가장 일반적으로 범하는 치명적인 오류는 어떠한 사건의 발생과 경과를 지나치게 단순하게 파악하여, 표면적으로 드러난 몇 가지의 요인이 사건의 진행에 절대적인 영향을 미친 것으로 생각하는 것이다. 하지만 일상의 어떤 사소한 사건도 복수의 인자因子들의 경합에 의해 발생하는 것이다. 따라서 인간 사회의 가장 복잡한 사회적 사상事象인 전쟁과 그 패배의 원인을 단순히 군사 지도자의 역량 부족이나 불운, 또는 특정한 무기체계의 결함 등에서 찾는 것은, 그 개별적인 사실 자체에는 틀림이 없다고 하더라도 전체적인 체계의 올바른 형상과는 거리가 먼 결론의 도출에 이르게 된다. 이른바 '환원주의의 오류'의 전형적인 예이다.

패전의 원인을 분석하기에 앞서 국가와 군대의 성립과정에 대해 생각해 볼 필요가 있다. 어떠한 환경에서 집단생활을 통해 형성된 운명공동체는 외적과의 전쟁을 거치며 흥망성쇠를 겪고, 이를 통해 민족이 존속하게 된다. 민족은 생존에 필수적인 국가를 만들고, 이 과정에서 국가의 방위를 위한 군대가 조직된다. 따라서 국가와 군대는 민족의 속성, 즉 민족성을 기반으로 하여 만들어진 것이고, 민족성은 군대의 성격이나 체질은 물론 구체적인 작전의 수행 계획에까지도 영향을 미치게 된다. 예를 들어 개전 39일차에 프랑스 지상군의 주력을 격파하고, 42일차에 점령을 완료한다는 내용의 독일의 슐리펜 플랜Schlieffen Plan은 (결과적으로 실패했지만) 언제나 기계와 같이 정밀하고 치밀함을 추구하는 게르만 민족의 특성이 잘 나타난 것이다. 즉 어떤 군대의 본질이 민족성에서 유래하는 것이라면, 전쟁에서의 패배 역시 민족성의 결함에서 기인했다고 볼 여지가 있다.

이 책의 저자 역시 이와 같은 인식을 바탕으로 태평양전쟁의 패배는 제국 육해군이라는 조직이 가지고 있던 구조적 결함에서 기인한 것이며, 육해군의 문제는 결국 당시의 일본 민족과 사회가 품고 있던 특성의 반영이라는 결론을 내리고 있다. 즉 대일본제국은 서구의 근대국가와 달리 이익사회로의 단계에 진입하지 못하고 있었으며, 대일본제국의 국군 역시 명확한 기능집단으로 확립되어 있지 않았다는 것이다. 따라서 전 세계적 규모의 전쟁에 명확하고 객관적으로 대응할 수 없었고, 이것이 패전의 근본적 원인이라고 한다.

2.

정군관계론政軍關係論에서는 이미 고전적인 논의가 되었지만, 국민의 지지를 통해 선출된 정치권력이 군대를 통치한다는 기본적 원리가 문민통제文民統制(Civilian control of the military)이다. 이는 제1차세계대전에서 프랑스의 수상으로 연합국의 승리에 크게 기여한 조르주 클레망소 Georges Clemenceau의 "전쟁이란 너무나 중요한 것이어서 군인들에게만 맡겨놓을 수 없다(La guerre! C'est une chose trop grave pour la confier à des militaires)"는 말에서 단적으로 드러난다. 즉 민주적 정당성에 기초한 국가 통치권력의 한 내용인 통수권統帥權은 국가의 국방과 안보의 기조가 되는 전략을 획정하고, 이를 수행하는 군의 구성, 형태, 기능, 규모, 예산, 장비와 같은 각종의 사항에 대해 준거기준Frame of Rereference을 제시하여야 한다. 그리고 이를 구체화하여 작전을 수립하고, 군의 구성원을 훈련시키며, 장비를 운용하는 것이 전문가인 군인의 역할이다. 이는 세계의 선진 제국에서 너무나도 당연한 법칙으로 받아들여지고 있다.

하지만 우리 나라에서 문민통제는 여전히 낯선 개념이다. 정부 수립

이래 70여 년간 계속되어온 안보상의 위기적 상황과 역시 장기간 지속된 권위주의적 통치는 군에 대한 민간의 주도를 거부하는 주된 논거가 되었다. 결국 오늘날까지도 정치권력은 문민통제에 대한 관심이나 지식은 물론 그럴만한 역량조차 구비하지 못한 것이 사실이다.

그런데 급속도로 현재화顯在化되고 있는 북한의 핵 보유와 이에 대한 방어수단인 사드THAAD 시스템의 배치와 같은 국가 안보상의 쟁점에서 시작하여, 이른바 '방위사업비리'로 통칭되는 군사력의 건설의 문제, 나아가 장병의 복무과정에서 발생하는 각종 사건과 사고에 이르기까지, 우리의 국방과 군은 새로운 국민적 관심의 대상으로 부상하고 있다. 그리고 여기서 발생한 일련의 논란과 비난의 화살은 오로지 군과 그 구성원인 군인들을 향하고 있다.

위에서 설명한 것과 같이 국방과 안보의 지향점을 제시하는 것은 정치의 영역이며, 군인의 역할은 그 구상의 실현을 위한 도구를 정비하는 것이다. 그런데 대한민국의 정치가 이와 같은 청사진을 제시하고 있는지는 심히 의문이다. 즉 현재 우리가 직면한 국방 영역의 각종 문제점은 결국 올바른 국방의 틀을 제시하지 못한 정치의 무능과 퇴폐가 근본적인 원인이다. 여기서 어느 국가의 정치적 성숙도는 그 국민 일반의 수준을 반영한다는 논리에 따른다면, 대한민국 국방의 문제는 결국 우리 대한민국 사회와 그 구성원인 국민들에게 내재된 결함이 투영된 결과라는 결론에 이르게 된다.

현재 우리가 처한 위기적 상황은 개별적·구체적 사안에서 다소의 차이는 있다고 하더라도, 결국 국가와 사회의 미성숙성에 기인한 대일본제국의 경우와 일말의 유사성이 있다고 할 수 있다. 우리가 70여 년 전 대일본제국의 실패에 대해 다시 한 번 숙고해야 하는 이유가 여기에 있다.

3.

일반적으로 역사 연구의 목적은 현재와 미래에 대한 통찰을 얻는 것에 있다고 한다. 그리고 올바른 결론의 도출은 정확한 사실 인정Fact finding을 당연한 전제로 한다. 그런데 대한민국과 가장 가까운 곳에 있고, 우리가 많은 영향을 받았으며, 또한 여러 가지로 유사한 점이 많은 일본에 대한 우리의 연구가 전체적으로 천박한 수준을 벗어나지 못했다는 점에는 별 다른 반론을 제시하기 어려울 것이다.

이는 이 책의 주제인 태평양전쟁에 대해서도 마찬가지이다. 드물게 보이는 간행물이나 인터넷에서 아연실색할 정도로 황당한 기술記述을 보고 놀란 경우가 적지 않다. 체계적인 연구를 통한 지식이 결여된 상태에서 독자 연구를 통해 나온 결과물이나, 경력 등에서 신뢰하기 어려운 사람의 저서를 가공하여 만연히 세상에 내어 놓는 것은 오히려 유해한 일이다. 이처럼 불모지不毛地와 같은 상황에서는 주류적인 입장을 견지하면서도, 신선한 통찰이 엿보이는 건실한 저작을 소개하는 것이 필요할 것이다.

이러한 측면에서 역자는 정치적 상황과 개인에 야망에 의해 왜곡된 조직과 제도적 흠결을 보완하지 못한 잘못된 교육의 문제를 다룬 전저前著 『참모본부와 육군대학교』(논형, 2015)에 이어, 이 책을 번역하여 내놓게 되었다. 이 책의 저자 후지이 히사시藤井非三四는 한국 전쟁을 전공하고, 지난 수십 년간의 전사戰史 연구를 통해 12권의 관련 저서를 출간한 사람이다(역자는 일본 육군의 인사시스템에 관한 저자의 박식함에 심취하여, 지난 몇 년간 저서 전부를 정독했다). 이 책은 국가와 군이라는 조직 그 자체의 문제에서 시작하여, 조직적 결함이 야기한 작전의 계획과 실행은 물론, 승리하는 조직의 특성에 이르기까지 다양한 부분을 다루고 있다. 이 책이 태평양전쟁과 일본 사회에 대한 우리의 이해에 조금이라도 보탬이 된다면, 다행일 것이다.

4.

'번역은 창조'라고 한다. 언어와 언어 사이의 벽을 넘어 정확한 의미를 전달하는 어려움을 웅변적으로 나타내는 표현일 것이다. 그런데 동시에 '번역은 반역叛逆'이라고도 한다. 오역이 가져오는 문제점을 지칭하는 것이겠지만, 번역이라는 가공 과정을 통해 탄생한 제2의 창작물이 새로운 질서를 형성할 수도 있다는 의미가 포함되어 있다고도 읽힌다. 즉 어느 쪽이나 원래의 저작물과 창작물 간에 발생할 수 있는 상위相違의 가능성을 지적하고 있는 것은 물론, 약간은 이를 추장推奬하는 느낌마저 받는다.

하지만 역자는 여기에 동의하지 않는다. 번역의 결과물은 원서의 존재를 전제로 하는 2차적 저작물이다. 여기서 존중되어야 하는 것은 원서라는 1차적 저작물이다. 번역서는 원저자의 의도를 독자에게 정확하게 전달하는 것에 한정되어야 한다. 따라서 역자가 저자의 의도를 왜곡하는 것은 엄히 경계되어야 한다. 어떤 번역서는 역자가 원저의 이해를 돕는다는 명목으로 독자 연구를 통한 참고문헌을 제시하거나, 보론補論의 형태로 관련성이 불분명한 별개의 내용을 추가하는 경우도 있는데, 이는 참월僭越이다.

이러한 의미에서 이 책의 번역은 직역을 원칙으로 하면서, 의역은 원래의 의미를 해하지 않는 범위에서 부분적으로만 시도하였다. 한편 역주譯註 역시 특정한 제도 내지 사실史實의 설명이 필수적이라고 판단되는 부분에 극히 제한적으로만 추가하였다. 이 책은 일본인 저자가 일본인 독자를 대상으로 하여 저술한 것으로, 일본인에게는 지극히 상식적인 역사적 사실이나 인명이 다수 등장한다. 상세한 역주로 이해의 편의를 도모하는 것도 가능하겠지만, 독해의 흐름이 끊어질 우려가 있고 저자의 서술 태도나 의도가 변질될 위험성도 있으므로 최소한에 그쳤다. 이 부분 독자들의 양해를 구한다.

5.

'대일본제국 육군'은 우리에게 여전히 생소한 주제이다. 20여 년 전부터 우리 국군의 창군創軍과 발전과정에 흥미를 가지고, 전사戰史와 회고록을 뒤적이며 그 연원淵源을 탐구해 왔다. 창군은 무無에서 유有로 나아가는 과정이었지만, 대일본제국의 유산遺産인 제국 육군의 영향은 컸다. 그리고 언제부터인가 제국 육군은 역자에게 가장 중요한 연구 주제가 되었다.

여유가 생기면 토쿄 진보쵸神保町의 고서점가古書店街를 거닐며 책을 사들이고, 무거운 종이 상자를 공수空輸하는 일을 반복해 왔다. 내가 태어나기 한참 전에 출간된 회고록을 두고 회심會心의 미소를 지으며 몇 해의 긴 겨울날을 보냈다. 특히 지난 5년간 본업 이상으로 이 주제에 매진할 수 있었던 것은 전적으로 국가와 사회의 시혜施惠 덕분이다. 여전히 부족한 부분이 많고 갈 길도 멀지만, 그 간의 연구 성과의 일부분을 나누기 위해 참괴慚愧함을 무릅쓰고 두 번째 역서를 내 놓는다.

1996년의 어느 더운 여름날, 처음으로 어렵게 찾은 용산 전쟁기념관의 광장에서 설레어 하며, 국방군사연구소(現 국방부 군사편찬연구소)의 도서관에서 『한국전쟁사』(국방군사연구소, 1995)를 뒤적이던 시골 꼬마의 모습이 선하다. 앞으로도 왕시往時의 심정으로 우리 국방과 안보의 행로를 탐구해 나가려고 한다.

2016. 12. 8.

태평양전쟁 발발 75주년을 기념하여

최종호

참고문헌

防衛研修所戰史部(編纂), 『戰史叢書』(朝雲新聞社).

森松俊夫(監修), 『大陸命・大陸指總集成』(エムティ出版, 1994).

森岡清美(外)(編), 『新社會學辭典』(有斐閣, 1993).

馬場明男, 『社會學槪論』(時潮社, 1966).

Samuel Morison, 『太平洋海戰史』(光人社, 2003).

西浦進, 『昭和戰爭史の證言』(原書房, 1980).

William McNeill, 『大国の陰謀』(圖書出版社, 1982).

外務省(編), 『終戰史錄』(新聞月鑑社, 1952).

陸戰學會(編), 『近代戰爭史槪說資料集』(1984).

Alexander Werth, 『戰うソヴェト・ロシア』(みすず書房, 1969).

陸戰史研究普及會(編), 『朝鮮戰爭3』(原書房, 1968).

Sterling Wood, 『暴動鎭壓』(立花書房, 1953).

秦郁彦, 『南京事件』(中公新書, 1986).

井本熊男, 『作戰日誌で綴る支那事變』(芙蓉書房, 1978).

大田嘉弘, 『インパール作戰』(軍事研究, 2008).

James Field, 『レイテの日本艦隊』(日本弘報社, 1949).

中山隆志, 『關東軍』(講談社, 2000).

戸部良一, 『逆說の軍隊』(中央公論社, 1998).

John Masland(外), 『アメリカの軍人教育』(學陽書房, 1966).

秦郁彦, 『軍ファシズム運動史』(河出書房新社, 1962).

野中郁次郎(外), 『失敗の本質』(ダイヤモンド社, 1984).

吉田健正, 『沖繩戰 米兵は何を見たか』(彩流社, 1996).

米 陸軍省(編), 『日米最後の戰鬪』(サイマル出版會, 1968).

松田英夫(編), 『昭和の戰爭7 引揚げ』(講談社, 1986).

색인

日本軍の敗因―「勝てない軍隊」の組織論
by Fujii Hisashi
© 2012 by Fujii Hisashi
Originally published in 2012 by Gakken, Publishing, Tokyo.
This Korean language edition published in 2016 by Nonhyung, Seoul
by arrangement with the proprietor c/o Gakken, Publishing, Tokyo

일본군의 패인
실패한 군대의 조직론

초판 1쇄 발행 2016년 12월 8일
초판 2쇄 발행 2021년 6월 25일

지은이 후지이 히사시
옮긴이 최종호
펴낸곳 논형
펴낸이 소재두
등록번호 제2003-000019호
등록일자 2003년 3월 5일
주소 서울시 영등포구 당산로 29길 5-1 삼일빌딩 502호
전화 02-887-3561
팩스 02-887-6690
ISBN 978-89-6357-426-4 94910
값 20,000원

이 도서의 국립중앙도서관 출판예정도서목록(CIP)은 서지정보유통지원시스템 홈페이지(http://seoji.nl.go.kr)와 국가자료공동목록시스템(http://www.nl.go.kr/kolisnet)에서 이용하실 수 있습니다. (CIP제어번호: CIP2016029641)